高层梯队特征对企业行为和绩效的影响研究

葛玉辉/著

科学出版社

北　京

内 容 简 介

本书基于团队过程视角探讨高层梯队特征对企业行为和绩效的影响，通过建立团队互动过程模型，深入剖析董事会与高管团队之间的互动关系；结合生命周期理论探究高层梯队隐性特征的内部动态过程，在横截面研究的基础上，对团队隐性特征演化与团队过程的关系进行纵向研究；运用断层的概念来改变过去孤立看待各个特征的作用机制，描述多重特征重叠对组织所造成的分裂性影响，分析断层与团队过程及企业行为和绩效的关系；将高层梯队冲突与团队自反性理论结合，从理论上探索过程变量间的相互作用关系，以期充实现有研究从团队过程视角解释高层梯队对企业绩效影响作用的内涵。

本书适用于管理学、经济学专业及其相关专业的本科生、研究生、科研工作者等，也可供从事管理工作的中高层管理者阅读。

图书在版编目（CIP）数据

高层梯队特征对企业行为和绩效的影响研究 / 葛玉辉著. —北京：科学出版社，2017.6

  ISBN 978-7-03-051994-8

  Ⅰ. ①高… Ⅱ. ①葛… Ⅲ. ①企业管理–管理人员–管理行为–影响–企业绩效–研究 Ⅳ. ①F272.92

中国版本图书馆 CIP 数据核字（2017）第 040460 号

责任编辑：魏如萍 / 责任校对：邹慧卿
责任印制：吴兆东 / 封面设计：无极书装

科 学 出 版 社 出版

北京东黄城根北街 16 号
邮政编码：100717
http://www.sciencep.com

北京京华虎彩印刷有限公司 印刷

科学出版社发行　各地新华书店经销

*

2017 年 6 月第　一　版　　开本：720×1000 B5
2017 年 6 月第一次印刷　　印张：16 1/4
字数：330 000

定价：**106.00 元**

（如有印装质量问题，我社负责调换）

前　　言

　　在我国经济转型期，新型治理机制的探索亟须前沿科学理论的指导，现有治理理论面临的困境呼唤创新的解决视角和研究思路。本书在已有文献的基础上，改变过去董事会与高管团队（top management team，TMT）研究相互割裂的现状，将董事会与高管团队的研究从企业治理的范畴拓展至高层梯队（upper echelons）层面，强调包含不同职能的高层梯队动态演进联合效应，通过构建特征—过程—结果（input-process-outcome，IPO）的架构，基于过程视角来研究特征与结果之间的作用机制和关系，打开高层梯队内部复杂的决策互动机制，将高层梯队认知冲突与团队自反性（team reflexivity）理论相结合，探索高层梯队战略决策时团队自反性如何调节认知冲突、情感冲突与战略决策绩效之间的影响关系，基于团队过程视角的高层梯队特征对企业行为和绩效的影响进行研究，以期拓展董事会与高管团队的研究空间，丰富企业治理机制的内涵，使其更有效地指导企业实践。

　　本书研究探索的意义如下：

　　（1）有利于探索新的治理机制。改变过去董事会与高管团队研究相互割裂的现状，将董事会与高管团队的研究从企业治理的范畴拓展至高层梯队层面，丰富了企业治理机制的内涵，使其更有效地指导企业的实践。

　　（2）有利于高层梯队树立团队意识，促进信息共享、沟通互动和民主决策。探讨高层梯队动态演进的内部决策制定和执行过程的行为聚合过程，使研究更具说服力和现实指导意义。

　　（3）有利于高层梯队建立有效履职机制。改变过去只关注董事会或高管团队某方面职能的做法，强调包含不同职能的高层梯队动态演进联合效应，必将对理论和实践具有一定的指导意义。

　　本书的主要创新之处包括以下几点。

　　（1）董事会与高管团队截面互动的影响机制。

　　以高层梯队统领董事会与高管团队的研究，首次明确建立团队互动过程模型，截取董事会与高管团队互动的横截面，依照"输入—过程—输出"模型，分析高层梯队特征对董事会与高管团队互动的影响机制，继而分析其对企业结果（企业行为和绩效）的影响。

（2）高层梯队隐性特征内部动态过程的影响机制。

首先提出高层梯队特征的冰山模型并将特征按信息的易获取程度分为显性和隐性特征，依据两类特征在团队演化过程中分量的增减，构建团队成熟历程的高层梯队内部动态演进过程模型。其次以震荡期和规范期为例，针对高层梯队特征对企业绩效的影响进行理论分析并提出研究假设，构建结构方程模型，通过实证分析验证结论。

（3）高层梯队联合特征——断层的影响机制。

改变过去孤立看待各个特征的作用机制，运用断层（faultlines）的概念来描述多重特征重叠对组织所造成的分裂性影响，从显性特征断层、隐性特征断层分析特征的联合对团队过程及企业结果的影响机制。通过对相关理论进行分析，提出理论假设和研究框架，并对有效样本数据进行实证分析。

（4）高层梯队冲突中团队自反性的影响机制。

首先，把团队自反性引入高层梯队理论（upper echelons theory），通过构建高层梯队自反性在认知冲突对决策绩效中调节作用的模型，探究高层梯队自反性的影响因素；其次，探究高层梯队自反性的维度结构及其关系；最后，探究高层梯队自反性对高层梯队认知冲突、情感冲突和企业战略决策绩效之间关系影响的强度和方向。

相关的研究成果已经在 *African Journal of Business Management*（SSCI 收录）、《管理评论》、《系统管理学报》、《系统工程》、《预测》、《管理学报》、《工业工程与管理》和《科学学与科学技术管理》等重要期刊上发表高质量学术论文 75 篇。相关的研究成果在上海市几家大型企业进行推广，并取得了良好的社会影响和效益。

本书在编写过程中参阅和借鉴了大量的相关论文与文献资料，在此谨向这些论文和文献的作者表示最诚挚的谢意。在本书的编写过程中刘喜怀、杨卫忠、荣鹏飞、陈悦明、宋志强、张大力、熊斌等博士和陈倩、申舒萌、王付鹏、徐敏、季云、张咏、丁昊、戴丽萍、李清、苏红、许君、陈茂群、朱美娟、丁顺浩、胡振、刘秀、王志、张婷、张智红、盖鸿颖、滕小芳、张梦莹、郭秀丽等硕士为本书的出版付出了辛勤的劳动。

本书是基于国家社会科学基金"团队过程视角下的高层梯队特征对企业行为和绩效的影响研究"（项目编号：11BGL014）课题完成出版的，并得到了国家软科学研究计划项目"复杂多变环境下科技型企业高管团队自反性行为对企业绩效的影响机制研究"（项目编号：2013GXQ4D165）、上海市教委科研创新重点项目"基于团队自反的 TMT 认知特征演化对企业绩效的影响研究"（项目编号：

14ZS117）、上海市一流学科建设项目（编号：S1201YLXK），以及沪江基金（编号：A14006）的资助。谨此表示特别感谢！由于本人的水平和经验有限，本书难免存在一些不足之处，恳请读者予以批评指正。

葛玉辉

2017 年 5 月

目 录

第1章 绪 论

1.1 本书的研究背景和意义

1.1.1 研究背景

全球化、网络化使事物变革的速度空前加快，企业的生存与发展犹如在湍急的江河中逆流而上，在一秒内有所懈怠，便会跟不上世界发展的步伐，被竞争对手超越。同时，对于勇于突破传统思维框架、不断追求创新的企业而言，其哪怕是不起眼的公司，也会在市场淘沙过程中脱颖而出，成为市场的佼佼者。单从近年来谷歌与微软、HTC 与诺基亚等公司之间市场份额的鲜明涨落，便可窥见当前企业所面临竞争之激烈。在竞争日趋激烈的形势下，企业要在市场中找到立足之地并不断拓展领域，就需要有一支强有力的领导团队，并依靠领导团队带动企业的柔性与适应性，以适应变化莫测的市场环境。过去单纯依靠领导者个人的决策模式已不能满足上述要求，越来越多的企业转向依赖于群体及团队来完成复杂的任务（Piña et al., 2008）。

与个体相比，团队最大的优势在于，它集中了多个个体的力量，可能会在一定程度上形成"取长补短"的良性结构。反过来，团队效能的发挥离不开团队结构的多样化，离不开团队内不同个体知识与经验的差异化（Trimmer et al., 2002）。因为在现实社会中，每个个体都是有限理性（bounded rationlity）的人，很难做到全知全能，其知识与经验必然极度依赖于个人的学习、经历和悟性。而这三者的水平则是因人而异，所以每个个体的知识结构、经验、能力都具有鲜明的个体性。相对于极为复杂的战略决策问题来说，个体的人力资本往往是杯水车薪，只有集合众人的力量，才能使整体的知识结构更加接近团队决策的要求。

近年来，国内外掀起了一股讨论"中国模式"的热潮，从实业界到学界都在探讨中国获得高速发展的原因。之所以有如此高的讨论热度，是因为各界都想通过提炼过去成功的经验和失败的教训，为未来更加健康的发展夯实基础。在企业界，作为企业核心领导者的企业家，其创业精神被一直推崇为企业健康发展的源泉。从熊彼特的企业家创新论到德鲁克的企业家精神论，都在试图挖掘企业家创业精神对企业发展的影响机制。然而这些著名的理论大都只是针对企业家个人，对企业家团队关注较少。与企业家个人相比，企业家团队是更为常见的企业领导组织模式，而且企业内这些高层领导团队所体现出来的企业家精神不仅是企业家个体创业精神的简单叠加，而且还是一个包含战略互动过程的企业家精神的集合。过去，对战略互动过程的关注只是关于静态的研究范式方面，现在从动态的视角来探讨企业家精神在交互状态下的融合与对企业各类效能的作用机制，有利于更好地掌握企业家团队的战略创新源泉以及企业家团队创业精神的秘密。

上述情况均表明，高层管理者所组成的团队在企业中越来越凸显其战略意义，探究其特征与内部互动机制的价值，正受到学界与实业界越来越多的关注。从 20世纪 80 年代初，国外学者就开始关注高层梯队。与通常所研究的高管团队一样，高层梯队也表示企业高层管理者所组成的团队，成员均是企业内参与重大战略决策的成员，被认为是企业的核心群体（core group）。高层梯队理论的创始人Hambrick 和 Mason（1984）认识到了研究此核心群体内部互动机制的重要性，但因为当时条件的限制，他们认为团队的互动过程较难测量，于是便走上"曲线研究"的路子。他们从高管团队人口统计学特征着手，通过对特征的探索来近似表述高管团队的内部互动过程，并以此来研究复杂互动过程与组织战略和绩效之间的关系。Hambrick 等认为高管团队人口统计学特征及其差异性（heterogeneity）蕴含了一定量的内部过程信息，相对于较难测量的过程变量，特征较易观察和测量，有利于开展研究。于是，管理学界的研究进入了从人口特征及其差异性角度来研究高管团队的时代。国内在高管团队方面的研究落后西方近 20 年，最早以高管团队作为研究对象的学者是魏立群和王智慧（2002），随后孙海法和伍晓奕（2003）对西方高管团队的研究进行了全面综述，为后来国内高管团队的研究做出了良好的铺垫，引用大量文献，正式打开了国内高管团队研究之门。

这些有关高管团队的研究通过用特征，尤其是可观测的人口统计学特征，如年龄、性别、教育水平和工龄等，来代替更为隐性或更为复杂的心理互动过程变量，极大地降低了研究的难度，使大量的研究得以开展，也增加了研究结论的可验证性。经过将近 30 年的研究，高管团队的研究取得了丰硕的成果，据 GoogleScholar 的统计，Hambrick 和 Mason（1984）的"高层梯队：组织是高管们的反映"（*Upper echelons: the organization as a reflection of its top managers*）到 2014 年 5 月的最新引用量，已高达到 5 700 多篇。许多著名学者对这篇文章的评论是"开创性的"（seminal）及"标志性的"（watershed），可见此文章影响力之大，并且对高层梯队、高管团队进行研究的吸引力很大。这些研究取得了巨大的成果，使人们通过可观察的特征来观察、预测企业的绩效表现，为投资者的投资决策、管理者的结构优化提供了极大的便利和帮助。高管研究的广泛应用也带动了其他研究领域，如研发团队、董事会及一般团队等研究的发展，研究者们均欲通过各类可观测特征来观测团队效能。这种研究范式已经逐渐成为组织研究中一种重要的理论模式。但作为一种对现实的折中，此模型从其诞生之初便带有致命的缺陷，为日后的改进埋下了伏笔。

近年来，此种研究范式开始遭到一些研究者的质疑，他们认为通过人口特征来代替复杂的心理互动过程并不可靠，人口特征对组织绩效变异的解释度往往是5%~20%，解释力非常微弱。因而一些学者提出对高管团队的互动过程进行研究，包括各类作为高管行为驱动力的心理和社会过程（social process），这也被称为"黑匣子"（black box）问题。这些学者开始深入这些团队过程中进行研究，并取得了一定的研究成果（Simons et al., 1999; de Dreu and Weingart, 2003; Kauer et al., 2007），但总体而言，研究仍处在起步阶段，这些研究大部分还只是处在"黑匣子"的探索当中，特征、过程及组织结果三者之间的完整框架还没有得到有效建立，因此为本书留出了研究空间。Cannella 等（2008）对高管团队的研究进行了全面回顾，指出未来高层梯队研究应走向多学科结合的研究路径，深入开拓高层梯队的特征及其差异性的内涵，结合社会心理学、企业家理论、资源基础论、社会网络理论、制度理论、人力资本与社会资本等理论深入探讨高层梯队特征、内在互动过程及组织结果之间的作用机制。

1.1.2　研究意义

（1）有利于探索新的治理机制。改变过去董事会与高管团队研究相互割裂的现状，将董事会与高管团队的研究从企业治理的范畴拓展至高层梯队层面，丰富了企业治理机制的内涵，使其更有效地指导企业的实践。

（2）有利于高层梯队树立团队意识，促进信息共享、沟通互动、民主决策。探讨高层梯队动态演进的内部决策制定和执行过程的行为聚合过程，使研究更具有说服力和现实指导意义。

（3）有利于高层梯队建立有效履职机制。改变过去只关注董事会或高管团队某方面职能的做法，强调包含不同职能的高层梯队动态演进联合效应，必将对理论和实践具有一定的指导意义。

（4）有利于打开高层梯队内部复杂的决策互动机制。通过构建连接特征-过程-结果（Kozlowski et al., 1999）的架构，基于过程视角来研究特征与结果之间的作用机制和关系，从而打开高层梯队内部复杂的决策互动机制。丰富了高层梯队内部互动过程的内涵，对高层梯队的战略决策绩效和企业业绩有重要的实践意义。

（5）有利于补充完善现有研究从冲突理论视角解释高层梯队认知冲突（cognitive conflict）的局限性。本书将高层梯队认知冲突与团队自反性理论相结合，探索高层梯队战略决策时团队自反性如何调节认知冲突、情感冲突（emotional conflict）与战略决策绩效之间的影响关系。现有认知冲突研究聚焦于高层梯队成员内信任或凝聚力等心理因素的调节效应，但忽视了高层梯队认知冲突中团队自反性问题的分析。因此，将高层梯队认知冲突与团队自反性结合可以更完整地研究高层梯队认知冲突及与企业战略决策绩效的关系。

1.2 高层梯队的含义及其相关特征

1.2.1 高层梯队

在 1.1 节中，出现了高层梯队、高层管理团队或高管团队和高层领导团队等概念，除此之外，在研究领域中还有高层团队（top team）、高层管理群体（top management group）等多种概念，其中最常用的是高管团队，通常被简称为 TMT。本书并没有使用常用的"高管团队"概念，而是改用"高层梯队"一词，两者之间的区别先从高管团队的定义说起。

首要的研究是定义界定。Carpenter 等（2004）指出，高管团队的定义在高层梯队的研究中占据中心地位，它是高层梯队的理论框架与方法的研究基础。高管团队的概念最初源于 Cyert 和 March（1963）提出的"优势联盟"（dominant coalition），但具体界定有所差异。Carpenter 和 Fredrickson（2001）、Carpenter 等（2004）对高管团队的定义进行了总结，本书在其基础上加入最近的研究情况，如表 1-1 所示。

表 1-1 过往研究关于高管团队的定义

作者	年份	定义	资料来源
Amason	1996	由首席执行官（chief executive officer, CEO）认可的参与战略决策的高管	CEO 访谈
Hambrick 等	1996	副总级别以上的所有高管	行业资料
Tushman 和 Rosenkopf	1996	CEO 和其直接下属	行业资料
Geletkanycz 和 Hambrick	1997	副总级别以上的所有高管	D&B 及 S&P 资料

作者	年份	定义	资料来源
Sanders 和 Carpenter	1998	副总级别以上的所有高管	S&P 资料
Amason 和 Mooney	1999	由 CEO 认可的参与战略决策的高管	CEO 访谈
Gordon 等	2000	10-K 档案上所有列举的高管	10-K
Bergh	2001	副总以上的所有高管加其他属于董事会成员的高管	D&B 资料
Carpenter 和 Fredrickson	2001	组织管理层中的最高两级别高管	D&B 资料
Bertrand 和 Schoar	2003	薪酬最高的前五名高管	Execucomp
Kor	2003	所有高层经理，包括 CEO、首席运营官（chief operating officer，COO），业务单元领导和副总	S-1 说明书
Auh 和 Menguc	2005	组织内提供关键组织决策的人	CEO 访谈
Cannella 等	2008	副总级别以上的所有高管	D&B 资料
Boone 和 Hendriks	2009	由 CEO 认可的参与战略决策的高管	CEO 访谈
Ozer	2010	所有高层经理，包括 CEO、COO、首席财务官（chief financial officer，CFO）和副总	COMPUSTAT 数据库
Buyl 等	2011	由 CEO 认可的参与战略决策的高管	CEO 访谈

在过去大部分的研究中，无论是通过固定规则规定还是通过 CEO 的认可确定，高管团队成员共同的显著特点是将所有的高管都等同看待（Peterson et al.，2003）。一些学者发现，这样的做法忽视了高管团队内成员角色、级别的差异性，尤其是 CEO 及董事长的角色。Hambrick（1995）指出，作为高管团队的领导者，CEO 的行为在战略决策过程中起着至关重要的作用。但首次系统地将 CEO 的角色从高管团队中凸现出来的是 Buyl 等（2011），他们对 CEO 等同于高管团队其他成员的做法提出质疑，指出"团队效能的关键在于 CEO 的领导能力——从纷杂或新奇的观点中拍板定调……以及安抚和调和事后成员的紧张关系，防止团队分裂和非建设性的对抗"（Hambrick，1995；Buyl et al.，2011）。Simsek 等（2005）也强调了 CEO 在高管团队任务型互动过程中的中心作用，但一直未对 CEO 的作用进行系统分析。

近年来，一些学者提出对 CEO 与高管团队界面（CEO-TMT interface）进行深入的探索分析，学者均认为高管团队能否成功不仅在于高管间是否能良性互动，而且还在于 CEO 角色与行为是否适当。例如，Ling 等（2008）对 CEO 变革型领导对行为整合（behavioral integration）等高管团队过程的影响进行了研究。研究表明，有必要将 CEO 的角色突出出来并对其影响加以研究。

另外一个被普遍忽视的是执行董事（特别是作为执行董事的董事长）在高管团队中的作用。执行董事不仅和其他非董事高管一样参与公司日常经营管理，而且与其他高管相比存在所有权的差异。执行董事的这种特征使他们成为董事会与高管团队之间连接的桥梁，对高管团队决策的影响可能具有其他类型高管所不具备的特点。近年来，一些学者开始注意到董事会与高管团队两者互动的重要性。例如，Barroso 等（2009）认为董事会与高管团队的互动将影响企业的战略变革水平；Chen（2011）结合台湾的具体情况，分析了董事会独立性对高管团队战略决策及国际化的影响。这些研究表明，董事会与高管团队之间独特的互动机制还有待进一步深入。作为影响企业战略决策的两大核心群体，董事会与高管团队两大主体过去大多在公司治理的框架下研究治理机制，但很少从管理和战略决策的角度来探讨董事会因素对高管团队决策的影响。本书延续高管团队研究的框架，同时把高管团队内董事会的影响因素考虑进来，并且考察这类群体的特征对战略决策及绩效的作用机制。

　　基于上述考虑，本书把含有 CEO 及执行董事的高管团队称为高层梯队，强调梯队内的高管不仅是一个决策的群体，而且是一个有梯次的群体，梯次在此主要体现在 CEO 及执行董事的作用。高层梯队中对于其他高管因分管职能的不同而产生差异，由于这种差异普遍存在于每一个高管身上，所以不单独加以对待，只从总体上来把握其差异性及其作用。

　　在可查到的文献资料中，高层梯队一词最早有明确说法的学者是 Humblet（1971），他在关于"骨干"（cardres）一词的探讨中指出，"骨干"包括几个层次的含义——管理者（manager）、监管者（supervisor）和执行者（executives）。管理者是企业一般政策的执行者，如负责与员工、工作相关的事宜，作为与员工谈判的另一方出现，与一般员工相对；监管者则是指根据一定权威实施监管的人；而执行者则是最高层政策的执行者，与管理者相比，执行者对企业政策有更高的执行度。这三者均属于高层梯队。根据牛津词典的解释，高层梯队是一种权力机构（the establishment），是指在政策、观点方面具有权力和影响力的群体或阶级。这些解释认为高层梯队是一种"上层阶级"，是与其他层级相对的阶级，但并没有体现高层梯队内部的阶梯性。Hambrick 和 Mason（1984）作为高管团队研究的先驱，将其理论称为高层梯队理论，也未在研究中突出高管团队的梯次性，而是在实际研究中把高管团队作为高层梯队的同义词来对待。因而，其他大部分此领域的学者亦沿用此做法，把高管团队与高层梯队两个概念不加以区分进行使用。然而，本书认为，高层梯队中"梯队"的概念不仅可以用于与其他阶层的群体相比，而且还可以表示高管团队内部的梯次性，适应当前研究的需要。因而将高层梯队与高管团队区分开来，不仅充分利用了高层梯队的概念，拓展了其内涵，而且还有利于突破过往高管团队对成员"一视同仁"的做法，有利于与过往的研究区别开来。

　　综上所述，高层梯队是指在政策、观点方面具有权力和影响力的群体或阶层。就企业而言，高层梯队是对企业决策和行为具有重要影响力的权力阶层，即董事会与高管团队。高层梯队是指强调参与组织战略决策并在权力、地位方面存在层级差异的管理团队。它是由董事会、CEO 和其他高层管理者中参与公司日常经营管理和核心决策的个体所组成的团队。高层梯队体现了两个特点：一是"高层"，即高层梯队是参与高层决策的管理团队；二是"梯队"，即高层梯队是具体梯次性的管理团队，既包括董事会成员与非董事会成员的梯次，也包括 CEO 与其他高管的梯队，是一种依赖战略决策的共同任务而将所有者和管理者连接起来的管理团队。

董事会是指管理公司事务的领导机构，它一般从企业的股东中进行选举。董事会的成员大部分来自公司内部，偶尔也会邀请外部人员加入。董事会受股东委托对外代表公司，对内拥有高管任免权和重大事务决定权。董事会不是公司最高的权力机构。本书中所指的董事会团队是指涵盖了内外部董事在内的全体成员。

高管团队是指由那些参与公司经营决策和战略决策，对企业的经营管理有很大的决策权和控制权的相关群体，包括董事长、总经理和各部门总监（如人力资源总监、运营总监）等。

1.2.2　高层梯队特征

Hambrick 和 Mason（1984）认为，由于个体的个性、价值观等心理特征的信息难以准确获取，所以只使用可观察的人口特征来进行研究。事实上，之所以不采用个性等特征，除了因为难以准确获取，还在于早期使用二手数据的研究模式。对于这种大量使用上市公司年报信息的研究模式，个性等相对主观特征信息的获取方式与之格格不入，因而前期的大量研究均集中在人口特征的研究上。然而，高管团队的研究者们发现，对高管行为影响更深远的是个性、价值观等隐性特征。团队内的个体除了根据显性的人口特征作为与其他高管进行交往外，还根据相互之间的个性、价值观的匹配度来进行交往。因此，本书认为研究高层梯队的特征除了需要关注人口特征等显性特征之外，还需要考察个性等隐性特征的作用机制。

显性特征主要是指人口统计学特征，即人口特征，具体包括年龄、性别、学历、工作经验、公司任期及团队规模。

隐性特征主要是指无法客观获取的特征数据，隐性特征需要通过人的主观判断才能获得，主要包括个性（性格）、价值观、认知和动机等。

1.2.3　团队过程

过程有"中间"的意思，是指从发生投入一直到出现产出之间所经历的阶段。具体到社会化的、人际的过程，则是指人与人之间的互动，每个交往的个体根据自身的特点向人际过程中投入信息、情感等因素，并接收其他交往个体所投入的各类因素，直到产生某种结果的阶段。从这个角度来说，过程又称为社会过程，是指随着时间的推移，模式不断向特定方向发生变化的现象（Hofstein，1964）。团队过程是团队成员之间有目的地交换信息与情感的现象（Billups，1987）。在高管团队的研究中，团队过程被称为团队动力学（team dynamics）或团队交互（team transaction），均是指团队成员间的互动过程。由于在高管团队中，相互之间的互动过程较为复杂，过去大部分研究都用人口统计学特征作为其替代（proxy）进行研究，因而团队过程经常被称为高管团队研究的"黑匣子"，解决高管团队研究的途径之一就是要打开这个复杂的未知的"黑匣子"。

综合上述观点，并结合高层梯队的工作特点——主要从事企业的战略决策活动，本书对高层梯队团队过程进行定义，即企业高管制定企业战略时发生的信息与情感交互活动。本书采用团队过程视角，主要从高层梯队战略决策的交互过程进行切入，通过对战略决策过程的解剖来链接高层梯队特征与企业行为和绩效。因此，对于本书而言，团队过程即为高层梯队的战略决策过程。

1.2.4　团队自反性

本书的团队自反性是指团队成员共同对团队目标、战略决策和沟通过程以及所处组织和环境进行开放性（openness）的自反性与讨论，根据所处的实际情况，相应地进行适应性调整的程度，其具有抵制人际关系冲突、增强团队成员之间的工作配合，以及消除团队成员紧张关系的作用。

1.2.5　企业行为

企业行为是指企业为了实现一定的目标而采取的对策和行动。企业作为社会经济的基本活动单位，在内在动力结构驱使下，对来自外部环境的刺激做出反应。

企业行为主要包括三种类型：①目标合理行为，即为达到企业目标经过科学决策的行为；②价值风险行为，即为企业获取更多价值的冒险行为；③日常经营行为，即为满足企业日常经营活动需要的行为。

基于本书的研究，企业行为是指并购、多元化等高层梯队的战略决策行为，主要用战略决策的绩效来衡量。战略决策的绩效主要考虑战略决策质量和战略决策承诺两个维度。

1.2.6　企业绩效

企业业绩是企业经营效果与效率的具体体现，取得良好的业绩既是企业生存与发展的基础，也是企业存在的根本理由。有关企业业绩的内涵及其衡量一直是国内外学者和企业界高度关注的话题，但也是"仁者见仁、智者见智"，说法不一。

国外学者中，德鲁克是最早研究企业绩效评价的管理学家之一，通过实证研究，他从八个方面，即获利能力、生产率、实物资源和财务资源、市场地位、管理者的业绩与发展、员工的业绩与发展、创新能力、社会责任，提出企业业绩评价指标。Rolstadås（1998）则认为企业绩效由财务绩效、作业绩效和组织效能三个方面组成。

国内也有不少学者对企业业绩进行研究并取得了一定成果，谢洪明（2005）认为，企业业绩是组织本身拥有的功效和能力，并从经济收入盈亏、产品和服务范围、竞争能力大小等方面编制了绩效测量的量表。罗珉（2004）认为，组织业绩是评价组织多重目标的实现程度，并从组织的总体表现、组织的既定目标、社会的普遍期望三个角度对企业业绩内涵和评价进行详细的论述。

1.3　研究内容

1.3.1　董事会与高管团队的截面互动关系

截取董事会与高管团队互动的横截面（高层梯队团队过程），依照"输入—过程—输出"模型，分析高层梯队特征对董事会与高管团队互动的影响机制，继而分析其对企业结果的影响。本书通过构建团队过程模型，对董事会与高管团队互动过程的主要构成维度进行分析，期望探讨团队互动过程各维度的内部作用形式、各维度间的相互关系及其对团队合作及战略决策的影响方向和强度，最终揭开团队互动过程的"黑匣子"，同时为提升企业行为质量和绩效水平提供有借鉴意义的理论指导（图1-1）。

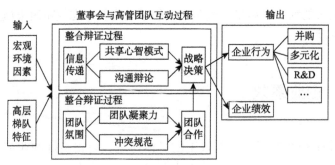

图 1-1 董事会与高管团队的截面互动关系研究思路

1.3.2 高层梯队隐性特征的内部动态过程

首先，将特征按信息的易获取程度分为显性和隐性特征，依据两类特征在团队演化过程中分量的增减，构建团队成熟历程的高层梯队内部动态演进过程模型（团队生命周期模型）（图1-2）。在此基础上，运用扎根理论，搜集团队形成、震荡、规范和执行四个阶段的质性资料，通过开放性编码、主轴性编码和选择性编码三重编码过程，提炼反映高层梯队特征，特别是隐性特征作用下的内部动态运作规律（图1-3），继而分析企业行为和绩效四个阶段的表现。

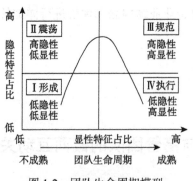

图 1-2 团队生命周期模型

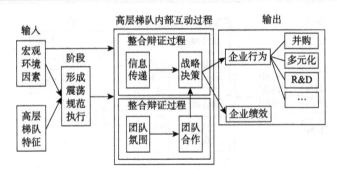

图 1-3   高层梯队隐性特征的内部动态过程研究思路

1.3.3   高层梯队联合特征——断层的影响机制

断层原是地质学的概念，是指岩体在构造应力作用下发生破裂，沿破裂面两侧的岩体发生显著的位移或失去连续性和完整性而形成的一种构造形迹。借用到高层梯队的研究中，断层可用于表示高层梯队内因为特征的重叠等原因使团队形成的断层，进一步的也表示团队分裂为两个乃至若干个亚群体（subgroup）。"物以类聚，人以群分"，当特征的共同点增多时，就为团队的分裂提供了依据。尤其是，当决策收益与决策风险并不对称时（这种情况很普遍），团队成员均倾向于采取保护自己的策略，寻求那些可以使自己免受惩罚的问题，于是人们就会寻找退路、自我辩解、拉帮结派等，特征的重叠就为这些"拉帮结派"起到一个引子的作用，促成团队内亚群体的形成。这些亚群体之间相互疏远、相互竞争，使团队内部产生内耗，破坏团队的团结，从而影响团队的效能。虽然相互竞争可能会使亚群体的创新能力增加，但是客观上又提升了团队的效能。这两方面如何作用，各自的影响力又是如何，目前还没有一个统一的说法。

本书将从显性特征断层、隐性特征断层两个方面出发，结合团队生命周期模型，分析特征的联合对团队过程及企业结果的影响机制（图 1-4）。

1.3.4   高层梯队冲突中团队自反性的影响机制

本书把团队自反性引入高层梯队理论，通过构建高层梯队自反性在认知冲突、情感冲突对决策绩效中调节作用的模型（图 1-5），探究高层梯队自反性的影响因素、高层梯队自反性的维度结构及其关系研究，以及高层梯队自反性在认知冲突、情感冲突与企业战略决策绩效之间关系的影响机制（图 1-6）。另外，本书主要关

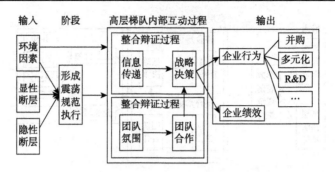

图 1-4　高层梯队特征断层影响机制研究思路

注团队自反性对高层梯队认知冲突、情感冲突和企业战略决策绩效之间关系影响的强度与方向。

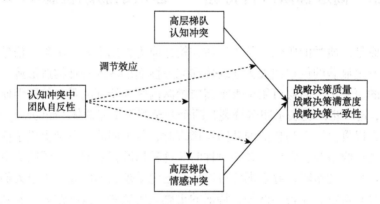

图 1-5　高层梯队自反性在冲突对决策绩效中的调节作用模型

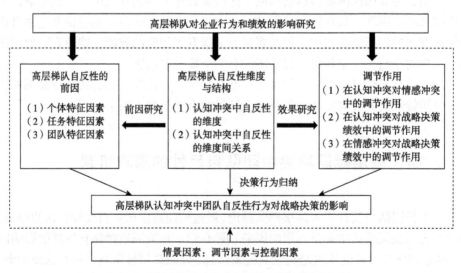

图 1-6　高层梯队冲突中团队自反性的影响机制

1.4 研究方法

第一阶段进行横截面分析。抽取若干典型案例分析，初步了解高层梯队特征与团队过程及团队过程与企业行为、绩效的关系；在此基础上深入企业中，运用扎根理论的质性分析方法对董事会与高管团队决策过程的片语、句子、日常资料、访谈结果等进行编码、归类和比较，从而分析高层梯队不同特征对互动过程的影响机理，然后扩大样本规模，利用自陈问卷进行调查进行实证研究。

第二阶段进行纵向分析。跟踪若干个典型高层梯队，运用案例分析、质性分析和实证分析的方法研究高层梯队各生命周期阶段特征与团队过程的关系。

第三阶段进行"过程—结果"分析。归纳高层梯队的互动模式与互动规则，构造多主体互动的仿真模型，按照适度景观和模型的演化规则，分析短期和长期的绩效变化。同时，运用实证分析加以验证（图1-7）。

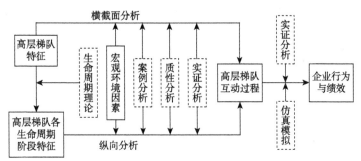

图 1-7 研究方法

1.5 本章小结

在弱环境的大背景下，团队决策越来越突显其重要性。团队知识的整合，尤其是对于高层梯队那高智商、高情商团队，其知识的整合过程要比一般团队复杂许多，而整合的结果又比一般团队更重要，所以优化高层梯队结构以提升其效能将一直是企业家和学者们不断探索的话题。

当前，关于高管团队研究的不足包括对特征内涵的扩展不足、团队过程探索的系统性不足、团队梯队性的考虑不足等，这为进一步研究留出了宝贵的研究空间，使本书的相关研究对当前高管理论有所贡献。

　　为此，我们提出使用高层梯队的概念以反映高管团队的梯队性，重视 CEO 及董事会因素的作用，以高层梯队的互动过程为切入点，分析高层梯队"特征–过程–结果"关系链条上的作用机理。基于此思路，提出本书的主要研究内容，包括董事会与高管团队截面互动的影响机制、高层梯队隐性特征的内部动态过程的影响机制、高层梯队联合特征——断层的影响机制以及高层梯队认知冲突中的团队自反性行为的影响机制。

第 2 章 高层梯队研究的理论基础

特征是人们赖以认识他人心理与预测他人行为最常用的工具。尽管特征的有效性经常受到怀疑,但其便易性和一定程度的有效性,使其成为个体待人接物的信息源。特征在实践中对心理和行为的标指性作用,使学者们纷纷对特征的这种机制进行研究,并且提出了一系列的相关理论。本章对这些理论进行回顾,找出高层梯队特征研究的理论基础。在理论回顾的基础上,对过往的高层梯队研究进行全面回顾并加以评论。

2.1 高层梯队特征研究相关理论

2.1.1 信息决策理论

信息决策理论认为决策的关键在于信息的处理,信息量越大、处理得越有效,决策质量(decision quality)便越高。高层梯队成员特征的差异性往往源自于高管们知识、信息、经验及能力等的差异性,因而特征可以作为高管所携带信息的表征。当高层梯队的信息差异性越大,高层梯队内总体信息的覆盖面便会越广,团队所拥有的认知资源便越多,越能为决策提供更丰富的决策信息。从信息处理能力的角度看,信息决策理论认为,高层梯队特征的差异性大,各高管对同一信息的理解可能会相互补充、相互激发,从而提升高层梯队的信息处理能力。综合以上两点,高层梯队特征的差异性为决策带来丰富的素材与处理素材的能力,提升团队的决策水平。

同样强调差异性的理论还有资源基础观(resource-based view,RBV)。这个理论与 Hambrick 和 Mason(1984)的高层梯队理论诞生于同一年,均是对当时战略管理理论偏重于内部优劣势和外部环境分析的回应。资源基础观认为企业的竞争优势来源于企业内部资源的差异性。Wemerfelt（1984）认为资源是可以给企业带来竞争优势的东西，包括品牌、优秀员工、产品技术和资本等；在此基础上，Barney（1991）认为企业可持续的竞争优势源于企业资源的差异性和资源的非流动性。资源的差异性为企业形成独特的资源结构，从而在应付各种市场变化过程中有可多的资源提供选择。将此思想推广至团队中，团队的多样性（diversity）为团队应对决策问题提供更多可选择的方案。可见，资源基础观同样支持信息决策理论的观点，强调了差异性的重要性。

差异化或多样化提供了多种潜在的可能性，避免了同一化所带来的单一化和线性化思维，增加了思维的复杂度，也为互动提供了可能性。相比于个体，团队的优势在于团队成员的相互补充与互动，使团队行为的考虑更加完善和全面，避免了群体盲思（group thinking）的发生。群体盲思是企业最容易陷入的决策陷阱，每个高管团队在决策中都处于一种良好的感觉状态，决策的速度也非常快，但这种"一言堂"式的决策除了速度之外，再无其他优点。群体盲思下的决策使高层梯队对决策的问题未能进行有效分析和消化，所产生的对策容易走向片面性乃至极端性。

2.1.2　社会情感理论

特征除了传递信息含义，还传递情感含义。社会归类理论（social categorization theory）、相似吸引理论（similarity-attraction theory）和社会认同理论（social indentity theory）等都在阐述特征的情感内涵，本书将这类理论合称为"社会情感理论"（social sentiment theory）。社会情感理论认为，个体情感的交流首先是通过特征来进行判断、呈现和传递；其次根据对自身特征的评价来评价和区分别人，并因此形成对此人的社会情感；最后据此形成交往的策略。下面我们来阐述社会情感理论如何具体解释高层梯队的社会情感过程。

社会归类理论也称为社会类化理论。归属需要（need to belong）的推动，使人们追求那些与人们相似的人在一起，在与自己相似的人群里往往会感觉比较舒适自然，相对不容易被别人孤立，从而降低自己的孤独感以及由此而产生的不安全感。归属的需要并不依赖于归属群体内人员数量的多少，一些基本的亲密关系便已足够。而且，当归属需要得到满足后，个体追求更多关系的欲望就会降低。这表明，在高层梯队内，特立独行的人并不多见，以两个或两个以上的人相结合的群体却是有可能的。

相似吸引理论也有类似的观点，即"物以类聚，人以群分"，特征相似的个体之间具有天然的吸引力，从而在群体内发生归类化。年龄、性别、种族、受教育水平、宗教信仰、社会阶层以及态度、价值观、个性特质等越相似，就越有吸引力。同时，布雷姆等（2005）指出在双方达到相当的相似程度后，相互的吸引并不会减少，因而"共同点太多"并没有任何害处。随着时间的推移，特征相似的个体会更加相互喜欢（Botwin et al.，1997；Tesser et al.，1998）。布雷姆等（2005）认为，一般而言，并不存在相似点少却相互吸引的情况。他们指出：没有证据表明人们会满足于不相类似的伙伴，而不是相似的伙伴。事实上，有时人们看到相反的人也相互吸引，从而误以为相反的人也相互吸引，这其实是忽略了很多重要的细微相似之处。对于特征互补的情况，布雷姆等（2005）认为许多互补性行为事实是相似的。而性格的互补只是在偶尔的情况下存在吸引力，他们认为人们会更加喜欢彼此性格相近的人，远甚于性格不同的人（Richard and Wakefield，1990），而颐指气使的人也更喜欢有主见而不是谦恭服从的人（Dryer and Horowitz，1997）。

为什么相似的人更具有吸引力？从心理需求的角度来说，相似的伙伴比其他人更能够提供我们所想要的东西（布雷姆等，2005）。当在别人身上发现相似之处时，我们将感觉有一种共鸣和安全感，因为它会令我们知道自己的方式是合适的（Byrne and Clore，1970）。人们觉得相似的人往往也可能喜欢自己，因而更加期待与这类人愉快、友好地交往（Condon and Crano，1988）。

社会认同理论从另一个视角解释了类似的现象。社会认同理论认为，当个体根据相似吸引的原则加入某一个分类群体后，会对此群体产生一种认同感（Hogg and Terry，2000；Goldberg et al.，2010）。个体之所以主动认同自己所属的群体，主要有两方面的考虑，即地位的提升和不确定性的降低。当个体认同群体时，他找到归属，从而有利于保持自我评价的稳定；管理学家 Hogg 和他的一些合作者发现，个体的社会认同原生于对自身身份不确定性的降低需要（Hogg，2006，2008；Reid and Hogg，2005）。身份是个体立足社会的凭证，每个人都想在社会或群体中得到一个明确的身份，往往只有如此才能得到社会和群体的认可。这种影响是内化于潜意识层面的，即使个体可能没有刻意去寻求认同，但其很多行为往往都体现了其追求社会认同的心理需求。

"吸引—选择—留任"（attraction-selection-attrition，ASA）理论对上述理论进行了扩展，从动态的角度来分析特征相似的后续作用。特征的相似性使个体更能感觉到与对方在价值观和目标方面的相似性。一些学者将此理念进行推广，提出个体与组织环境或社会交往环境之间存在某种程度的适配性（person-situation fit），因此个体特征的相似性往往使其相适应的组织环境、氛围及人际交往要求也相类似，从而增强了其相互的吸引性。这种相互吸引性客观地带动了"选择"的过程，掌权者或是影响力大的小群体最先获得"选择"的权力，通过选择与自己特征相似的人来组成团队。随着相似性个体的逐步集聚，这个集聚的小群体也成为最适合彼时组织环境的群体，更进一步加强了此群体的集聚性。群体内的个体与组织形成良好的互动关系，从而强化了个体对群体的依赖性，增加了个体"留任"团队的态度。相反，特征不相似的，个体便容易产生一种孤立感，从而最终选择离职（Holland，1973）。

ASA 框架成立具有两大前提：第一，要求环境相对稳定。若环境变化剧烈，团队需要各类能应付环境变化而带来相应问题的人，因而会倾向于使团队更加多样化，即使多样化带来团队内相互之间吸引力下降，但团队内的"主异群体"不一定会排斥不相似的团队成员。所以在团队里，往往是外部环境变化剧烈时，团队内会倾向于"压抑"（即由特征差异带来的不舒适感），而一致对外；当外部环境趋向稳定（如公司获得绝对的市场地位）或团队能力足以应付外部环境时，这时因特征差异而引起的 ASA 机制便会启动，走向团队同质化。第二，要求个体对特征的认识是不变的。在现实中，这个要求显然是很难做到。因为 ASA 是一个动态的机制，所以需要时间来实现"吸引—选择—留任"的变化。随着时间的变化，个体对其他个体特征的认识是不断加深的，从而会修正之前对别人的判断。另外，时间的变化还会带来新环境和新成员，这也将可能打破原来的转变过程。

社会情感理论的各类观点共同表明特征差异对团队成员情感关系方面有重要的影响作用。相似相吸、相异相斥，团队逐渐根据掌权者的意愿形成主流特征，与主流特征越相似，便越容易获得团队认可，从而获得在团队内的立足之地。

高层梯队过往大多数研究均是基于其中一个或多个理论而进行的，下面将从多个方面全面回顾高层梯队的相关研究，以揭示本书的研究空间。

2.2　高管团队特征研究

2.2.1　高管团队特征组成法研究

1. 经典高管团队特征研究述评

高层梯队的研究始于 Hambrick 和 Mason（1984）具有划时代意义的文章——"组织是高管们的反映"。在此之前，战略管理的主流研究思路是从经济技术的角度来研究企业的战略选择，基于此也涌现了一批著名的战略学家，如 Ansoff、Porter 等，他们认为企业的竞争优势在于"审时度势"，对企业所面临的竞争态势——产业状况、潜在竞争者、产品组合和价格结构等了然于胸。例如，当要选择合适的竞争策略时，是选择聚焦策略还是选择多元化策略呢？若选择多元化策略，则是选择同心多元化还是选择横向多元化呢？无论是内部的优劣势分析还是外部的机会与威胁分析，战略学家更多的是着眼于宏观的理性因素，而几乎见不到战略决策制定者的身影，其战略理论完全建立在纯粹经济技术分析过程的框架上。正如李金早和许晓明（2008）的评论所言，这些战略流派并非没有注意到战略决策者的重要作用，他们只是把战略决策者高度抽象，看做与其他企业资产一样的东西，将之作为一种纯粹的经济因素纳入战略的分析框架中。

尽管这些理论因其界定清晰、方法明确、可操作性强受到企业界的广泛追捧，但是在实际应用中，所谓的战略往往只是停留在华美的战略分析图表上，而未能真正落实到执行中。一些学者认为主要问题出在执行上，但这只是其中一方面，另一方面的主要问题可能在于战略制定本身的不合理。要制定合理的、符合企业实际状况的战略，除了需要大量的数据、先进的分析工具（从而展现出华美的战略报告），还需要战略决策者的判断与分析能力。传统的战略理论往往对决策者的这种能力进行假设，认为战略决策者均是具有充足理性的专家，均能对环境、竞争对手和产品等进行全面的分析，并据此认为只要企业按照合理的战略分析方法进行分析，便能得到足够合适的竞争战略。根据这种以彻底理性主义假设为基石而得出的分析结果，必然与企业的战略现实有很大的差距，甚至南辕北辙。

Hambrick 和 Mason（1984）注意到了传统战略理论的这一致命缺点，决心突破传统战略理论的思维框架，建立全新的战略理论。他们以卡耐基学派的决策理论（Cyert and March，1963）为基础，建立高层梯队理论。此模型认为，行为因素（与高管相关的）而不是理性分析，对战略决策制定产生重要影响。高层梯队理论与传统战略理论最大的不同在于，它摒弃了经济理性的假设，而改为更加符合实际的有限理性假设。有限理性假设指出决策者所面临的实际决策状况非常复杂且难以掌控，因而决策者无法以完全理性来进行决策，而只能在其有限的智力理解范围内提出决策方案。

高层梯队研究吸纳前期战略选择研究（Child，1972）的相关成果，指出企业的发展依赖于经理人的战略选择。经理人的爱好、偏见和性格等将影响战略选择的各个阶段，从问题的发现与判断到决策方案的产生及选择，都留下了经理人各类特征的印记。Hambrick 和 Mason（1984）经典的高层梯队研究思路框架如图 2-1 所示。

Hambrick 等认为外部环境（包括产业状况、竞争态势等）需要通过企业里的人，尤其是战略决策者的经理人，才能影响企业的战略和绩效。战略的有效制定和实施与决策者的社会资本及人力资本息息相关。因而传统战略管理理论所忽视的经理人特质，包括其知识、偏好、价值观和熟悉领域等，均对战略决策有不可忽视的影响。

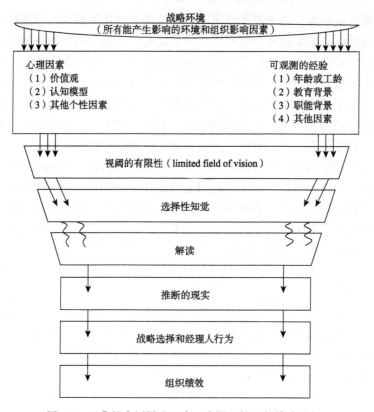

图 2-1　经典的高层梯队观点：有限理性下的战略选择

资料来源：Hambrick 和 Mason（1984）、Finkelstein 和 Hambrick（1996）、Cannella 和 Holcomb（2005）

　　图 2-1 的最上面是高管团队所面临的内外部决策环境，Hambrick 和 Mason（1984）称之为刺激因子（stimuli），决策过程是高管团队对这些刺激因子做出反应的过程。下面各个环节是高管团队对战略环境信息的层层过滤与处理环节，从视阈影响下的信息收集（information collection），到信息筛选时的选择性知觉（selective perception），再到对信息的理解和分析，从而得到一个经过分析且容易明白的"事实"，根据这些"事实"做出战略选择。最后才是组织产出，包括决策绩效、团队效能和组织绩效等。

　　尽管图 2-1 的中间部分是模型的重要组成部分，但在实际研究中，Hambrick 和 Mason（1984）认为其不必直接进行研究，因为高管的行为和心理过程较难衡量，他们提出一条捷径——通过高管团队的特征来近似表达高层梯队的战略决策过程。这些特征主要是指易于观察的人口统计学特征，如年龄、任期、学历和职能背景（functional background）等。这些人口统计学特征描述了高管的知识、偏好、价值观和熟悉领域等特质，而这些特质是高管视阈广度的重要影响因素。鉴于知识的有限性、爱好的偏向性、价值观的局限性、对各类专业领域的熟悉程度不同等，高管的视阈必然是有限的。同时，根据注意力理论，人的注意力是有限的，因而在一定时间内所能注意到的信息量也是有限的。Ocasio（1997）是注意力理论研究的著名学者，他认为"决策者的决策行为与他们集中注意的问题和答案息息相关"。注意力的集中往往朝着有利于感知和行动的方向，与正在思考的问题密切相关，并远离其他不相关的问题。如果将注意力看做一种资源，这种资源是稀缺的，尤其当面临过载（overload）的信息量时，每个高管只能依据他自身的禀赋（givens）来对信息进行取舍和分析。每个高管的注意力均受到他自身心理构成、功能状况和社会网络状况的强烈影响。在解读筛选信息的过程中，高管的解读能力受制于决策者知识、经验及悟性等因素，当然，也少不了在解决过程中的决策互动过程，但过程中所产生的观点也依赖于高管的理解能力，因而高管的解读效果受其特质的影响，从而可从其各类特征中表现出来。经过解读，高管得到的是经过推断处理的战略环境"现实"，显而易见，这个"现实"只是真实情况的人工处理结果。根据推断的现实，高管可以相对容易地做出战略的选择，从而对组织绩效起到至关重要的影响。

　　以上是 Hambrick 和 Mason（1984）提出的高层梯队理论的简要介绍，此理论是战略管理研究领域的重要突破，其思想的引领性，吸引了后来许多学者沿此思路进行一系列的深入研究。其中最令人关注且最具争议的是图 2-1 中最上方矩形中的内容，Hambrick 和 Mason（1984）用图 2-2 表示出来，即高层梯队实际研究时遵循的模型。

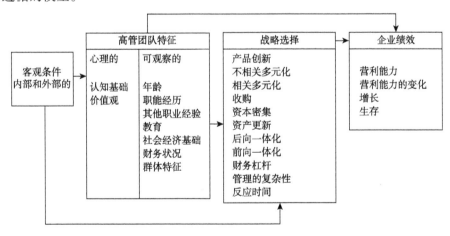

图 2-2　Hambrick 和 Mason（1984）的高层梯队理论研究模型

　　图 2-2 与图 2-1 的差别之处便是把中间各个环节的战略过程删除了，重点突出高管团队特征这组变量。其中，Hambrick 和 Mason（1984）认为研究者可以通过各类可观察的特征来研究高管团队成员内在的心理特质或禀赋。这些可观察的特征主要是指人口统计学特征，而内在的心理变量则是指认知基础、价值观、偏

好、熟悉领域及决策互动过程。通过这种方法，这些重要但却又复杂的心理互动变量便可以通过可观测的特征来表示。在 Hambrick 和 Mason（1984）之前，这种方法在市场营销研究领域广受欢迎，研究者通过消费者的特征来估计其购买心理及行为。一些其他领域的研究者也开始使用这类方法，如 Child（1974）研究发现，年龄与风险回避之间存在显著关系。后来，许多学者也建议把此方法用到高管团队研究中，认为高管团队特征的分布，或者说特征的同质性或异质性可能，将在组织研究中大有作为。据此，Hambrick 和 Mason（1984）提出在高层梯队研究领域使用此种方法，他们给出了三个具体的原因：一是这些心理和行为变量不便于测量；二是一些心理行为的作用受到很多因素的限制，因而使用替代性的特征更方便；三是用于管理实践时，可观测特征更具有指导性。

基于此研究框架，涌现出大量的相关研究，其之所以如此受学者的青睐，是因为按照此理论的观点，只需了解企业高管团队的各类特征，就能洞悉该企业的战略决策状况并预测它的下一步战略行动，而不需要深入了解该企业高管团队的运作过程。不久，高管团队的研究便开始把特征的研究聚焦到特征的差异性上。高管团队成员特征的差异性也叫异质性，被认为"与解释个体现象相比更能解释群体现象的特征组成维度"（Jackson，1992）。特征的差异性研究也被学者称为高管团队的特征组成法（composition）研究。差异性的这种特征与 Ashby（1958）发现的必要差异法则（law of requisitevariety）类似，这与前面所提到的决策信息理论一样，强调特征的差异性背后代表认知的多样性（Milliken and Martins，1996）。因此，高管团队成员的人口特征差异化越大，企业在激烈变动的环境下取得的绩效就越高（Haleblian and Finkelstein，1993），同时还与高管团队的创新（Bantel and Jackson，1989）等有紧密联系。

从 1984 年 Hambrick 和 Mason（1984）创立高层梯队理论到 20 世纪 90 年代末，本书把这段时间称为高管团队研究的第一阶段。这一阶段的研究主要是根据 Hambrick 和 Mason（1984）的研究思路来展开，即研究高管团队特征及其差异性与组织绩效的关系。从研究结果来看，主要分为三类：一是特征的差异性与组织结果呈正相关关系，这些研究支持了决策信息理论。例如，Haleblian 和 Finkelstein（1993）、Bantel 和 Jackson（1989）的研究；Norburn 和 Birley（1988）发现高管团队特征差异性与企业绩效存在显著正相关关系；Wiersema 和 Bantel（1992）发现企业战略变革的频率与高管的各类特征水平相关；Hambrick 等（1996）发现高管团队特征的差异性与企业竞争行为的数量显著正相关。二是特征的差异性与组织结果呈负相关关系。例如，Murray（1989）发现在变动环境下，高管团队特征的暂时差异性与短期绩效显著负相关，特征的职业差异性与长期绩效显著负相关。三是两者没有关系，如 Michel 和 Hambrick（1992）与 West Jr.和 Schwenk（1996）的研究。

国内学者对高管团队的研究起步比较晚，大致从 2003 年开始才陆续有相关的理论综述和研究。其中，一些学者结合中国的实际情况对高管团队的人口统计学特征及其差异性对战略效果（焦长勇和项保华，2003）、团队效能（肖久灵，2006）、企业创新（李华晶和张玉利，2006）和企业绩效等的影响进行研究，基本沿袭了国外高层梯队理论第一阶段的研究思路，然而并没有一致的研究结论。

2. 高管团队研究结果不一致的原因

研究者们思考高管团队研究结果出现不一致的原因，逐渐发现特征差异性除了有利于战略措施的产生与评价，还会带来一系列负面效应，包括降低团队成员的沟通（Zenger and Lawrence，1989）、增加成员流失率，并且也带来不和谐因素（O'Reilly et al.，1993）。这是高管团队特征差异性所内含的二律背反现象，因此也被称为"双刃剑"效应（Milliken and Martins，1996），即特征差异性既有积极的一面，也有消极的一面。直到 20 世纪最后几年，研究者研究发现造成特征差异性二律背反现象的原因可能在于对团队过程研究的缺失。Priem 等（1999）指出，以 Hambrick 和 Mason（1984）提出的以人口统计学特征来研究高层梯队的互动过程是为研究基础问题的症结所在，同时总结了几位学者对此种方法的质疑：①高层梯队研究不须接触高管便可完成（Pettigrew，1992）；②高层梯队研究不涉及情绪、剧本或情节（Reger，1997）；③假设人口统计学指标可以作为中介过程"黑匣子"的替代；④人口特征可能通过其他变量来作用于组织结果（Smith et al.，1994）。传统的研究者可能会对这些质疑进行争辩，因为归纳 Hambrick 和 Mason（1984）和其他支持者的观点可知，他们的想法如下：①高层梯队研究中变量测量的信度比概念的效度重要。相对人口统计学特征，心理与行为等过程变量在预测组织绩效时效度更高，但往往难于测量，信度得不到保证。②高层梯队理论重在预测（而不是解释）。通过可观测的特征便可预测一个组织的绩效水平。③描述重于应用。高层梯队理论主要是描述特征与组织绩效之间的关系，而不是用于指导管理实践（Pfeffer，1983；Finkelstein and Hambrick，1990；Keck，1997）。

这些解释也正显示了 Hambrick 和 Mason（1984）及其支持者的高层梯队理论的局限性。第一，特征的信度固然重要，但如果这些高管团队人口统计学特征并非理论假设中的心理与行为过程的替代变量，那么此理论等于在进行自我否定。因而高管团队变量的研究应当是信度与效度并重的。第二，高层梯队理论具有突出的预测作用，这对调整高管团队特征结构、预测竞争对手等具有重要意义。但是，如果此预测是基于一个未经了解的中介过程，便会使人不清楚特征是通过何种机制影响组织绩效的，因而不能只重预测而不重解释。第三，只有深入团队的互动过程，才能了解高管在决策中的互动情况，从而有针对性地进行团队决策优化，进而更加具体地指导管理实践。

综合上述观点可知，团队过程研究是高层梯队研究瓶颈的突破点。深入研究团队互动过程这个"黑匣子"，并探讨高管团队特征与互动过程之间的关系，将有利于摆脱高管团队特征研究所面临的困境。

研究结果不稳定除了是因为"黑匣子"没有打开，还可能是因为情境变量带来的影响。这实际上是权变理论（contingency theory）的思想，即当情境发生改变时，企业内部各个管理要素之间的作用机制也会因此而改变。也就是说，情境变量在高管团队特征与组织结果关系中间起到了重要的调节作用。关于情境变量影响研究的详细综述，将在本章高管团队特征的权变研究中进行详细讨论，在此不做详细论述。

3. 高管梯队第二阶段研究评述

Carpenter 等（2004）不但对过往高层梯队的研究进行了评述，而且还对研究结果不一致的问题也进行了探讨，并提出解决此困境的方法，如图 2-3 所示。

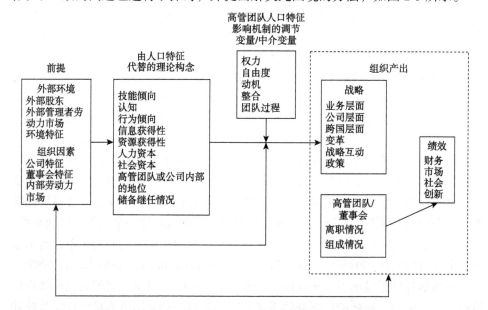

图 2-3　Carpenter 等（2004）提出的高层梯队研究改进模型

与 Hambrick 和 Mason（1984）的模型相比，Carpenter 等（2004）提出的高层梯队研究改进模型指出了研究的瓶颈所在，并加入了中介变量和情境变量以期解决研究结果不一致的问题。高层梯队第二阶段的研究基本按照此改进模型进行展开。

图 2-3 的左边是一系列情境变量，它们作为调节变量或前因变量对高管团队特征的作用机制产生影响。基于此思路，许多学者进行了相关的实证研究。例如，

Hambrick 等（2005）研究了竞争环境的激烈程度在高管团队特征对战略倾向关系上的调节作用；Cannella 等（2008）研究了高管团队成员地位的共同性（colocation）和环境不稳定性在特征—结果上的调节作用；我国学者也进行了相关研究，如贺远琼等（2008）探讨了环境不确定性在高层梯队研究中的调节作用；古家军（2010）提出高层梯队战略决策机制的权变模型；Wu 等（2011）对薪酬不公和组织松弛在高层梯队研究中的调节作用进行了实证研究。

在图 2-3 的中间、虚框左边的矩形框中的是特征到结果作用过程中的其他非环境类调节变量和中介变量。模型并没有区分哪些是调节变量、哪些是中介变量，但在实际研究中，研究者们给出了结论。例如，Combs 等（2007）发现 CEO 权力对高管团队特征与企业绩效的影响起调节作用；Li 和 Kellermanns（2010）探讨了高管团队成员间信息交换频率在特征对绩效的关系上的调节作用；Burgers 等（2009）认为高管团队的整合机制包括跨职能相互作用（cross-functional interface）与高管团队权变奖励（TMT contingency rewards）的非正式整合机制、共享组织愿景及高管团队社会整合（TMT social integration）的正式整合机制是高管团队结构差异性与公司新投资（corporate venturing）关系之间的调节变量；Li 和 Tang（2010）、Goll 等（2008）对管理自由度的调节作用进行了考察；Olson 等（2006）认为战略选择行为（战略选择行为分为创新行为及并购行为）是高管团队特征与企业绩效之间的中介变量。然而，其中关于团队过程的看法却存在较多的分歧。Smith 等（1994）认为社会整合与沟通（包括非正式沟通与沟通频率）均是中介过程变量，与 Burgers 等（2009）认为的社会整合是调节变量并不一致；Rost 和 Osterloh（2010）认为冲突是关键团队过程，信息处理才是团队过程"黑匣子"的核心内容。可见，关于团队过程的含义及内容学界还没有统一的看法。

由此可见第二阶段的高层梯队研究重新吸纳了传统战略管理理论对内外部情境性的影响因素，通过情境因素的调节来改善高层梯队理论的现实解释力和稳定性，然而从效果来看，尽管有所改善，但仍未如意（Rost and Osterloh，2010；Pennings and Wezel，2010），具体体现在如下几方面：

（1）正如 Carpenter 等（2004）提出的改进模型，高层梯队第二阶段的研究大多沿用高管团队人口统计学特征作为各类潜在变量的替代变量的传统做法，并没有对特征及其内涵进行深入挖掘。

（2）对团队过程的研究仍处于起步阶段，没有系统地对团队过程进行定义，混淆了调节作用与中介过程作用，有待整合相关的研究。

（3）高层梯队的梯次性为大部分研究所忽视，绝大部分研究依然把高层梯队内部每一个成员进行同等对待，对 CEO 及董事会等因权力、地位的差异可能造成的影响未能加以考虑。

2.2.2　高管团队特征关系法研究

高管团队特征关系（relational）法与上述的组成法相反，组成法关注的是高管团队整体在某一特征上的差异性，而关系法则关注高管团队个体与团队之间的差异性。特征关系法最早由 Tsui 和 O'Reilly（1989）提出，主要用于团队人口特征的研究，被称为"关系型人口统计学"（relational demography）。Tsui 和 O'Reilly（1989）指出，通过研究上司与下属或其他群体之间的相对相似性或差异性，可以有效提供组成法研究未能发现的关于成员特征的态度、行为和其他互动过程信息。他们认为关系型人口特征的差异性将降低团队成员之间的吸引力以及沟通互动的频率，从而给组织结果带来负面影响。由于"上司-下属"之间存在垂直的职权差异，所以上司与下属之间各种特征的差异将影响上司及下属的行为，Tsui 和 O'Reilly（1989）将这种差异称为"垂直对差异"。他们发现，上司-下属人口特征差异和上司对下属的有效性评分负相关，与下属对上司的个人吸引力负相关，而与下属的角色模糊感正相关。实证研究发现，如果下属的受教育程度低于上司，且任职时间短于上司，那么他更容易获得上司的喜欢。正如帕金森定律（Parkinson's Law）所言，上司喜欢雇用能力不如自己的下属。这些研究初步表明，从单个与群体关系的角度来看待群体的特征，将可能得到很多关于组织结果的信息。

特征关系法的思想激发了管理领域大量的研究。根据特征关系法的理论逻辑可知，同样的个体特征在不同的社会单元（social unit）相应的态度和行为也不一样（Tsui et al., 1992），这对团队建设及组织人员配置等均具有十分重要的意义。Cable 和 Judge（1997）把特征关系法运用到招聘领域，通过实证研究发现，企业的最优招聘是选择个体特征与组织平均特征相符合的应聘者。Riordan 和 Shore（1997）通过实证研究发现，当个体与群体其他成员在种族特征上相似性越大，其对群体的态度会更好，且更容易感觉到自己存在升迁的机会。其他研究也发现种族等特征的关系性差异对人际关系的紧密性、员工满意度、沟通行为、情感冲突、离职意愿和实际离职率均有显著影响（Farh et al., 1998）。

同样，在高层梯队中存在梯次性，CEO 或董事长与其他高管团队成员之间的特征差别可能会对高层梯队成员的工作态度、决策参与度、人际互动、人员稳定性和团队的凝聚力等造成影响。然而，将特征的关系法明确应用于高层梯队研究的文献并不多见，目前可查到的是我国学者张龙和刘洪（2009）在《管理世界》上发表的"高管团队中垂直对人口特征差异对高管离职的影响"。研究高层梯队内两对重要的垂直对（vertical dyads）——"高管-总经理"与"高管-董事长"

的特征差异性发现，高管比总经理更为年长、任职时间更长、受教育程度更高会提高高管离职概率，即在企业业绩高于行业平均水平及董事长兼任总经理的情况下，离职的概率会更高；对于"高管–董事长"的垂直对，当高管年龄大于董事长时，高管的离职率会较高；在企业业绩低于行业平均水平及高管兼任董事的情况下，高管的离职概率较低。

由于高层梯队的梯次性特征，垂直对的特征差异性将会对团队过程、团队效能和组织结果等可能产生不可忽视的影响，可见高层梯队垂直对差异性研究具有较广阔的研究空间。对于本书而言，可以对以下几个方面进行深入分析：

（1）高层梯队垂直对的特征差异性与团队过程及团队结果的关系。在当前特征关系法的研究中，无论是高层梯队的研究还是其他类型团队的研究，均较少涉及团队过程变量，大多研究的是垂直对特征差异性与团队结果或组织绩效之间的关系。因而为本书的研究留出了空间。研究高层梯队内 CEO 与高管以及董事长与高管的特征差异性和其内部互动的关系，也将是与传统高管团队研究的重要区别之一。

（2）与组成法一样，本书将特征从显性变量扩充至隐性变量。对于隐性变量的研究，Harrison 等（1998）及 Goldberg 等（2010）等学者是此做法的大力提倡者。这些隐性变量所产生的差异性称为"深层差异性"（deep-level diversity），主要包括个性、态度、信念和价值观等。回顾过往研究发现，主管与下属在隐性变量的差异性会显著影响下属的评价。社会心理学的研究也表明，个性、态度等心理变量将对人际吸引力和友谊等人际变量产生重要影响。对于高层梯队，也将出现类似情况，本书将在研究中引进个性变量作为隐性变量的代表来研究垂直对的个性差异对团队过程及结果的影响。

2.2.3　高管团队特征的权变研究

高管团队特征与组织绩效关系结论的不确定性，导致一部分学者开始考虑情境变量的作用。他们猜想是否在一定情境下，高管团队特征多样性有利于团队效能，而在另外一种情境下，高管团队特征多样性则不利于团队效能。此思想是一种权变逻辑，从权变理论的视角看，高管团队多样性与组织结果的关系是权变的，会受到各类情景变量的影响，因而有必要引入各类情境作为调节变量，以更细致地分析高管团队特征多样性与组织绩效之间的关系。实际上，这是高层梯队理论向传统战略理论的适度回归。高层梯队理论在提出之初基本否定传统战略理论对环境分析的重要性，强调人即高管的重要性，导致后来许多研究均脱离环境而直接分析人的作用。权变思想的重新引入，一方面与权变理论在管理学界重新受到重视的背景有关，另一方面与高层梯队的研究者们发现高层梯队的研究不能脱离各类情境因素的影响有关。

情境（context），也称为背景或环境，被定义为工作现象发生的背景设置（Cappelli and Sherer，1991）。在最近的理论研究进展中，各种情境是指组织行为的一种情境机遇或情境限制，以及由这种机遇或限制所构成的紧张力（tension forces）或力场（force field）（Johns，2006）。由于情境的力场性质，特征多样性可能因"力场"的不同对组织结果的作用力大小及方向而不同。根据权变理论，两个具有同等特征多样性状况的企业，因为所处的行业、市场环境等情境的不同而具有不同的绩效水平。从理论上来讲，任何一种因素都有可能构成一个情境"力场"，但因为"力场"有大有小，一般只取那些有重要影响的情境因素进行分析。

本书选择1994~2013年关于团队特征多样性情境的研究文献进行分析，之所以将其他非高管类型的团队纳入考察范围，是因为高层梯队特征多样性的研究模式与其他团队特征多样性的研究模式非常类似，在很多研究中两者的研究成果经常被相互借鉴（Joshi and Roh，2009）。回顾这些文献可以发现，大约40%的文献主要研究的是组织外部因素，如国家文化、市场容量（market munificence）、市场动态（market dynamism）、环境复杂性、市场人口统计学特征、市场竞争及技术的革新（Ramos-Garza，2009；Lovelace et al.，2001；Reagans et al.，2004；van der Vegt and Bunderson，2005）。大约60%的文献主要研究的是关注组织或层次的情境因素，这些因素包括组织文化、任务的独立性、复杂性、组织气候、整合机制（integration mechanism）、团队成员相对位置（team member colocation）（Pelled et al.，1999；Schippers et al.，2003）。基于此，本书将影响团队多样性效能的情境因素分为两大类，即组织外部环境因素和组织内部环境因素。

1. 组织外部环境因素

组织外部环境是企业发展所依赖的资源、信息和机会的源泉，同时也是挑战和威胁的产生地。外部环境与内部环境的分析是传统战略理论的核心理论之一，相应的分析框架非常完善。传统战略理论对组织外部环境的分析一般从宏观环境与微观环境着手。

1）宏观环境

传统战略理论把宏观环境分为"PEST"，即政治法律环境（P）、经济环境（E）、社会文化环境（S）及技术环境（T）四大类。

（1）政治法律环境，是指影响企业各类活动的政治环境和法律法规因素及其运行状态，是企业生存和发展的保障与约束性因素。政治的核心内容之一是社会公民的管理并由此制定出规范公民行为的制度、方针政策和组织体系，企业作为社会公民的一员，其行为既受到这些因素的保障，也受到这些因素的约束。法律的影响则更加具体，从企业法人到自然人，对权利、责任都进行了界定。政治和法律从社会共同行为治理的角度，划定了行为人和企业的"行为域"，企业的任何行为、管理者的任何决策都离不开政治和法律因素的考量。

（2）经济环境，是指企业面临的社会经济状况，包括经济发展状况、产业结构变化趋势、国家经济体制及政策等要素。经济环境与企业发展密切相关，当经济发展处于上升阶段、货币政策宽松、优惠政策频频推出、国内和国际对企业产品的需求不断上升，企业要获得增长便易如反掌；相反，当经济危机此起彼伏、银行收缩银根、各种政策规定限制企业的行为、汇率上升导致出口需求降低等时，企业的发展将举步维艰。管理者决策需要根据经济环境的变化及时调整经营策略，保证企业获得健康的生存和良好的发展。

（3）社会文化环境，是指社会长久以来形成并沉淀下来的社会生活习惯、生活方式、行为规范、文化传统和价值观念等。社会文化使许多行为成为约定俗成，经常以非言语文字的形式存在，并对各个社会成员有非强制性的规定。企业要获得发展，离不开所在地域、城市乃至社区的支持，融洽、和谐、稳定的社区环境是企业发展的保障。企业需要主动融入社会文化当中，规范自身的行为以符合社会文化的要求。管理者需要根据社会文化的要求，改变不适应社会文化的企业制度、文化和行为，"入乡随俗"并与社会形成良性互动，尤其是企业的投资扩张行为，如果不考虑社会对该投资行为的反应，该投资决策一定是不完善的。一旦该投资行为不符合社会文化的要求，在实施时便可能面临夭折的可能，因而管理者决策时，社会文化是一个重要的考量因素。

（4）技术环境，是指影响企业生存和发展的科技发展因素。随着经济的发展，科技进步日新月异，发展异常迅猛，无论对政治、经济还是文化都具有非常重大的影响。科学技术的发展不仅革新企业的生产方式，大大提高生产效率，而且还将扩展，甚至会创造人们的消费需求，不断对企业的产品提出更高、更新的要求。科技的发展甚至可以改变一个企业、一个社会乃至一个国家，决定它们的生死存亡。在科技不断变革的大环境下，企业只有不断地紧跟变革甚至引领变革，才有可能在竞争中立于不败之地。管理者在决策中不仅要密切关注相关科技的发展，估量各类新科技发展对企业造成的影响，而且还要对企业产品进行技术创新规划，塑造企业的竞争力。

2）微观环境

企业微观环境是指企业所处的行业环境和市场环境，主要包括行业生命周期、行业竞争态势、行业战略联盟状况、市场结构和市场需求状况等要素。相对于宏观环境，微观环境更多的是因企业而异，因而对于两个类似的企业和高层梯队，微观环境的不同将导致不同的企业结果。

（1）行业生命周期。任何一个行业均会经历从产生到消亡的阶段。一个成长期的企业有异于衰退期的企业。企业发展的速度、质量将取决于企业所处行业的周期及该企业在行业内所处的位置。一般而言，行业的生命周期分为开发期、成长期、成熟期和衰退期四个阶段，每个阶段对企业的要求、提供给企业的机会均有所差异。行业所处生命周期及未来的走向将是决策者需要考虑的重要因素，进而决定采取进入、维持或退出的战略，以使企业获得长远的发展。

（2）行业竞争态势。迈克尔·波特认为可以从潜在进入者、替代品、购买者、供应者与现有竞争者五个方面对行业竞争态势进行分析，即这五个方面构成了企业在行业内的竞争态势。潜在进入者代表了行业未来可能产生的竞争者。这些潜在的竞争者有可能是掌握新技术的新兴企业，也有可能是产品多元化而进入本行业的大型企业，企业决策者必须对此有足够的准备，以应对潜在进入者的突然进攻。生产替代品的公司也将成为企业的强劲对手。例如，新能源汽车虽然目前还未能与传统汽车生产厂商匹敌，但一旦生产技术取得突破或者油价大幅上涨，新能源汽车厂商便会大受青睐，从这方面看，替代品厂商在一定程度上是企业的镜子，企业不仅可以在这块镜子上看到自己的现状，而且还能看到未来。由于其集中程度不同，购买者与供应商讨价还价的能力也不同，这将影响企业的利润水平。同时，企业产品的差异程度、专用性程度、信息的掌握度等也将影响企业与上下游企业的讨价还价能力。行业内现有的竞争者则直接影响企业的战略决策，表现为价格竞争、技术竞争和服务竞争等。

（3）行业战略联盟状况。企业间除了竞争关系还存在合作关系，最典型的就是企业间的战略联盟。战略联盟内的各企业通常采用相同或相似的战略，通过战略上的互补和互助关系而结盟形成统一对外的大集团，以占领更大的市场份额或对抗其他竞争对手。企业决策者须联合一切对自身战略有利的企业，组成战略联盟，通过加强战略联盟的关系来强化自身的竞争地位。

（4）市场结构。市场结构通常分为四类，即完全竞争、垄断竞争、寡头垄断和完全垄断。在四种市场结构中，企业所面临的竞争态势不同，相应的策略也将有所不同。在完全竞争市场中，竞争者多如牛毛，竞争异常激烈，此时对决策者的要求非常高。一旦未能跟上市场的脚步，就将被市场淘汰。而在有垄断性质的市场中，由于存在市场的垄断，所以竞争的压力下降，垄断程度越高，竞争压力就越小，此时决策者受竞争环境的影响较小，更容易发挥决策者的人力资本。

（5）市场需求状况。市场需求的方向与强度对企业的决策有直接影响。把握市场需求动向是决策者的重要任务之一。决策者需要保持足够丰富的人际网络以收集大量的产品信息，同时也要保持对信息的敏感性和分析能力，以使企业准确把握产品的需求规模、购买力和购买欲望等。同时，市场需求还体现在客户的价格弹性上，即对价格的敏感性。价格弹性取决于客户对企业产品的依赖程度，依赖程度越高，企业产品可替代性便越低，客户对产品的敏感性也越低。

　　上文对宏观环境与微观环境及其对企业决策的影响进行了简要的描述。无论是宏观环境还是微观环境，两者均对企业决策有不可忽视的影响，任何一个决策者都不可对其掉以轻心。只有将其纳入管理者决策分析的框架内，才能使企业的决策适应环境的变化。然而，宏观环境与微观环境对企业的作用机理并不完全相同。宏观环境在一定时间和地域内，对企业的影响是基本一致的，只有处于不同时间或地域的企业才有所不同，高层梯队特征与组织结果的关系虽然受到宏观环境的影响，但难以在单个横截面的研究中体现，只有对多个横截面进行对比或纵向研究才有意义。而微观环境则大都因企业而异，在单个横截面研究中也能体现其作用。因而在大多数高层梯队研究中，微观环境的分析更常见。下文将对宏观环境与微观环境因素在高层梯队中的关系的实证研究进行回顾，并分析组织外部情境因素的调节作用。

　　在宏观环境方面，研究者主要从社会文化环境方面分析其调节作用。代表人物为 Dimitratos 等（2011），他们使用国家文化作为调节变量，认为在跨国企业中，国家文化对企业战略的倾向（posture）和行为有重要影响。同时国家文化还将塑造高管们的认知和思维方式。Dimitratos 等（2011）从两方面来衡量国家文化对战略决策过程的影响，包括等级权力分散和权力距离（hierarchical decentralization and power distance）、横向沟通和个人主义（lateral communication and individualism），他们认为在权力距离较长的国家，等级权力集中，在决策中往往不愿意下放权力，表现为专制、独裁和不肯放权。而在此文化中的员工也倾向于接受权力分配的不均和管理的专制化。相反，在权力距离较短的国家，企业决策倾向于分权，组织结构较为扁平化，高管团队的人数也较少。对于横向沟通和个人主义，他们认为在个人主义盛行的国家，企业通常被个性较强的管理者所有或管理，因而倾向于限制群体沟通。在战略决策的过程中，个人仅代表某个部门或战略单元。在这种文化影响下，只有当企业目标迎合个体目标时，企业才能有良好的绩效。相反，在集体主义国家，"个体从出生到成长的整个过程，都被整合进有较强凝聚力的群体中，个体将在群体内获得保护，以之相交换，个体献出自己绝对的忠诚"（Hofstede，1994）。因而在集体主义文化下，组织倾向于分享性的价值观和目标，强调团队合作。引用 Hofstede（1994）的论述可知，在集体主义文化背景下的企业更加强调个体与部门的沟通，把社会网络看做获取信息的最重要环节。Newbury 和 Yakova（2006）也指出，在集体主义文化背景下，组织决策倾向于避免冲突而强调不断沟通。可见，在不同文化背景影响下的组织行为将产生差异，这些差异将导致决策风格、态度和过程的不一致。

　　在微观环境方面，研究者主要从行业背景、高科技行业背景和环境动态三个方面进行分析。

　　在行业背景方面，Nielsen（2010）有许多发现。他通过实证研究发现，特征多样性在服务行业背景下存在正向效应，而在制造行业背景下存在微弱的负向效应。除了因为市场竞争状况的不同，作者认为行业特点的影响较大。服务行业背景（如零售业）涉及一线顾客接触，在此背景下，一线员工容易产生负面影响，从而导致较高的互动成本。因而，此行业内的企业可能需要进行前瞻性的多样性管理，从而掌控性别、民族和年龄方面的特征多样性。而在制造型企业中，企业很少存在类似的压力，因而也很少采取措施来处理团队多样性。

在高科技行业背景下，特征多样性具有更实质性的负面影响。最近，di Tomaso等（2007）发现，在 24 个高科技企业中，白种人接受到更多的培训和辅导以及更高的绩效评价。高科技企业的这些特征可以放大民族或性别为基础的地位差别。在高科技企业中，白种人中的男性可能在团队中担任较为重要的角色或职位，相对女性或其他肤色人种，其更能获得"专业性优势"。因此，以地位为基础的互动过程同样会影响特征多样性对企业结果的作用机制。

在环境动态方面，Nielsen（2010）认为过去大部分研究均没有考察造成这些差异的具体行业特点，以及这些行业特征如何影响高管选择和构成的社会心理过程。为此，他提出引入行业动态性（industry dynamic）变量来解决这些问题。所谓行业动态性是指环境的不稳定性或环境因素的变化速率。行业动态性越强，对企业变革与创新的要求就越高，因而对高层梯队处理信息的要求也就越高。由资源基础观可知，高层梯队的多样性为企业带来多样的知识和信息处理能力，因而能够应付复杂的、动态的环境因素。在变化剧烈的环境中，高层梯队多样性有利于提升企业绩效水平。

Nielsen（2010）指出，变化剧烈的环境还可能导致高层梯队的构成更加多样化，这股潜在的力量成为高层梯队选择团队成员时的重要考虑因素。由上文可知，环境对高层梯队多样性的影响机制是随着时间的变化而变化的。就短期而言，外部环境的动态性作为一种调节因素可以调节高层梯队多样性与组织绩效之间的关系。外部环境的动态性越高，高层梯队多样性与组织绩效之间的正向关系将越强。而就长期而言，由于其自适应性，高层梯队将调整自身结构以符合环境的动态性要求。

环境动态性的衡量主要通过行业内销售额的变化来进行衡量，一般使用 Carpenter 和 Fredrickson（2001）的衡量方法。首先，取被考察行业在过去 n 年（一般为 10 年）的行业销售额，记为 Y_t，其中 t 表示年份。其次，取最前面的 m 年（一般为 5 年）来预测第 $m+1$ 年的环境动态性，预测方程为 $Y_t=b_0+b_1 \times t+e_t$，其中 e_t 为残差，环境动态性就是通过回归系数 b_1 的标准差与行业平均销售额的比来进行衡量的。在实际研究中，更多学者采用主观评价法，如张平（2007）将行业分为竞争激烈和竞争不激烈两种，采用专家评分法确定样本企业的环境动态属性，通过虚拟变量来进行量化处理。后者相对于前者牺牲了一定的效度，但省去了行业数据的调查，且当行业的数据难以获取时，使用后者的专家评分法是一种可行的做法。

在环境的复杂性方面，Ramos-Garza（2009）突破过去大多集中行业特征和环境动态的做法，将环境的复杂度作为调节变量。环境的复杂度是指环境的差异度和组织运营相关的环境活动数量。Ramos-Garza（2009）引用 Schwenk（1984）的论述指出，环境的复杂度直接决定高层梯队的信息处理量和处理内容。高层梯队是连接组织与环境的信息处理中心，因而高层梯队内每一个成员的信息处理量直接对高层梯队都至关重要。当环境复杂且不确定时，团队成员将会进行更多的信息搜寻并使用更多的个体信息资源来处理信息（Daft et al.，1988；　Ramos-Garza，2009）。具体而言，环境的复杂性是指与企业相关联要素的数量，包括企业面对的顾客、细分市场、供应商和产品等的数量，数量越大，复杂性越高。环境复杂性的衡量目前尚没有较为有效的衡量方法。一般采用自制量表的方法，通过 CEO 的自陈评价得到企业所面临的环境复杂度。

基于上述研究，本书将沿用通常的做法，选用环境的动态性作为外部环境因素的代表，研究其在高层梯队特征作用机制中的调节作用。之所以选择环境的动态性，主要出于如下几点考虑：第一，宏观环境因素大多需要时间序列研究或跨文化研究，受制于本人的力量和时间限制，执行此研究并不现实；第二，在微观环境因素方面，若采用行业类型，需保证每个行业分类都有足够数量的样本数据，对于本人的研究力量而言，这一点难以保证；第三，目前，关于环境的复杂性研究还不成熟，并没有成熟的量表可资使用，而将环境复杂性纳入作为研究变量，又会降低研究信度；第四，环境动态性的研究较多，国内外学者均有研究，处理也相对简单，因而本书采用环境的动态性作为研究变量。

2. 组织内部环境因素

团队任务特性对团队成员相对团队目标和任务产出方面的相互依赖性（interdepence）有重要影响（Ilgen et al.，2005；Lepine et al.，2000）。学者们认为团队层面的情境变量在过去的研究中最受关注。社会归类理论认为，团队任务特性将通过强化共同群体的身份或者对团队多样化认知资源的需求来减少多样性因素的显著性（Jehn et al.，1999；Gaertner and Dovidio，2000）。信息处理理论则认为，任务特性将对团队多样化认知资源产生需求，进而认为特征的多样性有利于团队效能（Williams and O'Reilly，1998）。

在回顾过往文献中，作者发现多样性的研究越来越重视调节变量的角色，如过去的多样性研究多聚焦于团队层面的调节变量，如团队任期、任务相互依赖性和任务复杂性，并且通过研究发现，绩效提升行为在相互依赖型及短期团队中经常出现（Bowers et al.，2000）。作者发现关系型多样性的负向影响在中度相互依赖的团队中最强。这些研究结果表明团队多样性和相互依赖性的相互作用可能会比过去所想象的更加复杂。中度相互依赖的任务可能会限制多样性作用的发挥，这就要求团队成员不仅要克服以归类为基础的互动过程所产生的分裂因素，而且还要相互团结才能提高多样性的效能。

团队的相互依赖性是指团队成员完成任务过程中相互依赖的程度（Shea and Guzzo，1987）。团队相互依赖性分为任务相互依赖、目标相互依赖和结果相互依赖。

在任务相互依赖性较高的团队中，团队成员进行密切的相互交流来完成任务；在任务相互依赖性较低的团队中，团队成员独立完成团队内自己负责的那一部分任务。团队目标相互依赖性是指团队目标的同一性。结果相互依赖性是指团队成员在奖励、反馈上的相互依赖程度。有学者提出把三类相互依赖性并在一个概念中（Gully et al.，2002）。Schippers 等（2003）发现相互依赖性强化团队共同目标，从而在相互依赖性强的团队中，团队的多样性越高，越能带来与任务相关的讨论和沟通。Jehn 等（1999）也发现在任务相互依赖程度较高的团队中，团队多样性与团队满意度及承诺度呈正向关系。

团队成员共事的时间长度将降低一些显性多样性及态度类或价值观类多样性作用的显著性（Harrison et al.，2002）。Schippers 等（2003）发现经过一段长时间，高度多样化的团队较少出现详细讨论的过程（elaboration-based process）。然而，就短期而言，多样化的团队具有更多与任务相关的辩论，并有利于团队绩效。Schippers 等（2003）指出，在长期的多样化的团队中，团队成员可能将冲突归因于关系差异，通过沟通来解决差异的动力与愿望可能会随时间的增加而降低。在短期内，高度分化团队中的成员更可能进行沟通之间的差异以及时完成团队任务。Watson 等（1998）也发现类似的现象，他们发现人口特征多样性在长时间的作用下绩效也呈负向关系。

一些学者认为团队类型（team type）是一个重要的调节变量。团队是一个临时组建的团队还是一个稳定长久的团队将对团队多样性的作用机制产生重要影响。临时性团队更容易遇到紧急的任务，而长期团队可能具有更稳定的、可分配的任务，成员的角色界定也更加清晰（de Dreu and Weingart，2003）。这两类团队的另一个差别在于成员的任期长度。短期团队的成员一般任期较短，而长期团队则一般任期较长。因此，两类团队的多样性动力机制也有所区别。

Chi 等（2009）研究了团队导向型的人力资源实践（team-oriented HR practices）在团队任期差异性与团队创新之间的关系，他们认为特征差异性对创新起作用的重要条件之一是团队成员是否被激励起来，因而团队导向型的人力资源实践，如基于团队的奖励、团队合作设计、参与式项目、反馈系统和团队训练等，对团队成员有不同程度的激励作用，使团队成员更多地参与团队合作，并提高团队成员的合作能力和技能。

Bezrukova 等（2009）将团队认同（team identification）作为团队断层与组织结果之间的调节变量，认为其会使团队成员倾向于认同自己所属的亚群体，因而对大团队的认同将有利于成员关系的和谐。团队认同将使成员对内部亚群体的正面情感转化为对大群体的正面情感。若对大团队的认同度高，亚群体中的成员就会努力通过寻找共同的信仰、明晰共同协议、交流信息来协调亚群体与大团队之间的关系。作者认为团队认同是一种"社会黏胶"（social glue），当团队面临分裂危险时，它将保持团队的完整性。

Auh 和 Menguc（2005）认为职能部门之间的协调性对高管团队的特征差异性作用机制具有调节作用。部门之间的协调性来自于不同部门在不同领域的整合和合作，可以增加团队成员间的沟通、协调、凝聚力和合作。如果缺少部门协调将会产生合意寻找、追求共同价值观等问题。因而跨职能部门的协调性实际上也是追求团队成员之间的凝聚力和合作度。

从团队的相互依赖性、团队共事时间、团队类型、团队导向型人力资源实践、团队认同及职能部门间的协调性，均可反映团队内部的行为整合程度。高层梯队理论的创始人 Hambrick（1994）在提出高层梯队理论修正的看法时，曾指出高层梯队理论的有效性首先取决于高层梯队在多大程度上［其团队性（teamness）水平的高低］是一个团队。以上变量均反映团队内成员间的相互信任程度，衡量其内部的凝聚力。一个内部凝聚力高的团队，更容易处理决策时遇到的各种差异性，从而有利于发挥差异性的正面作用。因而本书采用高层梯队凝聚力（cohesion）作为调节变量，研究其对高管团队特征作用机制的调节作用。

2.3　董事会特征研究

国外学者对董事会特征研究主要通过董事会规模、独立董事比例、两职合一等变量来预测企业行为和绩效。

Yermack（1996）把托宾 Q 作为市场估值逼近，以 1984~1991 年美国 452 家大工业企业的样本值为研究数据，发现董事会规模和其负相关，小规模董事会公司财务比率也表现出更有利的价值。Yammeesri 和 Herath（2010）探讨了公司董事会结构对企业价值的影响，数据收集了 245 家泰国非金融类上市公司的样本，检查董事会结构对公司业绩的影响，结果表明，无论是独立董事或灰色董事都是提高公司价值的显著因素。O'Higgins（2002）分析了爱尔兰非执行董事的选拔和特征，他把这些主题和董事会的三个角色（机构和控制、战略决策和政策支持、资源获取）联系在一起。非执行董事需要具备重要的特征，具体如下：①敏锐的思维，能推理分析、综合判断一个复杂问题；②在会议内或会议外为公司做出贡献；③实际业务经验、人际交往能力、国际经验和横向思维。Scherrer（2003）讨论了在公司治理过程中董事会成员扮演的角色，认为董事会成员应该积极参与公司战略决策的制定过程，建议企业应增加没有利益冲突的外部董事，即独立董事的数量。Chiang 和 Lin（2007）研究了股权结构、董事会成员构成对中国台湾公司整体生产率的影响，认为小规模的董事会受到官僚问题影响的可能性较小，更能发挥其职能，并且认为董事长和总经理两职合一有助于提升公司的绩效。Li 和 Naughton（2007）认为董事会特征研究不是招股文化研究的重要领域，而是专注于中国新兴的公司治理改革、董事会特征和新股发行初始收益以及长期业绩之间的关系，发现的证据表明董事会规模和短期回报呈正相关。Tanna 等（2011）以2001~2006 年在英国经营的 17 个银行机构为样本研究银行的效率和董事会结构，即以董事会的规模和组成之间的关联提供经验证据，使用数据包分析估计银行效率的若干措施，并为调查董事会结构对效率的影响使用面板数据回归分析。控制银行规模和资本实力后发现一些董事会规模和效率之间呈正相关，虽然不能充分证明这一点，但董事会的构成肯定对提高效率的各项措施有重要和积极的影响。Castro 等（2009）研究发现企业外部董事比例与企业绩效间存在正相关关系；Coles 等（2008）发现董事会规模与企业绩效之间的关系在复杂企业与简单企业中截然相反；等等。

国内学者沿袭了这种研究模式，结合中国国情，对董事会规模、独立董事比例、领导结构等与绩效的关系进行了研究。

江维琳等（2001）以 2004~2006 年在深沪交易所上市的民营企业为研究对象，采用面板数据使用修正的 Jones 模型估计的操作性应计利润的绝对值作为民营上市公司盈余水平管理的评价指标，对董事会特征与其关系进行了系统研究，认为大规模董事会会降低公司盈余管理水平，董事会规模对公司盈余水平管理有不显著的负向影响，董事会会议次数的增加有助于提升公司盈余管理水平，而两职合一不利于提高董事会效率，从而降低公司盈余水平。于东智和池国华（2004）通过对规模较小和规模较大两种规模的董事会对公司绩效影响的综述研究，提出了董事会规模与公司绩效的倒 U 形、董事会稳定性和公司绩效关系等一系列假设，通过假设检验和回归分析证实董事会规模与公司绩效指标成倒 U 形关系的假设，公司以前年度的绩效水平越好，董事会的稳定性越强两个假设。陈军和刘莉（2006）加入了市场结构和所有权特征（两个情景变量）因素，以上市公司为研究对象，综合研究董事会规模、结构、会议频率和激励四方面特征对企业绩效的影响，并得出如下结论：董事会规模与公司业绩负相关；独立董事的结构影响董事会的战略决策参与和公司业绩正相关，但影响不大；董事会对总经理的影响和控制能力影响公司业绩，两职兼任不利于公司业绩的提高；董事会会议反映了董事会对公司的战略参与成对和控制程度同公司业绩负相关；激励对提高董事的积极性和创造性具有重要作用，从而有利于董事会职能的发挥。宋增基等（2009）通过理论分析与研究，考察董事会规模是否是一个独立的治理机制，并且检验规模较大的董事会在中国公司是否是运营效率低的一个标志，最终得出如下结论：通过逻辑分析和实证研究得出结果，董事会规模是一个独立的公司治理机制，即和其他的董事会特征无显著关系，并且没有发现董事会规模和公司绩效显著相关。李胜楠和牛建波（2009）运用 2002~2007 年近千家家族企业的数据通过实证研究的方式研究了董事会规模和绩效波动性之间的关系，研究发现家族上市公司中董事会规模的扩大和企业的财务绩效与市场价值等呈显著负相关关系，却有利于减少公司财务绩效的波动性。刘胜强和刘星（2010）研究了董事会规模对企业研发行为的影响，通过相关数据采用样本选取和实证分析的方式分析了董事会规模对企业这种行为的影响，结合相关决策原理认为最佳的董事会规模是七人或九人，同时发现董事会中独立董事的比例对投资决策未起明显效果。龚辉锋（2011）通过 2011 年 2 月末深沪 A 股上市公司数据对上市公司董事会特征与公司绩效的关系进行了实证研究，结果认为董事会两职合一有利于提高公司绩效，内部董事比率与公司绩效成倒 U 形关系，具有博士学位的董事与公司绩效成显著正相关，女性董事对公司绩效影响不明显，董事会规模对绩效的影响无法确定。王凡俊和李国栋（2011）基于高阶梯队理论，探讨了董事会职能背景等人口统计学特征如何影响董事会职能发挥的问题，进而分析不同背景特征对企业绩效的影响，并得出如下结论：企业绩效与董事会成员背景的关系方面，拥有核心背景与政治背景的成员比例正相关，与拥有财会职能背景、金融背景的成员比例显著负相关。

在董事会特征对绩效的影响研究方面，国内外学者从董事会规模、职能背景、独立董事比例等董事会特征方面，用逻辑分析和实证研究的方式探究了两者之间的关系，然而相关研究却呈现了同一特征在同样或者相似情境下结果的多样性，如在上文董事会规模对绩效的影响研究上，Yermack（1996）认为董事会规模和企业的价值负相关，于东智和池国华（2004）认为董事会规模和公司绩效成倒 U 形关系，而宋增基等（2009）认为董事会规模和公司绩效无显著相关关系。总体而言，董事会特征与企业行为及绩效之间没有一个明确的关系。造成这种情况的原因之一就是，董事会治理研究的主流范式一直沿用"输入—输出"模型，研究董事会特征与公司绩效的直接关系，但未将其他相关变量特别是与董事会运作过程的变量引入目前的研究中。Sailesh 等（2011）认为，将董事会结构特征作为自变量，并且直接将企业绩效作为因变量的研究模式，忽视了对董事会运作过程的考虑。在现实中，董事会的内部运行过程非常复杂，具有相同结构特征的董事会在不同的团队氛围和工作环境下有不一样的运作过程,并产生不一样的工作效率,从而导致不同的组织绩效。

2.4　高层梯队特征断层研究

所谓"物以类聚,人以群分",人类或动物都是按类别进行分群的。这涉及社会学、政治学、人类学和心理学的知识,应用这些知识又极大地推动了群体、团队等管理学研究的开展。人口统计学认为,人们往往根据自身的人口统计学特点来判断自己所属的类别和其他人所属的类别。尽管如此,将特征作为聚类依据的原理及机制并不十分清楚,对于个体为何以此特征作为分类依据的问题,依然没有人能给出确切答案,目前的所有理论仍均处在初步的探索阶段。上文关于组成法及关系法的研究均是其中的一种猜想。这种猜想持续了几十年,被学者们认为是唯一的特征分类作用机制,未曾有所怀疑和变动。特征断层理论的提出标志着新猜想的出现,将会挖掘出可能存在的特征分类作用机制。

分类的基础,或者说类别种类引发的现象是团队多样性。类别的多样使相同或相似类别的个体间形成一种无形的相互吸引的力量,也使团队依据不同类别的特征分割为多个亚群体。对于团队而言,在多样化趋势难以改变的情况下,相似吸引的机制将始终起着不可忽略的作用。因而多样性成为了群体研究的核心,人口统计学特征研究成为多样性研究的主流。

团队的构成应当强调一致性还是多样性?关于此问题的争论自团队理念提出以来就没有停息过。20 世纪 60 年代,西方社会掀起了一场争取公民表决权的运动,即平权措施,表决权运动是指雇用和鼓励处于劣势地位的群体所做的专门努力。不久,这项运动逐渐发展为多样性管理措施,它们超越了表决权措施,而且其并不只是涵盖更广范围内的员工,而是创造一个能使少数派更加活跃的环境。例如,微软对多样性管理措施的陈述——多样性的公司才更有可能向多样性的世界销售产品。如今大约有 2/3 的美国公司已经采纳了多样性管理的计划。自此,各类组织及团队的构成多样化模式一直延续至今。多样化原则被奉为组织和团队组建的圭臬。然而多样性的副作用很快被发现,即它在带来更为全面的信息和更多有益讨论的同时,也带来了诸多负面冲突。于是出现如下质疑:多样性孰优孰劣?是否存在一个最优的多样性程度?然而学界一直没有统一的结论。

一直以来,团队多样性研究遵循的是人口统计学特征的预测法线路,利用团队成员人口统计学特征的差异性来预测组织绩效等组织结果。这种方法虽然有其不足之处,但此数据的易得性和实证结果的实用性前景,使学者们争相研究,试图找出完整而有说服力的结论。Tsui 和 Gutek（1999）归纳出团队人口特征研究的两种方法，即组成法和关系法。组成法主张通过每个人口特征在团队成员间的分布情况，分析其与组织结果之间的关系。研究者们据此进行了大量的实证研究，但并没有得到统一的结论。例如，一些研究发现团队任期、教育背景、职业背景和种族的差异性与绩效正相关；另一些研究则发现，团队任期、年龄和种族的差异性与绩效负相关；甚至有些研究发现年龄、性别和种族的差异性与组织绩效不存在显著的相关关系。类似的问题也出现在关系法的分析中。关系法主张通过分析个体同团队之间的差异来预测离职率、凝聚力等组织结果。例如，有学者发现个体与团队其他成员年龄的差异与其离职率正相关，但也有学者发现此结论在日本并不成立。关于任期、性别和文化等方面的关系性差异与组织结果变量之间的关系的问题也并没有得出一个确定的结论。

过去研究的争论实际上是两类理论争论的结果。信息决策理论认为，多样化的团队可以带来多样化的信息，为决策提供更多的认知资源，同时，不同特征的团队成员可以在决策中起到互补和相互启发的作用，从而使团队决策更加全面、更加准确。而相似吸引理论则认为，相似的个体容易相互吸引。可以看出，团队多样性通过信息和情感两条路径来影响团队过程与效能，冲突理论把这两类观点整合起来，认为任务冲突（task conflict）有益，情感冲突无益。而以往的文献无一例外地采取同一种范式来检验这些关系，即分别考察各种不同的多样性特征（如根据年龄而形成的个体差异性）对个体或者群体结果变量的影响。Thatcher 等（2003）认为"以往有关多样性的研究范式，无论是群体人口学范式还是关系范式，均无法解决多样性研究的'黑匣子'问题"。

组成法与关系法的研究遭遇了研究结论不一致的困境。尽管后来一些学者加入团队任务类型与环境等调节变量而使结论得以改进，但在两类方法的分析框架中都是关注孤立的人口特征（如年龄的差异性分析与教育背景差异性的分析并不相关），而忽视了关注多重人口特征。Lau 和 Murnighan（1998）认为这是造成团队多样性研究结论不一致的重要原因，他们认为人口特征的差异容易造成团队断层的产生，从而容易使团队依据多重人口特征而分裂为若干个亚群体，这源自于社会心理学的观点。根据社会归类理论和相似吸引理论，人们倾向于根据年龄、教育背景、性格、爱好等特征对周围的人进行分类，特征相似的个体往往会相互吸引，当这种吸引力足够强时，就会在团队内形成亚群体。前两类方法也考虑到这两种理论，但仅停留在差异的个体容易造成凝聚力下降、削弱团队性的理解上。

直到对"黑匣子"问题的深入探讨，学者们发现团队过程研究的介入有利于问题的解决。本书也同意这一观点，并在上文进行了详细的论述。然而，更进一步地，除了过程研究有利于解决双刃剑效应之外，特征的分类作用机制也可能是一个重要的影响因素。

组成法主要关注的是团队内个体成员间特征的差异性，是"个体-个体"范式，其最大的特点是对每个特征进行单独考虑，如团队成员年龄的差异性、学历的差异性等，但这类差异性并没有带来一致的研究结论。与此同时，这些研究大多采用了 Blau（1977）的差异性衡量指标，这些指标只能衡量单个特征。组成法包括两个问题：一是把成员等同起来；二是只从单个指标进行衡量。

关系法在批判组成法同等对待团队成员的基础上，提出"个体-团队"的研究范式，关注个体与团队之间的特征差异，如 CEO 与高管团队其他成员所组成的"垂直对"。在实证研究中，关系法同样没有取得稳定的结果。

由以上两种方法的实证结果来看，两种方法都只是单独对待每一个特征，都忽视了特征联合可能产生解释力量。为此，在批判传统团队多样性研究方法的基础上，Lau 和 Murnighan（1998）提出了具有开拓作用的团队断层理论。自提出以来，团队断层理论吸取了社会心理学、人口统计学等领域的营养，逐渐发展成为一个在团队研究领域具有重要影响和具有强大生命力的完整理论。

Lau 和 Murnighan（1998）借用地质学的概念，描述由多个特征差异的联合而形成亚团队的现象，将这种多个特征差异的联合称为"断层"，即团队成员在多个特征上的差异像是一组断层线，沿断层线方向会产生断层；若这些线的方向越一致，则断层的强度越大，断层达到一定强度将使团队分裂成若干个亚团队。例如，团队可以依据性别分为男女两类，这时性别构成团队断层，但断层的强度很低；若男性团队刚好年龄均为 50 岁以上，而女性团队均为 50 岁以下，这时性别和年龄对团队的分裂方向一致，形成了强度更高的断层。若同一断层内部的成员特征差异性较小，而断层之间存在较大的差距，那么此时，按传统差异性来衡量，各个特征的差异性并不高，然而断层强度却很高；同样，当团队成员间的特征高度差异化，断层线的方向差异很大时，各个特征的传统差异性很高，而断层强度却很低。更为重要的是，即使两个团队各特征具有同样的传统差异性，但断层的强度却可能相差很大，这说明，传统的差异性不足以反映特征差异性的联合可能带来的团队分裂。

团队断层的实证研究虽然不多，但已经取得了不少有益的成果。这表明团队断层有良好的理论前景。团队断层的相关实证研究普遍发现团队断层是团队分裂的前瞻性反映，它降低了团队内部的凝聚力，增加团队冲突。进一步，Lau 和 Murnighan（1998）发现在强断层的情况下，团队成员的互动会增加负性冲突，从而带来不良绩效；在弱断层的情况下，团队成员的互动会增加良性冲突，从而带来良好绩效。但也有学者发现断层强度与某些产出变量存在非线性关系，如 Thatcher 等（2003）发现团队断层强度中等的团队冲突最小，绩效最高。以上研究表明，通过挖掘团队成员特征上的重叠状况，可以发现团队断层是预测团队过程与产出的有效变量。

　　把上述思想推广到高层梯队的研究中，将有利于冲破过去组成法与关系法所采用的分别考察各种不同的人口特征影响团队产出的研究范式，从更宽广的视角俯瞰高层梯队各类特征相互交合的整体状况，分析传统研究所忽略的综合性影响。高层梯队是企业内配置资源和信息的权力主体，通过配置企业内相对稀缺的资源来应对外部复杂的环境。同时，高层梯队内利益的高度交织使高层梯队出现各种矛盾冲突，进而导致团队的分裂。团队断层为分析高层梯队内部复杂的利益、权力斗争及其导致的团队分裂提供了一个有效工具，同时在高层梯队特征与高层梯队复杂的内部过程及团队产出架起了一座理论的桥梁，从而既有利于对接传统的高层梯队特征研究，又有利于探索复杂的高层梯队内部机理。

　　与传统的高层梯队研究和一般的团队断层研究关注人口特征不同，本书除了分析高层梯队人口特征断层的效应，还将分析高管的个性心理特征断层对战略决策造成的影响。就传统的高层梯队研究而言，表面性的人口特征变量并不能真正代表或者刻画个性心理变量。例如，学历水平及其差异性难以反映团队成员的外倾性（extraversion）、情绪稳定性（neuroticism）等个性心理特征。然而，传统的高层梯队研究大多将个性心理特征排除在实际研究框架之外，甚至用人口特征替代个性心理特征，因而研究得出的结论往往是不稳定的，甚至是矛盾的。同时，将个性心理特征变量引入团队断层的呼声也越来越高。Harrison 等（1998）指出，随着团队成员共事时间的加长，团队形成初期的刻板印象会为成员间持续的互动所冲淡。这说明人口特征这类表层特征的断层效应将减弱，而个性心理特征等深层特征的断层效应将由于成员彼此深入准确的了解而突显出来。对于高层梯队这样一个高度交互、彼此相互了解的团队，断层的形成可能将不仅仅停留在人口特征层面，而更有可能转移到更深层次的个性心理特征上。加入个性心理变量将大大拓展研究的视野，提升高层梯队断层模型的解释力。因此，本书一方面从性别、年龄、教育程度、公司任期、专业背景和工作经验等常见的人口特征研究其断层效应，以对接传统的高层梯队人口特征研究；另一方面从外倾性、利他性、开放性、适应性和责任感五类个性心理特征研究其断层效应，从而以更全面的视角来审视高层梯队的断层对企业战略决策等产出变量的影响。

2.5　高层梯队决策互动过程研究

　　团队过程的研究源于 Shaw（1981）的群体过程理论（group process theory），Lawrence（1997）将其引入高层梯队的研究中，用以解决研究中遭遇的结果不稳定问题。相关的团队过程研究主要探讨其与团队结构，如成员满意度、团队承诺和内聚力等变量及组织结果与企业绩效等之间的关系（Knight et al.，1999）。但团队过程究竟由哪些因素构成，目前还没有统一的结论。目前的主要观点如下：①团队过程是指战略决策的全面性（comprehensiveness）及团队的政治行为（Eisenhardt and Bourgeois，1988）；②团队过程是指战略决策的速度（Eisehnardt，1989）、任务冲突、关系冲突（relational conflict）、合意寻找行为（agreement-seeking behaviors）和信任；③团队过程是指沟通、社会、社会整合或行为整合，以及团队共享心智模型（shared mental model）、共享认知（shared cognition）及团队交互记忆（transactive memory）。下面本书对这些观点进行梳理以加以评论。

正如第1章的概念界定所言，团队过程是指团队成员之间有目的地交换信息与情感的现象，因而高层梯队决策互动过程即高层梯队成员之间为了进行决策而相互交换信息与情感的现象。与此相关，把决策过程看做认知过程是研究的主流。认知过程的研究涉及管理学、心理学、系统科学和社会学等领域，有利于剖析决策过程中的主体对信息和人际关系的认知解释，从而了解其社会互动状况。回顾过去与认知过程相关的文献可以发现，深入研究高层梯队认知过程的学者并不多，然而单个决策者的认知过程、一般团队认知过程等方面的研究成果却颇为丰富，它们为高层梯队认知过程的研究提供非常有益的帮助。

单个决策者认知过程的研究，一般把认知过程分为信息的收集与过滤、信息的交流与处理、信息的运用与反馈等过程，着眼于认知过程的信息流状况（Brandstater et al.，2006；段锦云，2008；马骏等，2007）。

而团队认知过程的研究多从团队层面挖掘团队的认知过程要素，形成共享认知、共享心智模型和交互式记忆等概念。另外，还有一些学者开发出其他团队层面的构念，如唐宁玉和王重鸣（2007）将团队认知过程分为团队效能感和目标取向两个维度；彭正龙和陶然（2009）从认知能力角度来分析团队认知过程，将团队认知能力分为三个维度，即团队情绪、团队支持和团队智力。

可见，决策者认知过程的研究偏重于个体决策层面的微观分析而失却了团队层面的兼顾，并且团队认知过程的研究未能融合微观层面的过程和失却对决策认知过程的聚焦，这些问题都有待在高层梯队认知过程的研究中解决。

1. 单个决策者的认知过程

对于单个决策者的认知过程，Gibcus等（2008）的分析最为系统。他们在全面分析过去文献的基础上，提出系统的认知过程框架，如图2-4所示。

Gibcus等（2008）认为，认知的过程开始于个体认知系统从环境中接收信息，信息的接收是通过感觉和知觉，之后利用有限的注意力资源选择部分信息。之后个体对被选择的信息进行进一步的处理，最后在长期记忆单元中进行认知表征的编码。这些表征会在工作记忆单元中被调用或激活，从而用来解决特定的任务，

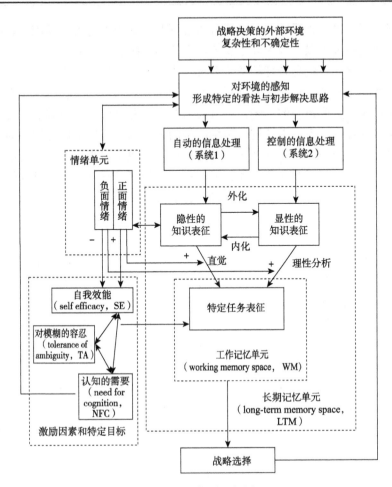

图 2-4 认知过程框图

如决策和推理。原则上，长期记忆单元是显性表征（可以自动获取）和隐性表征（难以通过内省获得和难以用语言来表达）的储存单元，而工作记忆单元则是活动用来解决特定任务的表征（包括显性的和隐性的）。在感知阶段与工作记忆单元单元之间有两个同时进行的过程，在这两个过程中，知识通过两个相互依赖的过程实现转化，即自动和控制的过程（也被称为直觉和理性过程或经验及理性思考模式）（Dane and Pratt，2007）。

  自动过程（也称为系统 1）进行的是启发式的信息处理，并且不受认知系统的计算力约束（computational constraints），因为它所依赖的是储存于长期记忆单元中早已存在的启发式思维（heuristics）。这些启发式思维通过经验来获取，是一种隐性的推理形式，极其情景化和个性化。在处理问题时，系统 1 会被自动激活，它将运用长期记忆单元中全部的启发式结构来处理信息，并经常与情绪相联系。控制过程（也称为系统 2）是以分析过程和外显思考过程为基础的，其处理信息的速度比系统 1 慢，因为其主要依赖于认知系统的计算能力。

对环境的感知和信息处理的两个系统，表示个体的战略决策依赖于对环境变化状况的准确感知和信息的有效处理。而情绪单元对前两者既有正面又有负面的影响，而要保持更多正面的影响，一方面需要个体有良好的情绪调节能力，另一方面也需要良好的人力资本结构（包括协调的人员结构、成员良好的沟通能力和协调能力等）。Gibcus 等（2008）为个体决策者的决策过程提供了系统的认知过程模型，尽管未能加以有效地实证，但其系统性的思维框架为决策过程的研究提供了良好的范式，对团队决策过程的研究也甚有启发。

2. 团队决策认知过程

团队决策认知最先是从信息的交流模式开始探索的。决策信息交流的研究者们认为团队认知过程是一个信息的交互过程。信息传递对团队决策效率有非常重要的意义。Barnard（1938）曾指出，共同目标、协作意愿与信息联系是影响决策效率的三大要素，其中信息联系是决策者的核心职能之一。Simon（1973）认为，没有信息沟通就没有组织，因为没有信息沟通集体就无法影响个人行为。

在团队内，决策者相互扮演信息的传送者与接受者。作为传送者，其传送信息是为了影响团队的决策，通过信息的传送来影响或改变接受者的态度。这种改变可能包括简单的信息贮存的增加、被改变者情绪变化，直到一些根本性态度的转变。只有当传送者决定了他们想要改变时，交流过程的其余问题才能依之而定。

交流过程的信息，首先，必须被转换成"代码"，这些信息以书面语、口头语、符号语言等形式被表达出来。心理学研究表明，人们往往会下意识地使用不止一种代码，如眨眼睛或改变音调，就能增加信息的表达力或者完全改变一条信息。其次，要有交流的渠道。口头交流的渠道很简单，不论是把声波从嘴传送到耳的空气，或者是电话系统，都可以达到目的。如果是书面交流，那么它的渠道可以是布告牌、邮件或即时聊天工具等。在团队交流中，这些渠道都将起到重要的作用。尤其是后者，在网络时代的影响力越来越大。在调研的过程中，许多高管反映即时聊天工具对决策影响力不可忽视。尽管这种现代化的信息交流工具具有方便、快速的特点，但其缺点在于情感传递的不足。许多高管反映，即时聊天工具文字语言的单一，失却了声音和面部表情等信息的传达，很多时候不能有效地传达信息，从而造成各种争论和误解。

可见交流并不简单。人们在交流过程中存在两个不可避免的复杂因素：第一，噪声。噪声妨碍信息成功地传递。这种噪声包括小到背景杂音，也包括大到使接受者感到头痛的刺耳噪声。第二，过滤系统。传送者和接受者均通过它来感知信息。每个人的过滤系统都是独一无二的，且是随着年龄的增加逐步建立起来的，它源于我们所经历的一切事情和体验以及随之而形成的态度和观点。我们对交流如何感知将不可避免地被过滤系统"染上色"，因而某条信息对于传送者而言是十分清楚地知道是指某一件事，而对接受者而言，却可能同样十分清楚地理解为另外一件完全不同的事。由于受过滤体系和噪声的影响，交流过程中的部分信息可能会被遗失，同样危险的是，信息会因不同的解释或假设而被加载上另外一些东西。另外，交流的感知过程也对信息产生重要影响。感知能够改变、阻碍甚至完全阻止交流的接受。无论是最简单的还是最复杂的，对事物的感知实际上都受到我们所有感官的影响，而不仅仅是受到视觉的影响。正是这种过滤机制，使本来毫无意义的刺激物变成充满意义以及可以感知的事物。过滤机制相当于卫星电视信号译码器，没有这个译码器，那么附载于所谓"干扰纹"上的信号将不会被转变成形象生动的图像，具体如图 2-5 所示。

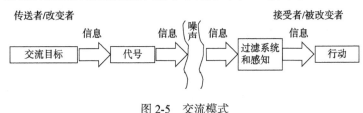

图 2-5　交流模式

资料来源：迪尔登和福斯特（1998）

　　1952 年，Bayles 对各种不同类型小组成员之间的相互交流进行了深入的研究，指出在交流过程中，有些交流行为有助于问题的解决；而有些交流行为则妨碍问题的解决。他把小组成员的交流行为划分为工作导向型和情绪支配型等模式。

　　迪尔登和福斯特（1998）认为，Bayles 研究的不足之处在于只记录了口头交流的状况，而忽视了轻蔑的一瞥或友好的微笑这些形体辅助语言对交流的感染力。一般来说，小组成员的相互交流频率似乎与小组大小有关。小组越大，越有可能是少数几个人说一大堆话，而多数人则一言不发。Bayles 注意到在小组中形成了两种类型的专家：一是观点和指导专家，这类人使小组交流活跃并多为观点发起人；二是社交和情感专家，其任务是确保小组的满意和放松，接受观点并乐意达成一致。基本上每个小组中这两种类型的专家都各有一名，他们经常会在不知不觉中很默契地解决交流时遇到的问题。

　　从上述决策的信息交流模式可以看出，团队的决策认知过程主要从信息的传播、信息的收集与过滤、信息交互与观念的创新等方面探讨信息传递的优化途径。这与高层梯队理论原初的观点较为相似。高层梯队理论认为对企业环境的感知依赖于团队对环境的信息收集（Sutcliffe，1994）。战略管理的研究者认为对外部环境的信息收集是高管进行企业外部环境分析的核心组成部分（Dess et al.，2004）。

但研究者们发现，信息的收集并不足以保证决策的有效性，因为即使团队成员收集的信息一样，各自对信息的理解与阐释也会不一样，所以信息的个性化理解与处理过程不可忽视。对于团队而言，个性化的理解与处理方式如何整合到团队中，是团队过程研究的一个重要话题。对于这个话题的理解，不同研究者的着眼点不同。有些研究者认为感知的准确性（perceptual accuracy）、信息收集和团队交互记忆是高管决策的三大因子，他们认为团队交互记忆是团队的一种信息处理结构（processing structure），处理结构的不同带来信息收集行为的不同，进而影响对信息感知的准确性。有些研究者则认为信息的处理是决策过程的核心内容，如大部分任务冲突或认知冲突的研究者，他们认为团队成员对环境感知的差异会使成员对如何完成组织目标存在不同的观点，成员据此进行辩论，从而使辩论后的结果优于个体的观点（Amason，1996）。任务冲突除了带来良好的决策质量，一些学者认为任务冲突还将带来决策的可接受性，因为在任务冲突过程中，团队成员对决策议题进行了充分的讨论，对各方的观点都比较了解，最终的决策往往是一个相互理解、相互妥协进而走向决策认知一致的过程，因而经过任务冲突的决策具有较高的可接受性。

然而，单纯的信息交流模式并不能完整地概括团队决策互动的系统图像。无论是上述 Bayles 提出的"观点专家组+社交情感组"团队构成，还是图 2-6 中显示的有效决策因子对"同意"等正面情感因素的重视，都可以看出情感、关系等人际因素在团队决策中的重要性。Dimaggio（1979）认为，对于团队而言，可根据场域（field），即从关系角度来思考。场域并不是一种和谐、安宁和固定不变的社会空间，而是充满冲突的场所，所有博弈者为了实现和扩大自己的利益而相互争斗；某些博弈者能够在或长或短的时间内，向其他博弈者施加"博弈的规则"。这与冲突论学者的情感冲突或关系冲突论述相一致。冲突往往为一个贬义词，是因为冲突带来人际关系的不和谐声音突起，使团队气氛变得紧张，这也是情感冲突的作用。据此，一些学者对情感冲突与组织绩效、决策质量、团队成员承诺和满意度等进行了实证研究（Jehn and Mannix，2001）。一些研究者发现，情感冲突与各类组织结构存在显著的负向关系（Jehn，1995；Ensley et al.，2002）。另外一些研究还发现，情感冲突将使团队成员陷入无谓的争论中，从而忽略了大量有用的信息并忽视决策的核心问题，这被称为回避反应（avoiding response）。在回避反应下，大量的决策信息没有得到共享，大量的决策问题也没有得到有效的讨论。这一点在中国背景下尤为明显，因为中国人倾向于维持和谐的局面，即使这种局面只是表面性的和谐，这些情感冲突的过程甚至可能会更加复杂。例如，有学者认为团队或组织在决策中会出现"阿比勒尼悖论"，即团队采取的行动与成员真正的意图相反。一方面，即使大家的看法是一致的，也可能会由于成员对团队的共识而有错误的估计；另一方面，团队成员也可能因为情面、沟通等原因而隐藏自身的真实想法，这些表面性的共识被称为"虚假共识"（王敏和张志学，2007）。

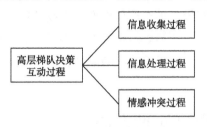

图 2-6　决策互动过程模型

从以上论述可以看出，团队过程由两大部分——信息过程与情感过程组成，其中，信息过程又由信息收集过程和信息处理过程组成，情感过程则主要由情感冲突过程组成。如果将这三种过程看做高层梯队的三种能力或是资本，那么信息收集可以看做社会资本的体现，信息处理可以看做人力资本的体现，而情感冲突过程则可以看做心理资本的体现。信息收集水平取决于高层梯队社会资本的大小，社会资本越大，则关系网络越广，可以收集到的信息便越多；信息处理则体现高层梯队总体人力资本或智力资本的大小，总体人力资本水平越高，信息的理解、创新等处理能力便越高；情感冲突过程则体现高层梯队的心理资本大小，体现的是高管在决策过程中情绪和心态的良好程度，是近年来继人力资本和社会资本被提出后又一被重视的资本形态（Luthans et al.，2004）。因此，从信息收集过程、信息处理过程及情感冲突过程三方面来描述高层梯队的决策过程，将有利于整合三大资本理论，从而解释高层梯队的决策过程。

一些学者认为行为整合或共享心智模型也是团队过程的一部分，但本书并不认同。所谓行为整合是 Hambrick（1994）针对为何选择高管团队作为研究对象的质疑而提出来的概念，其是指高管参与共同决策的程度，对高管团队的团队性进行衡量，并认为团队性是将高管团队作为一个有意义的分析单元的决定因素。显然，行为整合不是互动的过程而是对团队整体性或凝聚力的一个描述，不适宜作为团队过程变量。共享心智模型则是指团队成员心智的共享程度，如心智的重叠度是一个程度状态的描述，并不是互动过程的描述，因而不适合作为团队过程变量的角色加入研究。

综上所述，高层梯队作为一个决策团队，其决策互动过程是一种信息收集过程、信息处理过程和情感冲突过程。决策中的情感冲突过程，是群体成员关系互动，是一种组织情感的"交织性"影响过程。综合上文论述，本书提出如图 2-6 所示的团队互动过程模型。

在信息过程方面，本书将之分为两大部分：一是信息收集过程，二是信息处理与创新过程。相对于过去的信息决策理论和冲突理论等，本书把信息收集过程突出出来。所谓"巧妇难为无米之炊"，信息决策过程除了信息的处理与创新，还必须考虑信息的收集状况。如果企业高层梯队每个成员信息都很闭塞，给团队带来的有用信息均非常有限，那么即使他们有很高的信息处理和创新能力，还是难以带来良好的决策绩效。在情感过程方面，本书主要沿用冲突理论中的情感冲突理论，从情感冲突的角度衡量情感互动过程。

2.6 高层梯队冲突理论研究

自 Hambrick 和 Mason（1984）提出高层梯队理论以来，高层梯队冲突研究就得到部分学者的关注。20 世纪 90 年代以来，高层梯队内部的运营过程（尤其是冲突过程）受到研究者的关注。

2.6.1 高层梯队冲突内涵

高层梯队冲突是战略决策过程中重要的影响机制（Hambrick and Mason，1984；秦辉和卢红旭，2011）。Jehn（1994）在总结高层梯队冲突研究成果的基础上，从认知与情感两个维度来探究高层梯队冲突内涵。Tekleab 等（2009）和 Huang（2010）沿袭 Jehn（1995）对高层梯队冲突内涵的研究成果，将高层梯队冲突分为认知冲突与情感冲突两个维度。de Dreu 和 van Vianen（2001）认为，认知冲突主要关注的是工作任务，是基于对工作任务的目标、内容、流程和资源配置等认知上的差异而引发的冲突，而情感冲突主要关注的是团队成员间的人际关系，是基于个体的价值观、人格、偏好和个性特征等差异性所导致的消极情绪。陈云（2008）把高层梯队冲突的内涵定义为高层梯队成员之间的一种互相依赖的互动关系，以及由此导致处于战略制定与执行层的核心团队成员之间的竞争和合作关系，也就是当团队成员之间存在互不相容的、难以协调的目标、认知或情感等因素时，所引起的对立或不一致的相互作用过程。陈璐（2011）认为，高层梯队冲突具有双重特征，基于认知和任务的冲突可以激发团队成员的创造性思维，对于团队目标的达成具有建设性的作用，而基于关系和情感的冲突则是破坏性的，是团队成员之间不良沟通的表现，会影响到人际关系，产生不良氛围，进而降低团队效能。Ge 和 Yang（2011）认为，高层梯队冲突包括认知冲突和情感冲突两个维度，同时也包括认知冲突与情感冲突互相转化的过程。

以上学者对高层梯队冲突的内涵分析都涉及认知和情感两个方面，将高层梯队冲突划分为认知冲突和情感冲突两个维度在高层梯队的相关实证研究也是最常见的。因此，本书关于高层梯队冲突的内涵、维度划分和相关研究也主要围绕认知冲突与情感冲突两个方面进行。认知在心理学中是通过形成概念、知觉、判断或想象等心理活动来获取知识的过程，即个体思维进行信息处理的心理功能。认知冲突是团队成员在关系到工作任务方面的观点和理念（如团队的目标是什么、如何达成等）不一致时所引发的（陈传明和陈松涛，2007）。因此，高层梯队认知冲突是指团队成员对企业生产经营管理活动过程中意见、观点和看法等不一致性所导致的争论。另外，情感是态度这一整体中的一部分，它与态度中的内向感受、意向（intention）具有协调一致性，是态度在生理上一种较复杂而又稳定的生理评价和体验。情感包括道德感和价值感两个方面，具体表现为爱情、幸福、仇恨、厌恶和美感等。情感冲突是个体之间存在的情绪与情感上差异与不相容所引起的，导致团队成员把注意力集中于情绪性或者个人主义的争论上，他们的紧张和摩擦会导致烦恼、挫折、愤怒等不良情绪（陈传明和陈松涛，2007）。因此，高层梯队情感冲突是指团队成员认识到彼此之间的不和谐所导致的人际关系不相容，包括紧张、生气和不满等消极情绪。

2.6.2　高层梯队冲突对团队绩效的影响

高层梯队冲突对团队绩效的影响研究经历了从只看到破坏性的一面到既看到破坏性的一面又有建设性一面的认知阶段。冲突的传统观认为，高层梯队会阻碍战略决策的制定。冲突的互动作用观认为，高层梯队成员之间的冲突既有功能性冲突也有非功能性冲突，当采取合理的冲突管理方式时，冲突是有利于提高战略绩效的（Jehn，1995）。因此，大部分研究高层梯队冲突的学者认为，高层梯队冲突对团队绩效的影响是一把双刃剑，既有功能性也有非功能性。本书主要按照高层梯队冲突的认知冲突和情感冲突两个维度总结归纳高层梯队冲突对团队绩效影响的一些代表性研究成果，如表 2-1 所示。

表 2-1　高层梯队冲突对团队绩效影响研究归纳表

文献来源	年份	自变量	因变量	调节变量
Amason	1996	认知冲突、情感冲突	决策质量、决策承诺、决策理解、情感接受度（affective acceptance）	无
Knight 等	1999	情感冲突	决策一致性	无
Simons	2000	认知冲突	情感冲突	信任和积极性冲突管理
de Dreu 和 Weingart	2003	认知冲突、情感冲突	团队效能	无
陈传明和陈松涛	2007	认知冲突、情感冲突	战略调整能力	无

续表

文献来源	年份	自变量	因变量	调节变量
Parayitam 和 Dooley	2007	认知冲突	情感冲突、决策质量、决策承诺、决策理解	信任
王国锋等	2007	认知冲突、情感冲突	决策质量	无
Tekleab 等	2008	认知冲突、情感冲突	团队效能、成员满意度、团队活力、凝聚力	冲突管理
Li	2009	认知冲突、情感冲突	企业战略决策绩效	非功能性竞争、团队技巧
杜运周和陈忠卫	2009	认知冲突、情感冲突	决策绩效	控制模式
陈璐等	2010	认知冲突、情感冲突	决策绩效	无
Ge 和 Yang	2011	认知冲突、情感冲突	决策绩效	认知自反性（cognitive reflexvity）和情感自反性（affective reflexvity）

Amason（1996）最早通过深度访谈和实证研究检验了高层梯队冲突与战略决策绩效之间的关系。他认为，认知冲突可为战略决策提供多样化的信息，有助于提高战略决策质量，加深对不同备选方案决策背景的理解，进而提高决策理解和决策承诺（decision commitment）；而情感冲突则会引发敌意与排除，并造成信息交流不畅、人际关系复杂而紧张以及难以建立信任与合作关系，从而削弱决策质量、决策承诺和决策理解，并对决策的情感接受程度产生负面影响。Knight 等（1999）研究发现，情感冲突在高层梯队人口统计学特征——异质性特征与战略决策一致性之间发挥中介作用。Simons 和 Peterson（2000）认为，高层梯队认知冲突对企业战略决策绩效有正向影响作用，而情感冲突对企业战略决策绩效产生负面效应，但是，高程度高层梯队认知冲突极易产生情感冲突，然而，通过组内信任水平和积极性冲突管理的调节作用可以削减高层梯队认知冲突对情感冲突的正向影响效应。de Dreu 和 Weingart（2003）研究发现，高层梯队认知冲突与情感冲突均对决策绩效有负向影响效应，这与 Amason（1996）和 Jehn（1994）的研究结论截然相反。陈传明和陈松涛（2007）认为高层梯队认知冲突可以提高战略调整能力，而情感冲突则会对战略调整能力产生消极影响。Parayitam 和 Dooley（2007）研究发现，高层梯队认知冲突对情感冲突和战略决策绩效产生显著正向影响效应，且高程度组内信任水平可以进一步加强高层梯队认知冲突与战略决策绩效之间的正向影响关系，同时削弱高层梯队认知冲突与情感冲突之间的关系。王国锋等（2007）通过 112 份问卷的实证研究表明，在中国文化背景下，高层梯队认知冲突与企业战略决策质量并无显著相关关系，而情感冲突对战略决策质量产生显著负向效应。Tekleab 等（2009）探讨了高层梯队认知冲突、情感冲突与团队效能、成员满意度、团队活力和凝聚力之间的关系，以及冲突管理在它们之间的调节作用。H.Y.Li 和 J. Li（2009）研究发现，高层梯队认知冲突对企业战略决策绩效有正向影响作用，而情感冲突对企业战略决策绩效产生消极影响，同时团

队活力增强了高层梯队认知冲突与企业战略决策绩效之间的正向影响关系，而非功能性竞争却削减了两者之间的正向关系。杜运周和陈忠卫（2009）通过实证研究发现，高层梯队认知冲突有助于提高决策绩效，而情感冲突则会负向影响团队决策绩效。同时企业的所有制对两类冲突的调节作用不同，相对于国有企业，民营企业中情感冲突与决策绩效的负相关关系显著减弱，高层梯队认知冲突与决策绩效的正相关关系并无显著差别。陈璐等（2010）探究了高层梯队认知冲突与情感冲突在家长式领导和战略决策效果之间的中介作用。Ge 和 Yang（2011）认为，高层梯队认知冲突与决策绩效之间呈正向关系，且这种关系可通过认知自反性得到进一步加强，而情感自反性可削减高层梯队认知冲突对情感冲突的正向影响效应，但它们之间的影响机制还需要进一步通过实证研究来确认。

2.7　团队自反性理论研究

自 West 于 1996 年提出以来，团队自反性这一概念得到了学术界的广泛关注，然而相关研究还比较缺乏，尚未形成成熟完整的理论体系，仍存在诸多亟待深入探索的问题及内容。本书意在探究高层梯队冲突中团队自反性问题，主要关注以下几个方面的研究。

2.7.1　团队自反性的效能研究

团队自反性影响团队效能的机理目前尚不明确。有学者认为，团队自反性对团队效能产生直接影响。但也有研究发现，团队自反性与团队效能间并不存在直接的影响关系，或者说直接影响并不显著，另外，团队自反性在某些前因变量与团队绩效间发挥调节效应。

（1）直接效应。团队自反性被认为是预测团队绩效的重要指标之一。Carter 和 West（1998）、Tjosvold 等（2004）研究结果证实，团队自反性与团队绩效间存在显著正向相关关系。Carter 和 West（1998）的实证研究发现，团队自反性比团队创新氛围和团队机构更能预测团队效能。Wong 和 Tjosvold（2007）研究认为，团队自反性直接影响的结果变量包括团队效能、效率、成员满意度、承诺及创新等。Tjosvold 等（2004）对中国团队的研究发现，具有团队自反性过程与执行改进方案的团队在创新绩效方面会得到主管比较高的评价。Hoegl 和 Parboteeah（2006）研究证实，团队自反性与团队效能呈正向相关。de Dreu（2002）则研究考察了团队自反性对信息共享、学习及团队效能的影响。

（2）调节效应或间接效应。团队自反性不但直接对团队效能产生影响，同时还会通过影响团队过程中的其他变量，对团队效能产生调节效应或者间接效应。作为调节变量，团队自反性可以改变团队过程中一些重要影响因素对团队效能的作用强度和方向。例如，de Dreu（2002）研究发现，高水平的团队自反性可以调节意见异质性与团队效能，并且合作性成果依赖（cooperative outcome interdependence）在高程度的团队自反性作用下会促进信息共享、团队学习和团队效能。郎淳刚和曹碹玮（2007）认为团队自反性是调节人际关系冲突与团队绩效间关系的重要变量。团队自反性通过其他变量的中介作用间接影响团队效能。例如，Hirst 和 Mann（2004）研究发现团队自反性有利于强化团队内部有效的、公开的意见沟通，并通过对团队沟通的积极作用间接影响到项目绩效。

现有研究已经注意到团队自反性在团队绩效形成中的重要作用，但对其作用机理仍需深入探索。因此，团队自反性在特定情景中是直接效应，还是间接效应，或是调节效应仍需要进行进一步的理论构造与实证研究。

2.7.2　团队自反性的维度研究

多维度团队自反性结构的研究提高了关于团队自反性问题研究的精细化程度，使人们对团队自反性在团队过程中的作用原理得到更精确的理解。但是，关于团队自反性的研究相对较少，依然缺乏一个统一的分析框架，因此，关于维度的划分与测量，还需进一步的探索和研究。

团队自反性是认知过程与执行过程的统一，一个完整的团队自反性过程包含反省（reflection）、计划（planning）和行动/调整（action or adaptation）三大要素，团队自反性就是由这三个要素构成的交互过程（West，1996）。反省作为团队自反性过程的起始点，是团队自反性的概念核心，其概念内涵构成了测量团队自反性的主要内容。团队自反性包含对自反性目标的留心、觉察、审视与评估，团队自反性可以分为认知执行前自反性、认知执行中自反性与认知执行后自反性（West，1996，2000）。Swift 和 West（1998）把团队自反性分为三个阶段，分别为轻度自反性、中度自反性与深度自反性。Carter 和 West（1998）通过对 BBC 节目制作的实证研究发现，团队自反性的两个维度，即任务自反性（task reflexivity）和社交自反性（social reflexivity）可以预测团队成员的心理健康状况。Schippers 等（2007）尝试开发团队自反性问卷，并把团队自反性分为"评估与学习"（evaluation/learning）和"讨论过程"（discussing process）两个维度。杨卫忠和葛玉辉（2011）、Ge 和 Yang（2011）认为团队自反性可以分为认知自反性和情感自反性两个维度。Carter 和 West（1998）、Swift 和 West（1998）、West（1996，2000）以及 Facchin 和 Tschan（2007）的研究发现，除了与任务相关的任务自反性外，团队自反性还包括处理人际关系冲突、情感支持、促进团队成员成长、形成良好团队氛围的社交自反性。

总体而言，关于团队自反性研究的大部分学者侧重于从与工作任务相关的任务自反性展开，但也有很多学者认为，团队的"情商"是必不可少的，团队自反性应该包括与任务相关的认知自反性和与团队氛围相关的情感自反性两个维度。企业高层管理人员的工作任务主要涉及与有关企业规范、价值观和战略相关的问题，且研究主题涉及高管团队认知冲突和情感冲突问题。因此，本书将高管团队自反性分为认知自反性和情感自反性两个维度，并对相关研究成果做了归纳总结。

1. 团队认知自反性

团队认知自反性又称为认知自省性，被认为是促使团队成员共同对团队目标、策略和工作方法进行公开反思，进而适应当前或预期内外部环境变化的关键（West，1996）。团队认知自反性是认知过程和执行过程的统一，一个完整的团队认知自反性过程包括三个核心要素，即信息的交换和反思（对团队目标、策略和工作方法以及以往经验教训进行集体讨论）、计划（形成团队目标、策略和工作方法的改进方案）以及行动/调整（以改进方案为目标导向做出调整行动从而达到适应环境变化的目的）（Schippers et al.，2007）。团队任务自反性过程就是由这三个要素构成的交互过程。团队认知自反性可以被认为是团队所拥有或者缺乏的特质。没有认知自反性的团队或者认知自反性程度低的团队或许不会注意到团队目标和战略是否恰当，以及组织内外部环境变化的程度，而一个具有高程度认知自反性的团队却能够根据环境条件的变化做出适时的调整行动，具体如下：①确保团队效能并专注于应对团队内外部环境的变化。②根据环境条件的变化察觉出团队现行行动方案的缺陷。③使团队成员能够更好地在一起工作，并形成改进计划以便适应环境变化的挑战。④提高团队成员平均满意度、承诺水平、信息加工质量和团队绩效。

2. 团队情感自反性

团队绩效不仅受限于与任务相关的团队过程，还可能与团队成员间的情感互动有关。团队情感自反性是指团队成员处理情感冲突的能力，彼此互相关爱、关注成员个人成长及成员幸福感的程度（Carter and West，1998）。团队情感自反性被认为是团队社会功能的一面，是处理团队成员人际关系、加强团队成员合作、提高团队绩效的重要影响因素。Carter 和 West（1998）的实证研究发现，情感自反性与团队效能以及团队成员的幸福感显著相关。West（1996）认为高程度的情感自反性可增强团队成员的幸福感、满意度及团队的可持续发展能力（team viability）。Jehn（1995）研究发现，冲突有利于提高团队效能，但前提条件是团队成员能够敞开心扉地讨论问题。de Dreu（2002）认为，少数派意见提高了团队绩效，但前提条件是团队需要进行高程度的关系反思。当一个团队具有高程度的情感自反性时，团队成员往往能够经常性地对彼此间如何有效合作进行反思，从而有利于创造良好的人际关系和友好的团队氛围。从心理学上讲，心理安全是处理团队问题的重要的先决条件之一。高程度的情感自反性为团队成员提供了一个安全的氛围，从而有利于团队成员主动公开地发表不同的想法。因此，情感自反性因为能够促使团队成员公开交流并乐于分享彼此的经验教训，从而增强团队学习能力，进而提高团队效能。

2.7.3　团队自反性的前因研究

团队自反性的前因研究主要包括个体特征、认知特征和团队特征三大类。

（1）个体特征。Hoegl 和 Parboteeah（2006）将团队成员的社交能力视为影响团队自反性能力的重要因素之一。社交技能较高的团队成员能够较好地进行团队内部协调，成员彼此的需求能够得到较好的理解和满足，彼此不同的个性风格能够得到较好融合，因此能够提高团队建设性地处理批评、质疑等负面问题的能力。Somech（2006）研究发现，参与型领导有利于促进团队自反性，而命令型领导只有在成员异质性程度低的团队中才能提高团队自反性水平。Hammedi 等（2007）认为，变革性领导可以激发讨论与评价行为，有助于建立一种自反性的文化。张文勤和石金涛（2009）认为，持理性态度的员工会把决策建立在充足证据的基础之上，并且倾向于对过去与当前的情况进行自反性反思。

（2）任务特征。Hoegl 和 Parboteeah（2006）研究发现，项目类型对团队自反性存在显著正向影响。Tjosvold 等（2004）、de Dreu（2007）、Wong 和 Tjosvold（2007）研究发现，在任务非常规、环境不确定的情景下，团队对任务执行方法的评价和自反性十分关键，因此团队更倾向于自反性。Schippers 等（2007）、Carter 和 West（1998）、de Dreu（2007）认为，按照团队任务的战略性与实质性，可以将团队自反性划分为不同的层级，对应不同的学习回路。Facchin 和 Tschan（2007）研究证实，认知自反性有助于提高团队绩效，但这种影响对决策程序复杂任务的作用比对决策程序简单任务的作用更加明显；而情感自反性对团队绩效产生积极作用，但是这种效应不受任务特征的影响。

（3）团队特征。在"输入—过程—输出"（IPO 模型）的研究框架下，Somech（2006）考察了团队成员年龄、教育背景、任期异质性等团队特征，作为团队过程的输入要素，探讨其对团队自反性的影响作用。de Dreu（2002）发现，容忍下属反对意见的团队，如果能够反思他们的工作，就会更为有效并更富有创造性。Schippers 等（2003）认为，团队信任可增加团队自反性水平，因为信任可以促进成员间共同交流、共享信息及知识转换。MacCurtain 等（2010）通过实证研究发现，团队信任是影响高管团队自反性的重要影响因素。

团队自反性对团队效能具有重要影响，因此，探索团队自反性的影响因素成为一个有意义的研究课题。但是，相关研究还是十分有限的，尚未形成成熟的体系结构。团队自反性作为团队层面的过程变量，还可能受到其他一些团队内部群体因素的影响，因此，针对团队层面的一些要素变量需进一步探索。考虑到本书是团队层次和跨行业的研究，因此，不会过多以涉及个体特征和任务特征作为团队自反性的前因变量，而更多地以团队特征作为研究团队自反性的影响因素。同时，团队自反性前因的理论构造，还需要根据调查访谈结果做进一步确认。

2.7.4　团队自反性的行为决策研究

决策是组织对内外部环境变化的反映，它表明了组织内外部环境与组织能力的吻合程度，对组织生产和发展至关重要。在现实决策领域中，为避免单个决策者的主观判断、选择、偏好程度对决策结果的影响，常常需要综合群体的经验和智慧并采用共同决策的方式对问题进行分析、判断和决策。群体决策形式一方面是组织诊断、处理和解决复杂多变环境导致非结构化决策问题的核心力量，另一方面也是决策结果满意以及共识形成并良好运作的有力保障。大量研究探讨了影响群体决策绩效的关键因素，如冲突、信任、凝聚力等。然而关于团队自反性行为对决策绩效影响的研究并不多见。

团队自反性行为被认为是决定团队效能的重要因素之一。Carter 和 West（1998）认为团队自反性行为是具有重要意义的团队过程，而在以往的研究中常常被忽略。de Dreu（2007）及 Hoegl 和 Parboteeah（2006）的研究结果表明，面对团队任务复杂而外部环境动荡时，团队自反性行为尤为关键。对于决策群体而言，要成功应对环境的不确定性与模糊性，就需要不断审视环境的变化，加强彼此间的合作并做出正确的选择。对于从事复杂工作的决策群体而言，团队自反性行为显得尤为珍贵，因为在环境不确定、工作任务非常规的情况下，有必要对组织内外部环境、工作任务以及现有工作理念和方法进行评价与反思。当决策者共同对团队目标、策略和工作方法以及所处环境进行开放性的反思和讨论，并根据实际情况做出恰当决策时，团队将变得更加有效。研究发现，团队自反性行为既是决策群体主动进行信息加工的方式，也是决策群体在复杂动荡环境中产生动机去识别、讨论、减少错误和认知偏差的主要原因（Schippers and Homan，2009）。团队自反性程度越高，越有利于鼓励团队成员主动就团队内外部环境展开公开反思和讨论，这种主动的信息加工使决策内容更完整、准确，为提高决策质量增加了可能性（Ginkel et al.，2009）。团队自反性行为有利于提高决策者对决策结果的情感接受度。团队自反性程度高的决策群体更倾向于集体对多样化的信息进行演绎、解释，从而帮助单个决策者更好地厘清与决策背景相关的问题，为单个决策者提供决策共同方向和力度的整体把握。通过不同决策者的信息交互作用，高程度的团队自反性行为促进了决策者对决策相关内容的进一步理解，使之更加明白在将来的决策执行中所担负的职责、扮演的角色以及权力和资源分配的缘由。而团队自反性程度低的决策群体往往在信息论证上不充分，反思不彻底，深受启发式线索的影响，因此极易造成决策者不能完全、准确地理解决策内容和相关安排。总之，团队自反性行为对提高决策绩效有重要意义。

2.8　高层梯队战略决策绩效研究

目前，学界对决策绩效的定义还没有一个统一的观点。决策绩效的定义与其衡量密切相关，虽然目前还没有给出一个明确的定义，但从决策绩效的衡量中便可以看出决策绩效的内涵。

Korsgaard 和 Roberson（1995）认为决策的绩效应当从决策的质量和决策的执行效果来衡量，因此他们提出使用决策质量和决策承诺来衡量决策绩效。决策质量与决策目标相关，若决策有利于实现决策目标，则决策质量较高；决策承诺是指决策者对决策实施的承诺程度，反映了决策执行的效果。Amason（1996）则从另一个视角来衡量决策绩效，认为决策绩效包括三个方面，即决策质量、决策共识（consensus）和情感接受度。Amason（1996）认为要达到决策共识，必须先对决策原理、结果产生理解，进而从情感上接受它，并承诺执行好。决策的共识类似于决策者的满意度，一般来自于决策的合意程度，但相较于共识，满意度的覆盖面更宽。即使成员未能达成共识，决策者因为决策经过充分讨论（而在有限的时间内无法达成一致），此时也能达到较高的决策满意度。决策绩效的衡量指标的相关研究如表 2-2 所示。

表 2-2　决策绩效的衡量指标的相关研究

作者	年份	决策绩效衡量指标
Verzberger	1994	决策过程满意度、决策结果认同度、决策结果的精确度
Walsh 和 Falley	1986	
Hofmeister	1986	
Wooldridge 和 Floyd	1990	
Michaelsen 等	1959	
Waston 等	1991	
周劲波	2005	决策过程满意度、决策结果认同度、决策结果风险度、决策执行实现度
Amason	1996	成员决策质量的看法、决策共识和情感接受度
杜运周和陈忠卫	2009	
曾建华和何贵兵	2003	任务绩效：决策方案的正确性、产生的决策方案数目、决策结果的质量、完成决策的时间、对决策结果的满意感、对决策结果的自信度
谢凤华和古家军	2008	关系绩效：团队凝聚力（team cohesion）、团队成员间的满意感
李卫东和林志扬	2007	决策的可靠性、决策的艰难性、决策的度量成本
郎淳刚和席酉民	2007	决策者感知的决策质量、决策满意度
Dooley 和 Fryxell	1999	决策质量、决策承诺
陈灿	2006	

本书认为 Dooley 和 Fryxell（1999）的看法最能体现决策绩效的内涵，他们综合了决策绩效的相关研究，认为决策绩效包括决策质量和决策承诺，并指出 Amason（1996）所提出的决策质量是决策绩效的衡量指标之一，具体包括三个方面：一是成员对决策质量的看法；二是决策结果与决策原始意图的差别；三是对组织绩效的作用。决策承诺是指决策结果是否被有效执行。Janssen 等（1999）支持这种观点，并开发出相应的量表。因而，高层梯队战略决策绩效是指高层梯队的战略决策质量以及决策结果的有效执行度。

2.9　研究现状的评述

尽管现有关于高层梯队理论、高层梯队团队过程理论和团队自反性的相关研究已经取得了丰硕的研究成果，但是，目前基于团队过程视角下的高层梯队特征对企业行为和绩效的影响的研究在以下几个方面存在进一步拓展的空间：

（1）董事会与高管团队互动关系研究的缺位。已有研究大都围绕董事会或高管团队独立展开，董事会研究的主要理论基础是公司治理理论，突出强调董事会的监督职能，因而忽略了其所具有的战略等方面的职能；高管团队研究则强调高管团队纯粹作为代理人负责公司运营的角色。可以认为，董事会的职能不仅是对经理层的激励约束，其还具有多重职能；高管团队也不是消极的听命者，而是积极的战略制定者。董事会与高管团队均是企业战略决策的核心主体，任何一方的缺位都将给企业带来巨大的损失，把董事会与高管团队研究截然分开的做法是不合适的。事实上，内部董事、"两职合一"的出现，使董事会和高管团队都不再是"纯粹"的实体，而是在高层梯队框架下高度交互的两个亚群体。高层梯队成员主动积极地分享信息、资源和决策的行为整合的关键是"分享"，而这种行为整合构念的过程包括"异"与"同"的行为整合辩证过程。未来的研究应该是在阐释董事会与高管团队各自作用机制的同时，剖析两者之间截面的互动关系。

（2）对高层梯队隐性特征内部动态过程研究的忽视。现有研究主要关注董事会基本特征作为替代变量对企业行为与绩效的影响，而忽视了其隐性特征的作用和人际互动过程。高管团队在团队过程方面虽然做了一些静态截面探讨，但其价值观、认知等隐性特征的动态探讨仍是一个"黑匣子"。实际上，随着高层梯队内部运行的深入和团队成员成熟历程的演进，高层梯队生命周期的动态发展阶段由形成、震荡阶段，进入规范、执行阶段。此时，隐性特征作用就凸显；同时，高层梯队成员的价值观、认知、能力和社会资本等隐性特征必然有一个从静态截面到动态演进的过程，通过引入时间因素，动态地分析隐性特征出现的时间段以及演进类型，必将成为高层梯队隐性特征内部动态过程研究的崭新关注点。

（3）传统的研究只关注单个特征效应，从而忽略了多重特征联合效应的动态演进。在相似吸引理论中，人们往往根据特征对群体进行归类，认为相似的人相互吸引。已有研究只关注了单个特征的"相似-吸引"效应，而未注意到多个特征重叠可能带来的联合效应，即形成"断层"。对断层效应的忽视是造成特征研究观点不一的重要原因。同时，伴随高层梯队生命周期的动态演进，"断层"将由依据显性特征进行划分转变为依据隐性特征进行划分，进一步研究探讨高层梯度的多重特征联合效应形成的"断层"的动态演进，而这也必将是一个引人注目的全新的研究空间。

（4）高层梯队认知冲突中团队自反性行为研究的不足。团队自反性是高管团队运行过程中极为重要的构成要素，已有研究表明，团队自反性既会受到高层梯队成员个体因素、团队因素和任务因素的影响，同时又会影响团队的整体工作氛围、调节人际关系冲突等，进而影响高层梯队认知维度，并对团队绩效产生直接效应、间接效应或调节效应。已有研究大多针对一般工作团队的团队自反性展开，较少关注高层梯队自反性和认知冲突之间的关系。随着团队自反性和团队认知研究的逐步深入，探讨两者间的相互作用关系，以及由此产生的联合效应对企业绩效的影响，必将引起人们的广泛关注。

2.10　本章小结

　　本章主要是对本书相关理论和文献进行回顾，从高管团队特征、董事会特征、高层梯队特征断层、高层梯队决策互动过程、高层梯队冲突、团队自反性和高层梯队战略决策绩效等方面全面地分析以往与高层梯队相关的研究成果，指出本书研究的方向及必要性。同时对以往研究进行评述，并从四个方面指出有待进一步拓展的研究空间。

第3章 董事会与高管团队截面互动的影响机制

3.1 高层梯队特征与决策绩效、企业绩效关系的概念模型

本章通过高层梯队的决策过程来研究各类特征构成与决策绩效、企业绩效的关系，本章理论研究框架如图 3-1 所示。

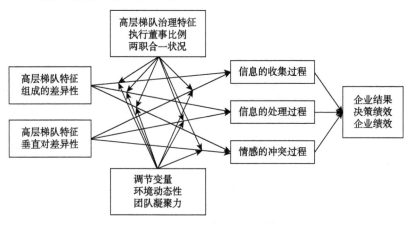

图 3-1 本章理论研究框架

图 3-1 的左侧是两类高层梯队特征，包括特征的组成差异性、特征的垂直对差异性；在图 3-1 的中间部分（含右侧）则是三大类过程，分别为信息的收集过程、信息的处理过程和情感的冲突过程，这三类过程不仅受两类特征的影响，而且还会影响企业结果（包括狭义的决策绩效和企业绩效）；图 3-1 的下方是两类重要的调节变量；图 3-1 上方的治理特征是高层梯队区别于传统高管团队的重要

特征之一，将治理特征引入高管的研究中非常必要，并且在当前高管团队的研究中并不多见。基于此模型，下面开始进行深入分析。首先需要剖析的是作为切入点和关键点的高层梯队决策过程。

3.2　符号化的决策过程均衡分析及其与特征的关系

3.2.1　符号化的决策过程

从思想层面来看，关于高层梯队特征研究的争论体现的是两类思想——结构功能主义（structural functionalism，SF）与符号互动理论的交锋。尽管高层梯队的研究者大都没有提到这两类思想，但实际研究均离不开这两类思想的影子。

结构功能主义源于生物学的有机体研究。20 世纪初，其开始逐渐被引进社会学、比较政治学和管理学等研究领域中，并在这些领域中发展成为一种重要的理论。以帕森斯和默顿为代表的学者，强调通过功能分析来认识世界，且提供了一个认识世界的多元框架。结构功能主义以系统理论为基础，把分析对象看做一个包含输入、输出、暗箱和反馈机制的系统。这些系统都履行一定的功能，这些功能均来源于特定的系统结构。结构功能主义的核心假设在于：所有的系统趋向于平衡和有序，但当结构发生巨大变化时，这个系统就会出现功能失调，从而系统必须做出改变，重归平衡状态。由此发展出吉登斯的结构二重性原则，即人们在按照结构关系制约与选择自己行为的同时，也会按照行为结果（功能）的要求来调整和优化结构。高层梯队理论在最初的提出阶段，基本按照结构功能主义的框架来建构。高层梯队理论通过高层梯队特征来描述高层梯队的组成与结构，认为特定的结构会产生特定的组织结果（功能），从而以此思想为引导进行了大量的研究。

结构功能主义的运用，使具有微观性质的各类特征变成了宏观结构与功能的反映，也曾因此赢得了许多学者的赞誉，认为高层梯队研究的结构功能主义思想结束了微观与宏观分野越来越严重的局面。然而，诞生于宏观思想摇篮里的结构功能主义，并不能将高层梯队研究带进宏观与微观相结合的领域。从高层梯队理论提出的 20 世纪 80 年代初到 90 年代中期，高层梯队研究基本处在高层梯队结构与功能关系的探索中，并希望能在高层梯队的特征结构中发现组织绩效等结果的预测因子与路径，但结果却并不如意。因而促使学界对过去的研究进行反思，于是深入探讨团队过程的思想开始萌生。

　　但关于团队过程的探讨并不如意。直至如今，学界对高层梯队团队过程的概念仍然没有一个统一的说法。有的学者认为冲突是团队过程，有的学者认为内聚力是团队过程，还有学者认为行为整合程度是团队过程。第一种观点是互动行为的描述，后两者则更倾向于状态的描述，描述所着眼的层次并不一样。目前虽然，关于团队过程的研究仍处在探索的混乱阶段，但与结构功能主义相比，它最大的转变便是由过去的宏观研究转向微观的团队过程探索，学者们认为可以摆脱单纯依靠特征进行研究而导致的不可靠性。这些观点隐含了符号互动理论的思想。

　　最早由米德创立并由布鲁墨加以发展的符号互动理论，阐述了符号作为人际交往中的核心地位。我国学者汪丁丁（2001）对此加以弘扬，运用经济学对此理论进行深入分析，引起了广泛的关注。符号互动理论认为，符号绝非仅仅简单代表表面性的所指事物，而是具有所指事物背后深刻内涵的指代。被西方学术界广为赞誉的行为心理学家及符号互动理论创始人米德，早在1934年提出"个体意识是通过把人际对话内化为自我对话而形成自我意识的"（Mead，1934）。米德的这一思想大大开阔了社会学家的眼界，指出了个体意识与人际交往的关系以及人际互动在个体身上的主观显现性，进而引出了符号在其主观转化中的桥梁作用。米德在其理论中，大力强调了语言的符号作用：①个体通过符号来进行交往；②个体对符号的阐释是"自由选择"而非受制于社会规范。布鲁墨进一步发展了米德的理论并指出：①由于个体的自我和他我的行为在做出反应之前需要试图寻找行为的意义，而意义来自于符号互动，所以符号互动是人际互动的前提。符号为社会行为博弈提供符号"意义"，没有符号互动便没有社会博弈（Blumer，1986；汪丁丁，2001）。②个体主动地对传统的符号加以个性化的阐释，以对接社会交往规范的要求，从而达到个体与社会群体的平衡。

　　符号互动理论与结构功能主义最大的区别在于，符号互动理论强调了个体对现实的体验，而不是现实本身。在哲学的探索领域，事实的探索往往是通过表象来进行的。Callon（1980）通过例证研究得出关于信息的供求关系是如何被看做转化的一种符号性运作。关于符号互动理论研究的两位重要学者 Berger 和 Luckmann（1989）批判了结构功能主义，认为其是一种"理论花招"，强调个体对世界的理解比世界本身更重要，呼吁学界重视主体间性（intersubjectivity）、互动和互通（intercommunication），他们的研究使学界掀起了"知识社会学"的研究，大大提高了语言等交往符号在主体互动中的重要程度。

　　团队过程的符号化使团队过程可通过微观的符号来细分表达，通过符号的创造、组合与交换可以模拟群体成员的互动过程。面对外界刺激时，个体将运用自身的符号系统来进行思考，对他人及事物意义的理解做出行为选择。语言、动作是最重要的交往符号，人们通过这些符号可以有效地进行信息的传递与生产。任平（1992）指出，符号在人际交往的本体与认知交往的基础上产生，实现本体与认知的双向建构和双向整合功能。个体基于自身的知识和交往经历等形成并不断更新自身的符号系统，通过这些符号及其组合向他人传递自身的知识与信息，同时运用这些符号来理解他人所释放的信息。符号是个体交往的抽象化形式，它的一端连接个体的意会认知，另一端连接知识与交往经历。知识和交往经历可以通过各类特征来表示，特征与符号化团队过程的关系得以连接。

那么究竟什么是"符号"？这个问题的回答往往会使人们陷入定义的僵化框架中，从而忽视对更高视域的思考。符号不仅是一些固定的义域，而且还是一种"观测片段"（observation chunk）。也就是说，个体所观测到的每一个片段都有可能成为属于其自身的、蕴含了其自身独特解读的符号。它具有强烈的主观投射性，是主体对外界客体的注意力投射，在英文中被称为意向。人类有限理性的理解也源于此，即人在给定时间区间内对外界信号所能够给予的注意是有界限的（汪丁丁，2001），这种长短不一的区间"片段"便是个体所观测到的各类语言及行为等符号。

符号并非单纯的实体性概念，而是属于关系的范畴，反映了能指代与所指代的统一关系，不能只片面地理解为形式性的记号或标记，而忽视其意义（柳洲，2007）。因而，高层梯队内所使用的各类符号，以信号的形式传递，且带有受信者强烈主观意识处理后的信息，并将渗透在高层梯队互动过程的每一个细胞中。这种渗透作用的途径可以大致概括为两类——认知类和情感类。几乎每一个符号的受信者都以这两大视域来看待它。

因而，符号化的团队过程可分为认知过程和情感过程。认知过程主要是指符号化的信息传递和处理，情感过程则是符号化的情感传递与体验。两类过程分别通过语言、动作等来表达认知与情感信息，并对其他人所发出的语言、动作等符号进行理解和阐释。在团队决策中，认知过程是决策的核心过程，关系到决策信息的处理及决策的创新；情感过程则更像催化剂，良好的情感互动则有利于认知过程的进行，提升认知过程的有效性。反之，不良的情感体验将减少团队的认知投入，不利于信息的处理和创新。

3.2.2　高层梯队符号化决策过程的动力机制

在团队交往过程中，参与者们从自身信息状况出发对他人表现出的符号的意义加以阐述，并从其他人的阐述与进一步的行为中获得更加深入的理解，进而达到视界的融合，这是一种认知性的符号。高层梯队的决策过程是一个信息、知识高度汇集的过程，每一个高管基于自身的人力资本来理解和吸收高层梯队决策"知识池"中所显现的各类信息符号，抽取符号背后所蕴含的信息与知识，补充及开发自身的人力资本库。同时，每一个高管又向决策"知识池"中投放一定量的信息符号，通过符号为高层梯队决策贡献自身的人力资本。于是，高层梯队决策便在以符号为媒体的决策信息互动中对高管人力资本进行整合，当所整合的人力资本水平达到问题的解决要求时，决策问题得以解决。这些具有认知性渗透作用的符号可称为认知性符号。

高层梯队内不同的个体因为所使用的符号系统不同，往往代表其对事物的解释机制以及信息的丰裕程度存在区别，这为信息的整合提供了素材基础。根据信息工程学的观点，信息的处理能力首先在于信息通道（信道）的"带宽"（band width）。每个高管都拥有自己的信道以接收、处理及投放各类相关信息。信道的差异性越大，便越可能为高层梯队带来更宽广的信息"带宽"。这种信道差异所带来的信息差异使"带宽"在高层梯队的决策过程中成为一种稀缺的资源，整个高层梯队决策的绩效将取决于各成员"带宽"并集的大小，或者更精确地说，是共享"带宽"的并集大小以及由此"带宽"所带来的信息交互而可能呈现的涌现性。

然而，在决策互动交往中另外一个不可忽视的过程是情感过程。它如同一个阀门，可控制符号流的大小。当某一高层梯队成员对另外一个或多个成员投注负面情感时，其投入的认知性符号将减少，甚至把有益于决策的认知符号阀门关上，打开具有误导性质的认知符号阀门，以期通过此种方式来释放其负面情感。相反，若投注正面情绪，投注者心理上的积极因素将超过消极因素，获得一种主观的幸福感，这种幸福感使高管更乐于奉献与帮助他人，从而有利于提升高层梯队的决策"知识池"水平。投注正面情绪的另一个好处在于，在团队中容易产生一种"投桃报李"的情感共鸣效应，从而获得正面情绪的回馈，营造一种良好的团队氛围，形成良性循环。在此过程中高管所投放的符号称为情感性符号。

情感性符号对决策互动过程的影响可以概括为两种机制——噪声机制和过滤机制。噪声机制是针对投放的信息符号而言的，当某高管对团队存在不良情感时，他往往会在决策"知识池"中投放"噪声"以损害团队决策；过滤机制是针对受体而言的，在以符号为媒介的信息交换过程中，传送者和接受者都会通过自有的过滤系统来感知信息。个体的过滤系统除了受积年累月的经历、体验的影响，还受当时态度和情感的影响。个体对团队其他成员投放的信息符号如何感知将不可避免地被过滤系统"染上色"，因而受不同情感符号影响的高管，将给过滤系统"染上"不同的情感色彩，对于同一个信息符号，情感色彩不同的人对信息符号的吸收方向与程度也有所不同。

Smith 等（2007）指出，团队成员会将个体情感以及对各类符号的情感体验带到团队进行外显分享和内隐分享，在互动中相互感染和展示，达到情感的整合。

这个情感整合过程与认知整合过程交揉在一起，相互影响。在团队形塑个体以及个体形塑团队行为的过程中，情感都将扮演重要的角色，它就像一种催化剂，加速形塑的反应过程。高层梯队要达到认知收益的最大化，必须引导成员正向阐释所有成员释放的情感符号，使情感变成一种正向的催化剂。

3.2.3　高层梯队符号化团队过程的均衡分析

过往文献并未深入探究的复杂高层梯队过程究竟如何运作？认知互动与情感互动是否存在一个均衡的状态？为此，本章将从数理层面对高层梯队符号化的团队过程进行分析，探讨其局部均衡状况与一般均衡状况。

1. 高层梯队符号化团队过程的局部均衡分析

现抽取高层梯队中的两个主体 i 和 j 进行局部均衡分析，其符号互动机制可由图 3-2 来表示。

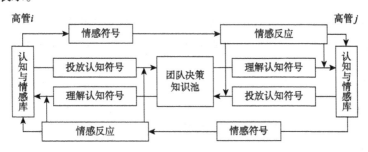

图 3-2　高层梯队符号互动机制

对于任一高层梯队成员个体 i，假设其所拥有的决策知识、信息与情感为 $K_i = \{k_1, k_2, \cdots\}$，这些知识或信息可以通过其所具备的符号集 $X_i = \{x_1, x_2, \cdots, x_n\}$ 来表示，其中包括认知符号与情感符号。在认知层面上，高管 i 在决策中向团队决策知识池中投放一定的认知符号，同时从团队决策知识池中理解其他高管（此处为高管 j）所投放的认知符号，以补充自身的认知库。在认知符号投放与理解的过程中，情感机制通过前述的两类机制发挥作用。高管 i 对高管 j 所投放的情感符号进行理解并做出相应的情感反应。高管 i 的情感反应，一方面通过噪声机制影响其认知符号的投放过程，另一方面通过过滤机制影响其认知符号的理解吸收过程。同样，对于高管 j 也存在类似的过程，两者共同构成局部均衡模型下的高层梯队符号互动机制。

但就特定时刻而言，成员个体的符号系统只具备所有符号中的一部分，个体

i 的知识、信息或情感及相应的符号集会随着自身的学习以及与其他成员的交往沟通而增加，也可能会随着某些情况而减少，如可能经历某个决策的挫折，其对自身的知识经验产生怀疑，从而"放弃"一些知识及降低符号的投放。但在某时刻其符号是一定和有限的，假设此时 i 的符号集 $C_i = \{x_1, x_2, \cdots, x_L\}$，$L$ 为此刻符号的最大数量。

设高层梯队成员集 $I \equiv \{1, 2, \cdots, N\}$，个体 $i \in I$，由其符号集 $C_i = \{x_1, x_2, \cdots, x_L\}$ 可以生成许多不同的拓扑（即不同的符号投放方案），从而形成个体的决策模型。因为在不同的决策情境（简单或复杂）下，个体 i 通过与其他成员的交往沟通，根据自己的判断来向高层梯队决策"知识池"中投放特定量的认知符号和情感符号，此时，个体可能会在自身所拥有的符号集合中挑选最适合的符号拓扑进行投放。

定义 3-1 对于个体 i，设存在 C_i 上的两个不同拓扑 τ_1 和 τ_2，且 τ_1 比 τ_2 更细。如果 τ_2 的每一个开集都属于 τ_1，即 $\exists \beta_1$，$\beta_1 \in \tau_1$，$\forall \beta_\alpha$，$\beta_\alpha \in \tau_2$ 有 $\beta_1 = \bigcup_\alpha \beta_\alpha$（$\beta_1$、$\beta_\alpha$ 分别表示拓扑中的开集）。

由定义 3-1 可知，在个体 i 的符号集 C_i 所生成的不同拓扑中，存在最细拓扑 $\tilde{\tau}$，即 $\exists \beta$，$\beta \in \tilde{\tau}$，$\forall \tau_k$，$\forall \beta_k \in \tau_k$ 有 $\beta = \bigcup \beta_k$（τ_k 为符号集 C_i 上的任一拓扑；β、β_k 分别为拓扑 $\tilde{\tau}$、τ_k 中的开集）。这表明个体 i 可以充分利用自身的符号形成最适合的决策模式，也便是最细的拓扑 $\tilde{\tau}$。

对高层梯队符号动力机制的局部均衡分析如下：对高层梯队中任一成员 i，给定符号集 C_i 上的最细分类 τ_i；对另一个作为信息符号投放者的高管 $j \neq i, j \in I \equiv \{1, 2, \cdots, N\}$，其所投放的是任一"信息片段"（认知符号）$R_{ij}$，其中 i 满足以下几点。

（1）存在理解 R_{ij} 而得到的人力资本收益 $B^{ij}(\boldsymbol{R}_i, \boldsymbol{D}_i)$，$i$ 对 j 的情感反应所激发的过滤机制，以及 j 对 i 的情感反应所激发的噪声机制而导致的人力资本损耗 $W^{ij}(\boldsymbol{E}_i, \boldsymbol{D}_i)$。其中，向量 $\boldsymbol{D}_i \equiv \{D_{i1}, D_{i2}, \cdots, D_{iN}\}$ 表示个体对符号了解的深入程度或是符号细化程度。向量 $\boldsymbol{E}_i \equiv \{E_{i1}, E_{i2}, \cdots, E_{iN}\}$ 表示个体受此刻总体情感反应的影响，包括 i 对 j 及 j 对 i 的情感反应对 i 所造成的负面影响（正面影响使用 $\boldsymbol{E}_i$ 的负值来表示）。个体对符号的了解程度越深入，个体对对方所释放出来的信息就越理解，从而获得的人力资本收益便越多。而对于损耗而言，当个体对符号的了解越深入，对对方的情感投注就越高，从负面情绪来衡量，则损耗便越大。因而，$B^{ij}(\boldsymbol{R}_i, \boldsymbol{D}_i)$ 与 $W^{ij}(\boldsymbol{E}_i, \boldsymbol{D}_i)$ 均是 $\boldsymbol{D}_i$ 的增函数，即

$$\frac{\partial\left(B^{ij}(\boldsymbol{R}_i, \boldsymbol{D}_i)\right)}{\partial \boldsymbol{D}_i} \geq 0 \tag{3-1}$$

$$\frac{\partial \left(W^{ij} \left(E_i, D_i \right) \right)}{\partial D_i} \geqslant 0 \tag{3-2}$$

（2）i 的净收益 $\mathrm{NB}^{ij} \left(R_i, E_i, D_i \right) = B^{ij} \left(R_i, D_i \right) - W^{ij} \left(E_i, D_i \right)$，表示个体 i 理解认知符号所得到的人力资本收益与在此过程中发生的损耗的差值。对符号的认知与情感理解存在的关系为

$$F \left(R_i, E_i \right) \equiv 0 \tag{3-3}$$

（3）优化问题为

$$\max \mathrm{NB}^i \left(R_i, E_i \right), F \left(R_i, E_i \right) \equiv 0 \tag{3-4}$$

满足极值存在的二阶条件。

高管 i 理解高管 j 释放出来的符号所得到的收益是有上界的，上界为 R_{ij} 所蕴含的最大人力资本，又因其边际收益是递减的，所以其边际收益曲线是凹向原点并逐渐收敛于 0。假设高管的情感损耗也是有限的，又因其边际损耗是递增的，所以其边际损耗曲线将随着理解程度的加深而趋向于无穷大。于是存在如图 3-3 所示的均衡点（a，b），使高管 i 的边际收益等于边际损耗。也就是说，存在点（a，b）使高层梯队的符号化团队过程存在局部均衡。

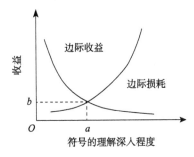

图 3-3　高层梯队符号互动边际收益与边际损耗关系

2. 高层梯队符号化团队过程的一般均衡分析

根据定义 3-1 可知，i 的符号集 C_i 是一个依"粗细"程度而确定的全序集，即任意两个符号的拓扑都可以依其理解的粗细程度进行比较。因为存在最细拓扑 $\tilde{\tau}$，所以此全序集中的任意一个非空子集至少有一个上界 $\tilde{\tau}$，从而 $\tilde{\tau}$ 是 C_i 中的极大元。这使 C_i 可被构造成为一族两两不相交的非空集合，根据 Zermelo 选择公理，存在集合 M 满足以下两个条件：

（1）$M \subset \bigcup_{\tau \in C_i} \tau$。

（2）集合 M 与上式中 C_i 的中的每个拓扑 τ 有且仅有一个公共元素。

高管 i 将自身的符号进行分类，假设这个分类足够完备，以使分类后的符号

各自表示不同的信息（从理论上讲，只要根据极大元来进行构建，两两不相交这个条件可以达到）。于是，根据上述第二个条件，我们可以把 M 看做 $\tilde{\tau}$ 到其自身的映射关系 $\varphi_i: \tilde{\tau}_i \to \tilde{\tau}_i$，由第一个条件可知 $\varphi_i(\tilde{\tau}_i) \subseteq \bigcup_{\tau \in C_i} \tau$。也就是说，当 C_i 中存在最细的拓扑时，就可以判定至少存在一种映射关系，使每个高管的选择都不超出上一轮选择的范围，这对于一般均衡分析具有重要意义。

定义 3-2　共同符号集合 $S = \bigcup_{i \in I} \bigcup_{m \in M} \beta_m$，高层梯队成员集为 $I \equiv \{1, 2, \cdots, N\}$，$M$ 为成员 i 的决策模型（最细拓扑）中开集数，则 S 为一个高层梯队中共同信息符号的集合，S 中的元用 s 表示。

$\forall i \in I$，i 通过与团队成员的交往，根据其自身决策模型 $\tilde{\tau}_i$ 将成员 $j \in I$ 对 s 的理解为 s_{ij}。令记号 ΔS_i 为由 $S_i \equiv \{s_{i1}, s_{i2}, \cdots, s_{iN}\}$ 生成的单纯形，即

$$\Delta S_i \equiv \left\{ \sum_{j=1}^{n} \lambda_j s_{ij} \,\middle|\, \lambda_j \geq 0, \sum_{j=1}^{n} \lambda_j = 1 \right\},$$

以此表示 i 对 s 的符号互动状态，ΔS_i 所在的拓扑空间 $\tilde{\tau}_i$ 为一个可剖分空间。假设存在映射关系 $\varphi_i: \tilde{\tau}_i \to \tilde{\tau}_i$，且满足以下两点：

（1）$\varphi_i(T)$ 是 $\tilde{\tau}_i$ 中子集 T 的凸子集，$\forall T \in \tilde{\tau}_i$。

（2）若存在集合列 $\{T_k\}$ 收敛于 T_0，$\{\varphi_i(T_k)\}$ 收敛于 L_0，则 $L_0 \in \varphi_i(T_0)$（即 G_{φ_i} 是闭合的）。

其中，$G_{\varphi_i} \equiv \{(x, y) \mid x \in \tilde{\tau}_i, y \in \varphi_i(\tilde{\tau}_i)\}$ 为集值映射 $\varphi_i: \tilde{\tau}_i \to \tilde{\tau}_i$ 的图形，其是 $\tilde{\tau}_i \times \tilde{\tau}_i$ 的子集。

基于上述假设条件可知，集合映射的不动点定理——Kakutani 定理适用，存在 $T^* \in \varphi_i(T^*)$，即由 N 个高管所组成的高层梯队在对决策过程中对任一符号 $s \in S$ 的互动中，最终达到一个纳什均衡。也就是说存在集合 $P \subseteq \prod_{i \in I} \Delta S_i$，$\varphi(P) \subseteq P$，其中，$\varphi \equiv \{\varphi_1, \varphi_2, \cdots, \varphi_N\}$。

对于任一认知符号 R，每一个高管均将根据自身的理解集及情感反应来进行解释，并在决策过程中将这种理解以某符号向其他高管进行传递。对于高管 i 而言，当他接收到来自其他高管对符号 R 的理解时，他将选择一个足以涵盖各种解释的集合，即由所有高管关于 R 的理解所生成的单纯形，然后根据对各个高管的情感反应来选择他认为最合适的子集来作为对符号 R 的新解释。此选择过程就是前面提及的自我映射关系，从一个丰富的足够"细"的符号拓扑到一个经过高管情感调节和处理的合适拓扑。当高管 i 将选择后的拓扑向其他高管传递后，其他高管又将根据这个新的理解对其之间的符号选择进行修正，然后传递出去。如此循环往复，直到没有人再有理由选择与前次所选择的不同理解为止，一般均衡便得以实现。

　　由以上分析可知，无论是局部均衡还是一般均衡，高层梯队符号化的团队过程都存在一个均衡状态。这表明，高层梯队在认知过程与情感过程的相互作用中，团队成员通过互动来交换彼此对同一问题的理解以及自己收集的信息，而符号是其中的沟通桥梁。一方面，团队成员在交往中不断在理解其他人的符号系统中更新自身的符号系统，丰富自身对事物的认识；另一方面，在不断的深入理解中，由于符号系统的不同、符号更新所带来的焦虑或是由于符号丰富而获得的"战胜者"高傲感等情感绵绵不断地渗透在认知互动过程中，而且认知越复杂，需要处理的符号就越多，负面情感就产生得越多，如果不能有效排解，这种负面情感将不断抵消认知过程所带来的正面效应。

　　根据分析过程中的机理可知均衡需要达到的条件如下：当团队内发生激烈交锋时，团队内的符号互动量激增，个体符号系统经受巨大的冲击，在坚持与更新的矛盾中前进，这时，负面情感不断积累，如果积累的速度较快，而又得不到有效排解，这时均衡将会产生。然而，均衡点的符号状态与决策问题解决所要求的符号状态并非必然重合，如负面情感增加过快，这时认知符号往往未能有效交互便溘然停止；或者负面情感得到较好处理，均衡点认知符号得以有效交互，甚至在决策问题解决时，均衡也未出现，此时的均衡便只是一种理论上存在的均衡。

　　无论均衡结果如何，认知符号与情感符号的相互作用推动决策互动过程往均衡方向不断前进，因而符号化决策过程是一个不断趋向均衡的过程，亦是高层梯队符号结构不断趋向优化的过程。那么具体的符号化决策过程含有哪些因子？其与特征差异性之间的关系又是如何呢？下面进行详细的分析和对接。

3.2.4　特征差异性与符号化团队过程的关系

　　高层梯队特征差异性的研究过去一直受到广泛关注，然而对于特征差异性的内涵及其动力机制一直未得到深入的探讨。早在高层梯队理论创立之初，创始人Hambrick 和 Mason（1984）就指出，高层梯队的特征是其复杂互动过程的浓缩反映，通过对高管特征的研究，可以"窥测"高管的决策互动状况，从而预测决策或企业的绩效。但随着研究的深入，加强互动过程探讨的呼声更加强烈，然而诸多研究只是探讨决策互动本身，如对冲突机制的探讨，而忽略了特征差异性本身所具备的动力特性，从而使特征差异性研究与互动过程研究相脱节。

　　什么是特征？特征是人类交往的媒介，同时是信息量的表征，是多极主体交往结构的重要组成部分。人们一方面通过特征来塑造自身的交往行为结构，另一方面在交往中形成独有的特征系统。它兼具载体性和文化性，作为载体，它是知识信息的具体化和简易化；作为文化，特征所蕴含的意义又还原到认知与交往的过程中，体现其互动的质性。特征交往体现的是人类的有限理性或理性局限，在繁杂的信息面前，尤其是面对"人心难测"的个体，人们无法全面了解这个复杂的个体，只能通过"管中窥豹"来消除人们在面临复杂信息时的焦虑和紧张。特征差异性是指团队成员间特征的差异程度，属于组成法的研究范畴。

　　根据过去的研究成果，高层梯队特征的差异性对企业结果的影响比单纯的特征平均水平影响要大。而且，特征的差异性较一般的平均值更有利的地方在于，前者可以反映个体与个体之间的互动动力。为此，本书采用差异性来研究高层梯队特征的性质。

　　特征的差异性对决策过程的影响，一般存在两种观点，即第 2 章所提到的信息决策理论和社会情感理论。信息决策理论认为特征的差异性可以带来多样化的信息，从而有利于提升决策水平。陈传明和陈松涛（2007）对此观点进行了细化与扩展，认为特征的差异性从四个方面影响决策的团队过程：第一，特征差异性有利于扩充认知的基础，提高团队成员信息掌握的宽泛程度以及对信息的敏感程度；第二，特征差异性使独特信息得以存在，某个体所未注意到的信息可能会被其他个体注意到，从而使重要信息不容易被忽略；第三，特征的差异性提升了团队的信息吸收能力，使团队更容易获取、理解和运用相关信息；第四，特征的差异性有利于提升团队对外部信息、观点的开放程度。Simons 等（1999）、古家军和胡蓓（2008）等认为差异性具有激发作用，他们认为特征的差异性促进团队成员进行相互讨论，进而激发成员对其观点和思维盲点进行重新审视。将此类观点扩展至符号化团队过程，特征差异性对符号化过程的影响机制大体包括以下六类：①特征差异性对信息符号的数量的影响。从决策认知的角度来看，特征的差异性有利于增加团队总体阐释信息的符号数量。因为不同特征的人，往往使用不同的符号系统来表达自己所掌握的信息以及对同一信息使用不同的符号来阐释，所以对整个团队而言，特征的差异性为团队提供了更丰富的符号，从而有利于更全面地理解决策问题，并为决策的创新及决策的质量提供支持。②特征的差异性使团队内存在更多的独特符号，对于某一问题的解释，除了可以用通常的符号外，还有可能使用较为独特的符号，从而为决策创新提供了可能。③特征的差异性提升了团队对决策中所呈现的各类符号的理解能力。对于各类非通用的符号，由于特征多样化的存在，对这些非通用化的符号也容易为团队所理解，从而扩充了团队的符号系统。④特征的差异性提升了符号的创新能力。符号系统是一个不断更新的系统，在同质性团队中，往往使相似的符号系统相互之间难以相互激发，导致符号系统更新较慢；而对于差异性的团队，不同的符号系统之间容易相互吸收和启发，使一些新符号在互动的过程中被创造出来，从而更有利于决策问题的创新解决。⑤就情感角度而言，根据相似吸引理论，特征的非相似性容易产生一种排斥力，使个体之间容易产生负面情感，于是，这些情感符号也更多倾向于传播负面情感。负面情感的存在，将降低团队成员表达自身所拥有信息及理解别人信息的意愿，从而使特征的差异性导致符号的"生产"产生成本，不利于符号互动。⑥当个体的符号系统受到冲击并感受到更新压力时，会产生抵触情绪，从而采取行动努力维持自身符号系统的稳定性，如不支持与自己相反的意见、恶言中伤等。

可见，特征内含了很多符号化的团队过程信息。特征事实上是一类特殊的符号，相比于语言、行为等符号，特征更为概括和固化，因而单纯的特征所包含的符号信息量较少，而往往在差异性特征中才能挖掘特征所具有的动力性质，从而找出其与个体对符号运用的关系。反过来，符号通过以上机制与特征建立起较好的连接，另外，符号又将复杂的团队过程分解为符号的互动，因而在特征与团队过程间建立了一种联系的桥梁。

3.2.5　高层梯队决策过程模型

由上述分析可知，高层梯队的决策过程是一种符号化的团队过程。高管们首先从市场外部收集到各类决策信息，其次根据自己对高层梯队内部状况的判断进行信息符号的投放。而高层梯队的决策过程开始于由外部到内部的信息符号投放过程。在信息的投入过程中，特征信息是决定信息投放量的重要因素之一。因为个体需要通过特征信息来决定信息的投放会对自己及自己的利益相关人产生什么样的影响。决定信息投入量的另一个重要因素是其他高管信息的投放与反馈。所以高层梯队的决策过程，是一个信息投放、理解、吸收、处理与再投放的过程。在这个过程中，情感因素一直在起作用。高管根据特征信息来判断自己对其他高管的支持程度，进而决定信息的投放量；同时高管也根据自己对其他高管的偏好程度，来决定信息的吸收、理解与接纳程度。因此，高层梯队的决策互动过程可以概括为三类过程，即信息收集、信息处理和情感冲突。

信息收集过程反映了高管们从其他高管身上所收集的信息水平，不仅反映了信息的投放量，也反映了高层梯队对外部信息的总体收集量；信息处理过程反映了高管们对信息的理解、吸收，并提出解决方案和创新，是信息二次生产和再投放的过程，体现了高管的决策能力；情感冲突是伴随前两过程而产生的心理过程，体现的是高管之间心理的互动。

3.3　高层梯队特征组成的差异性与决策过程的关系

3.3.1　高层梯队决策过程模型的建立

高层梯队特征差异性与团队过程的关系模型如图 3-4 所示。

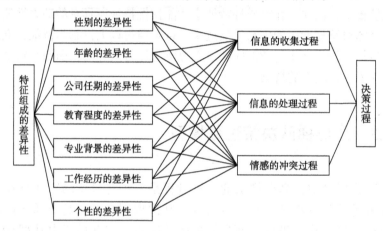

图 3-4　特征差异性与团队过程的关系模型

本书综合过往的研究成果，将高层梯队特征差异性分为七类，分别为性别的差异性、年龄的差异性、公司任期的差异性、教育程度的差异性、专业背景的差异性、工作经历的差异性和个性的差异性。

3.3.2　高层梯队性别差异性与团队过程的关系

由于过去相当长的一段时间以至于今日，大部分组织的高层都是由男性所主导的，所以高层梯队性别的差异性主要体现在女性比例的多寡上。最近十几年来，董事会与高层梯队中的女性越来越受重视（Smith et al.，2006）。随着女性地位的日益提高，一些国家为了保证平等就业机会，明文规定在重要岗位女性要占有一定的比例，如瑞典和挪威现已实施。同时，公司治理结构也开始对女性比例提出要求，如美国的 TIAA-CREF（2004）便对此做出规定。目前女性高管的"玻璃天花顶" 正逐渐削弱。根据 Brammer 等（2007）、Hillman 等（2007）的调查发现，1995~2003 年英国 FTSE100 公司中董事的比例翻了一番，从 3.7% 增加到 8.6%，而在美国，则从 1987 年的 4.7% 增加到 2005 年的 14.7%，增加了 2 倍多。在这种情况下，高层梯队特征差异性与组织结果之间的关系受到了学界的关注。

Shrader 等（1997）没有发现高层梯队女性比例与企业绩效之间存在显著关系，而女性参与董事会和企业绩效存在负向关系。Francoeur 等（2008）认为性别差异高时，体现的是高层梯队对女性的开放性，这时在高层梯队内女性参与决策的障碍较少，他们通过实证研究发现，董事会及高层梯队性别的差异性对企业绩效有重要影响。然而，性别差异性与企业绩效之间的关系并不稳定，为此，本书尝试探讨性别差异性与团队过程之间的关系。

由于女性高管的相对稀缺性，她们的成就会更容易被人注意到，相对于男性高管有更多的机会受到关注，这种社会名声使她们比男性可以积累到更多的社会资本，从而更便于获取各方面的资源（Krishnan and Park，2005）。例如，某企业女性当上高管，容易被人当做"女强人"，继而接受报道，参加各种活动，又可能由于其影响力大进而被推行参加各类社会活动或政治活动等，这些均有利于其扩展社会知名度和社会关系，为她和企业带来很多无形却有价值的资源。

这种荣誉的影响力不仅体现在企业外部，而且体现在企业内部。在企业内部，女性高管还将可能作为公司女性的榜样，将其作为女性的代言人，因此相对于其他男性高管，女性高管将更容易获得女性员工的支持。又由于女性高管在晋升过程中付出比男性高管更大的努力，这种艰难性不仅会征服公司内的其他女性员工，男性员工也可能受到感染，从而更倾向于认同女性高管。这为女性高管获得更多内部关系资源。

由上文可知，女性高管建构了比男性高管更广泛、更独特的内外部社会网络，所以其在获取决策信息、决策资源时获得了不可替代的能力。因而，性别多样化的高层梯队可以使男、女性高管获取信息可以相互补充，增强了高层梯队的整体信息获取能力。

H_{1A}：高层梯队的性别差异性越大，信息的收集水平越高。

相对于男性高管，女性高管可能具有不同的工作与非工作经验，因而对市场中的某些信息会比男性更敏感或更能理解（Smith et al.，2006），尤其当产品的需求者为女性时，女性更能把握市场的需求。Ruderman 等（2002）指出，女性高管长期肩负多种社会角色，包括妻子、母亲、子女、家庭经济来源之一等，这使其更容易胜任多任务角色，在面临复杂信息时，能更有效地整理和分析信息，进而对信息进行理解。

由于女性获得晋升的难度要比男性大，所以女性高管往往比男性高管需要克服更多的障碍。通过对 55 名著名女性高管的调查，Mainiero（1994）发现女性高管在获得高管地位的过程中需要克服 5 大类障碍，包括负责高度关注的项目、阐述有效完成工作任务的关键能力、争取高层支持、展现企业家的首创（initiative）精神、准确确认企业的价值所在，他发现女性高管不仅具有突出的技术技能而且还有突出的生存技能。因而，Krishnan 和 Park（2005）认为女性高管在过去职业生涯所锻炼的技能使她们在应付各类复杂、不确定性事件时有丰富的处理经验和较强的处理能力。同时，过去不断突破障碍的经历与企业对其首创精神的要求使她们更加倾向于使用创新思维对信息进行处理。

Krishnan 和 Park（2005）指出，女性高管更倾向于采用网络战略进行"学习"的方式，从而利用内外部的资源来武装自己以克服各种障碍。这种向别人取经学习的策略将有利于其参与更加深入全面的决策分析过程，从而可以更加有效地处理遇到的机会和威胁（Miller et al.，1998）。

以上相关研究说明，女性利用自身的能力和特质获得了在高层梯队内难以替代的地位，其价值体现在信息处理的全面性、对独特信息的敏感性、应付多任务的能力、思维的创新性和学习借鉴能力。相对于过去主导性的男性高层梯队，女性高管的加入使高层梯队对信息的处理更加全面、深入，观点也更加具有创新性。

这也是特征多样性的基本原理——多样性带来能力的多样化和丰富化。性别构成高层梯队多样性的重要环节，Hambrick 等（1996）认为差异化的高层梯队更有利于察觉各类相关信息和各个方面的威胁，拥有棘手问题处理和决策制定的技术与能力。相反，对于全为男性的高层梯队，高管倾向于更加具有支配欲、竞争、任务导向和不友好；而在全为女性的高层梯队，高管则倾向于感性、专注于细节、和谐、局限于任务等（Myaskovsky et al.，2005；Niederle and Vesterlund，2005），显然两类情形虽有其优势所在，却过于偏颇，难以全面。因而，相对于性别单一的高层梯队，性别多样化的团队在信息的分析理解时会更加全面。

H_{1B}：高层梯队的性别差异性越大，高层梯队信息的处理水平越高。

女性相对于男性更倾向于采用感性的思维模式（stereotype），此模式更强调和谐，使她们更能协调同事与下属之间的关系，并让同事与下属愿意分享信息、权力，引导团队成员一起面对挑战。研究表明，女性在团队内是人际导向的，因而更倾向于维护团队的完整性（Rogelberg and Rumery，1996）。同时，根据心理学的相关研究，Steele（1997）发现在男性主导的团队里，对性别具有固定的思维模式，如认为男人比女人更有优势、更有话语权等，因而在这种模式的影响下女性将倾向于采取规避竞争的策略。同样在当今高层梯队依然以男性为主导的背景下，女性高管倾向于避免在决策中产生负面情感，注重维护团队和谐。但女性不是比例越高越和谐。当女性比例过高（如超过半数）时，此团队客观上成为女性主导的团队。在女性主导的团队中，规避竞争策略便不再起作用，反而容易在女性之间产生情感冲突。

H$_{1C}$：高层梯队的性别差异性越大，情感冲突水平越低。

3.3.3 高层梯队年龄差异性与团队过程的关系

就高层梯队成员而言，均具有一定的人际网络建构能力，因此年龄越大，其人脉关系也便越广。在企业内部，这些人脉关系来自于过去的上下级关系，年龄越大的高管，曾经与其共事的企业成员往往也越多，而且在这些成员中，大部分人将是其下属。一般情况下，高管的年龄越大，越容易建立属于自己的人际关系网络，网络的规模也比年轻高管要大；在企业外部，人脉关系来自于离职的同事和员工，还有供应商、客户和朋友，高管的年龄越大，越有时间、财力去建立规模更大的人际关系网。这些主体为高管提供了大量的弱联系，根据社会网络理论可知，这些弱联系为高管提供了更多的信息。尤其在华人社会中，关系导向在信息获取、业务来往、企业关系等方面扮演重要的角色。高管年龄越大越便于建立更为丰富的社会网络，更有利于信息的收集。

H$_{2A}$：高层梯队年龄差异性与信息的收集水平关系不显著。

年龄不仅影响个体的社会网络，还将影响个体的阅历、理解力、创造力、精力、可支配时间、财产状况以及家庭状况。尽管阅历往往随着年龄的增长而增长，处事的经验更加丰富，因而更有利于问题的有效处理。然而就理解力、创造力而言，其并非随着年龄的增长而增长，不仅需要经验、知识还需要有灵活创新的头脑。van Dalen（1999）通过对重大科技物理、化学和生命医学三个科学领域诺贝尔奖获得者的年龄结构进行分析，发现存在一个最佳年龄段，即为 29~38 岁。不仅自然科学领域如此，在社会科学领域也被证实有类似的现象。这并非说明只有这个年龄段才最有创造力，而是揭示出理解力、创造力是由多种综合因素决定的，不仅来自于丰富的知识与经验，还需要精力、胆量和家庭支持等因素。就团队而言，一个足够多样化的团队更容易满足综合因素的要求。Kang 等（2007）指出，年龄大的高管可以提供经验和资源，中间年龄层次的高管在执行力上更胜一筹，有利于实施各项任务，而年轻的高管则为高层计划提供必需的活力和冲劲。由于年龄的差异，高层梯队成员之间相互激发的可能性增大，所以产生更多新的符号去理解和诠释决策的问题。

H$_{2B}$：高层梯队年龄差异性越大，信息的处理水平越高。

Rivas（2011）指出，年龄的差异也带来一系列问题，而其中最大的问题就是沟通问题，从而容易出现情感冲突和较低的社会整合水平。Shore 等（2003）指出，年纪大的高管相对于年纪小的高管更加稳重、更有生产力，并让人感觉更加可靠，但因此更容易坚持己见、顽固不易改变。首先，教育背景和职业生涯方面，年龄大与年龄小的高管存在较大差异，Cleveland 和 Shore（1992）发现，年纪大的高管大都较少接受正规的训练和职业生涯的指导，这些差异导致各自对问题的理解程度、问题的思考方式、思考过程都将产生不同程度的差异，高管之间的沟通便容易出现障碍。沟通不畅容易发生误解而产生情感冲突。第二，年龄还将影响个体的风险态度，年纪大的高管倾向于保守，而年纪小者更倾向于冒进，从而在决策态度和风格上存在较大差异，容易形成负面冲突。第三，当年龄差异越大，代际沟通的困难越大，而且随着社会的发展，这种代际沟通的年龄差异宽度越来越小。年龄差异越大，越难以接受不同年龄层次的观点，从而存在越多的抵触情绪。第四，年龄还将影响团队合作态度。郭永正（2006）认为在科研团队中，不同年龄段对合作的需求是不一样的。与科研团队类似，同样是高密集信息处理的高层梯队，由于自身能力、经验、精力、时间和财产状况等的不同，对于合作意愿的也存在差别，当年龄差异性较大时，合作意愿的差异性较大，所以高管团队合作阻碍重重，相互之间容易出现相互推诿、相互指责的现象，由此而资生的负面情感也便越多。

H$_{2c}$：高层梯队年龄差异性越大，情感冲突水平越高。

3.3.4　高层梯队公司任期差异性与团队过程的关系

高层梯队公司任期是指高层梯队成员在该公司任职的时间。Finkelstein 和 Hambrick（1990）指出，高层团队的公司任期体现了对公司的奉献意愿、掌握信息的差异度及对风险的态度。

当高层梯队成员任期差异性较低时，表示他们差不多同时进入同一个公司，尤其是当均是较长的任期时，表示他们有较长的共事时间。这时高层梯队内的成员对其他成员的个性、处事风格和知识水平等比较熟悉，这将使他们之间存在共同的交往框架（或者说是一种共同的交往语言）。这种共同性是一把"双刃剑"。就认知方面而言，任期的较高重叠度将使成员具有类似的社会网络，社会网络内所获取的信息也较为类似，进而产生较多的冗余信息。同时，任期还体现了成员对公司的忠诚度，经过不断的晋升而当上公司的高管，这类高管往往会形成自己较为固定的思维模式，而且这种思维模式在一定程度与公司的现状匹配。当高层梯队成员任期均较长时，团队内便会失却新的思维模式去理解新遇到的问题，因而一些研究者发现较低的任期差异性还将降低团队学习的能力和问题解决的效率。当任期差异性较低而成员任期也较短时，由于大部分成员对公司运作模型的理解均较浅，一些想法或建议未能足够切合公司的实际，再加上成员间未能形成成熟的互动模式，因而此种情况也不利于信息的收集和理解。

相反，当任期差异性较高时，任期较短的成员可以带来新的人际网络和信息资源，扩充原有团队的人际网络，有利于信息的收集。同时，任期较短的成员带来与原有团队不同的思维方式，有利于启发其他成员的思考；任期较长的成员则较为熟悉公司情况，有利于引导决策符合公司实情。这样，两类成员相互补充，有利于高层梯队的决策信息处理与分析。Keck（1997）也指出，当高层梯队任期差异较高时，高层梯队的信息搜寻将更加广泛，提出的决策方案也更加多样、更加复杂。他认为，任期差异化的团队所拥有的技能更加多样化，从而更能应付内外部环境所带来的复杂性。Chi 等（2009）指出，高层梯队任期的差异性将带来多样化的信息、知识和观点来源。由认知资源论可知，观点的多样化将有利于解决复杂和非常规问题。

H$_{3A}$：高层梯队公司任期差异性越高，信息收集水平将越高。

H$_{3B}$：高层梯队公司任期差异性越高，信息处理水平将越高。

就情感机制而言，在公司任期高度差异化的高层梯队里，长期共事而形成的共同交往框架便难以建立，每个成员对其他成员的个性、价值观、处事风格和知识水平缺乏深入的了解，以致在互动中出现理解的错位（van Knippenberg and Schippers，2007）。O'Reilly 等（1998）也指出过高的任期差异性将带来沟通的不畅和不良冲突。Murray（1989）认为高的团队任期差异性还将降低成员对团队目标和准则的承诺，不利于团队的社会化。Zenger 和 Lawrence（1989）认为团队任期差异性高则不利于团队行为和决定的一致性，导致行为和决策的"朝三暮四"，这种组织行为的背后，是团队内部的矛盾未能得到有效调和，才会产生一种"团队犹豫"，最终也不利于团队的决策绩效。

H$_{3C}$：高层梯队公司任期差异性越高，情感冲突水平将越高。

3.3.5　高层梯队教育程度差异性与团队过程的关系

教育程度反映了个体的能力、技能和认知基础，教育程度越高其认知洞察力、信息处理能力越强。受过良好教育的人更能在复杂的事物中找出关键点，并且能同时处理更大量的信息，同时教育程度还反映人的个性、认知方式和价值观念。大量研究发现，教育平均水平与组织结果及团队过程存在显著的相关关系。孙海法等（2006）指出团队的平均教育程度与企业绩效显著相关，但教育程度差异性与绩效不相关。Pitcher 和 Smith（2001）发现团队高层梯队的技术创新与团队平均教育水平正相关，但与团队教育程度的差异性并不相关。姚振华和孙海法（2011）通过实证研究发现高层梯队的平均教育程度与成员间的相互沟通频率及组织绩效正相关，而没有发现教育程度差异性与沟通频率及绩效存在显著的正相关关系。

这种现象表明教育水平直接影响团队的人力资本，重在水平的高低而非差异性。

　　H_{4A}：高层梯队教育程度的差异性与信息收集水平及理解水平不存在显著的相关关系。

　　柯江林等（2006）发现不同教育程度的成员其教育经历及思维模式有所不同，这种不同将对成员之间的沟通和相互理解造成障碍。若教育经历的差异性较大，高教育程度的人可能会因此而有优越感，当与教育程度较低的人存在意见不一致时，可能会加深教育差距的印象，最终把意见不一致或沟通不畅归结于教育的差距。高学历的人可能认为低学历的人水平低，难以沟通；低学历的人可能认为高学历的人只会纸上谈兵。教育水平与决策水平的相关性越大，高学历与低学历之间的分野就越明显。这种分野虽然起源于知识性观点的不一致，但最终使之不断放大则主要源自于由教育特征而产生的社会归类与分层。个体将根据一些特征进行自我和他人归类，并以不同的方式对待同类人和不同类人。Tsui 等（1992）的研究也验证了这一看法，学历是团队成员的重要心理分类标准。学历在中国相当受重视，从企业到公共部门，从招聘到评级晋升，学历都作为重要的标准。社会的普遍重视使学历成为一个重要的身份象征，从而使学历作为社会分类标志的分量更重。学历的差异性越大，根据学历而产生隔阂的现象就越严重，情感冲突水平就会越高。

　　H_{4B}：高层梯队教育程度的差异性越大，情感冲突水平越高。

3.3.6　高层梯队专业背景差异性与团队过程的关系

　　职业倾向研究专家 Holland（1973）认为专业的选择反映了个体的认知方式、个性和价值观。Hitt 和 Tyler（1991）发现专业背景对高管的战略选择观点有重要影响。Patzelt（2010）对不同高层梯队（高管团队）专业经验的作用机制进行了深入探讨，同时指出技术出身的管理者可能在其技术领域非常出色并在世界领先，但对于如何管理企业生产出来的产品市场、如何处理财务上的各种事情方面的知识却非常缺乏。在一些科技型企业，管理能力甚至已成为稀缺资源。Patzelt（2010）列举了管理专业背景和行业专业背景各自在判断、收集与处理决策信息、发掘发展机会、做出战略决策方面的影响，各有优劣。Cohen 和 Levinthal（1990）认为专业背景与知识结构相关，专业背景越多样，知识结构便越多样，从而有利于战略决策的创新并增加战略决策的柔性。可见，专业背景的多样化，带来互为补充的信息判断、收集与处理能力，从而提升整体的决策信息收集与理解水平。因此有如下假设。

H_{5A}：高层梯队专业背景的差异性越大，信息收集水平越高。

H_{5B}：高层梯队专业背景的差异性越大，信息处理水平越高。

Patzelt 等（2009）将经济管理类专业与科学工程专业两类学历背景进行对比，指出经管专业的高管往往着眼于新投资的市场和代理风险，而理工科出身的高管则着眼于技术的趋势与风险。不同专业背景的高管对于风险的态度也有差别，经管类的高管由于学了一些统计预测知识，更喜欢自己可以把控的业务环境（Hambrick and Mason，1984）；而理工科出身的高管，由于长期关心科技的进展、发明和改良情况，所以更喜欢创新和变革。在投资方向上，不同专业背景的高管其倾向也有所不同。Patzelt 等（2009）发现经管类专业的高管较理工类专业的高管更倾向于多元化的投资，投资的地域范围也更广。不同的着眼角度、风险态度、投资偏好等，将容易在决策中形成分歧，高层梯队的专业背景差异性越大，分歧就越多，情感冲突便越容易产生。因此有如下假设。

H_{5C}：高层梯队专业背景的差异性越大，情感冲突水平越高。

3.3.7　高层梯队工作经历差异性与团队过程的关系

工作经历也常被称为职能背景，在本书是指对高层梯队成员影响最大的职业工作经历。Bantel（1994）认为工作经历对高管个体的态度、知识结构和观点都有重要的影响，他还认为工作经历是个体的一种知识结构，工作经历越多样，知识结构便越多样，从而有利于组织识别、消化和应用各类信息，并且有利于新观点的创新。Bantel 和 Jackson（1989）也发现工作经历的差异性将使高层梯队更加具有创造力和柔性。Kor（2003）认为高管们的工作经历是企业重要的资源束（resource bundle），资源束是高管决策知识、想象力的来源，其多样化有利于增强高管的分析能力和创新能力。Brush 等（2008）认为团队工作背景等职能多样化将从四个方面，即意向、资源、边界（boundary）和交换（exchange）对组织创业行为带来正面影响。团队成员的工作经历多样化为团队带来个体所能达到的各种信息、资源、技能和知识。同时，成员工作经历的多样化扩展了团队的认知边界，从而可以在更广阔的解决方案池和创新观点集中选择合适的决策组合。通过工作经历的多样化，可以覆盖不同时段的工作经历，弥补因过长工作经历所带来的固化思维以及过短工作经历所带来的经验不足。团队成员工作经历多样化还将增加团队的社会资本水平，有利于企业边界的建立、扩展和（信息）交换，因为成员工作经历的多样化，各成员所形成的社会网络冗余较少，所以社会资本达到较高水平。

在现今的 e 时代，市场瞬息万变，曾经名扬海外的企业也可能在短短一年内变为被人遗忘的过时之物；曾经不起眼的企业可能因抓住了消费者的最新需求而引领全行业的发展。这样的事情不仅有可能，而且还将越来越频繁地出现。因而多样化的工作经历对于高层梯队将越来越重要，只有尽可能丰富的工作经历来应对变化莫测的环境，才能使企业长期立于不败之地。

H$_{6A}$：高层梯队工作经历的差异性越高，信息收集水平越高。

H$_{6B}$：高层梯队工作经历的差异性越高，理解水平越高。

工作经历的差异性为团队带来多样化的观点，一方面为团队带来新的信息并启发团队成员，另一方面也带来了相互沟通的难度。高管多是从基层一步步升上来的，这被看做一种成功，对其自身而言也是一份重要的资本。同时高管的工作经历又是其自身亲身经历，相比于其他人，自身的经历更加可信。这种自我信奉主义容易使不同工作经历的高管们各执己见。高管们在认知层面上的不理解，上升到一定程度就容易变为情感上的冲突。

H$_{6C}$：高层梯队工作经历的差异性越高，情感冲突水平越高。

3.3.8　高层梯队个性差异性与团队过程的关系

过去大量的研究表明，不同的个性表现出不同的行为，如个体完成任务的意愿、沟通水平、主动性水平和人际互动模式等。后来，John（1990）在前人的基础上归纳出五大类人格（个性）因素，后来被大量引用，成为衡量个性的主流理论之一，一般称为大五人格（big five personality）理论。大五人格理论给出五大类个性所对应的大致行为特点，具体如表 3-1 所示。

表 3-1　大五人格理论及对应的行为特点

个性		对应的行为特点
适应性	强	安全的、镇静的、理性的、感觉迟钝的、无负罪感的
	弱	兴奋的、忧虑的、警觉的、高度紧张的
外向性	强	确信的、社交性、热情的、乐观的、健谈的
	弱	独立的、保守的、难打交道的、阅读艰难的
开放性	强	兴趣广泛的、好奇的、自由的、追求新奇的
	弱	保守的、实践的、有效率的、专业的、有知识深度的
利他性	强	信任的、谦虚的、合作的、坦白的、不喜冲突的
	弱	怀疑的、攻击性的、坚韧的、自私自利的
责任感	强	自发的、无组织的
	弱	依附的、有组织的、有原则的、谨慎的、固执的

资料来源：赫尔雷格尔等（2000）

　　本书使用大五人格理论来描述高层梯队的个性特征。Barry 和 Stewart（1997）通过实证研究发现，大五人格中的一些特征与团队对任务的专注程度及团队活力相关。Waung 和 Brice（1998）发现平均责任感弱的团队，在绩效上重量不重质，而平均责任感强的团队，则更重视质量。在差异性方面，Mohammed 和 Angell（2003）认为团队成员在责任感方面差异性越大，绩效则越低，因为各个成员的产出是参差不齐的。尽管责任感强的成员会主动承担责任感弱的人员落下的工作，但多承担工作的人会产生不公平感，这可能导致成员对团队评价的降低以及容易产生冲突。Lepine 等（1997）也认为责任感强的成员对于缺乏责任感的成员充满不满和抱怨。因而有如下假设。

　　H_{7A}：团队的平均责任感越强，信息收集水平越高。

　　H_{7B}：团队的平均责任感越强，信息处理水平越高。

　　H_{7C}：团队在责任感方面的差异性越大，情感冲突水平越高。

　　Mohammed 和 Angell（2003）认为其他四类个性特征（适应性、外向性、开放性和利他性）都具有较强的社会性，对互动过程产生较大的影响。Costa 和 McCrae（1992）认为外向性强的人的特点是健谈、果断、有激情、爽直（outgoing）、好交际（sociable）。Barrick 和 Mount（1991）认为外向性强的人最突出的特点就是善于社会交往。因而有如下假设：

　　H_{8A}：团队的平均外向性越强，信息收集水平越高。

　　Barry 和 Stewart（1997）发现团队中外向性强的比例与团队成员对任务的专注程度成显著负相关而与团队活力正相关。Mohammed 和 Angell（2003）也发现，如果团队内外向性强的人比例过高产生不良效应，因为团队成员外向性过强，会使大家很难静心聚焦在问题上，问题的分析也难以深入；他们还指出，团队成员外向性过强的，将容易使团队陷入冲突与权力斗争中。但相对内向的人，外向的人在团队讨论中常常表现出很高的参与热情并伴有领导型行为。外向成员的这种优点在团队外向性的差异性较大时，则可能带来有效团队协调等良好效应。Neuman 等（1999）指出在这类团队中，一部分人外向、爽直而有领导力，一部分人则倾向于保守和服从，从而能达到较好的配合，决策问题将得到较好处理，情感冲突也较少发生。因而有如下假设。

　　H_{8B}：团队的平均外向性越强，信息处理水平越低，情感冲突水平越高。

　　H_{8C}：团队在外向性方面的差异性越大，信息处理水平越高，情感冲突水平越低。

　　由以上分析可知，个性的作用有两类不同的机制，Neuman 等（1999）把这两类机制概括为"同性相吸"（supplementary）模型与"异性相吸"（complementary）模型。"同性相吸"，即同质个性更容易相处，从而带来更高的绩效。这与 Jackson 等（1995）的观点相似，他们认为个性差异性小有利于促进成员之间的和睦相处并建立有效的沟通模式，个性的差异大则容易带来冲突和对立。而"异性相吸"模式是指异质个性更能带来良好的团队协调性和更高的绩效，上述分析的外向性就是典型的代表。

学者们的研究大都围绕这两个模型展开，Neuman 等（1999）的实证研究发现，适应性、责任感与开放性适合同性相吸模型，而外向性与利他性适合异性相吸模型，但利他性的显著性相对较弱。Mohammed 和 Angell（2003）对绩效进行细化，并在控制个性平均水平的基础上，通过实证研究发现两类个性特征（适应性和利他性）的差异性带来较低的绩效水平，即支持同性相吸模型，但与 Neuman 等（1999）等的研究结果有一定出入。Mohammed 和 Angell（2003）认为高适应性与低适应性高管，以及高利他性与低利他性高管很难合得来（compatible），从而阻碍沟通，降低共同工作的积极性。

在同性相吸模型上，Neuman 和 Wright（1999）发现团队平均适应性越强，组织绩效越好，冲突水平就越低；平均利他性越弱，组织绩效就越好。Neuman 等（1999）发现团队平均开发性越强，组织绩效越好。

综合以上观点，本书认为，除外向性符合异性相吸模型外，其他四个个性特征则符合同性相吸模型。因为良好的绩效通常来自信息的广泛收集、信息的有效理解与处理及情感冲突的有效规避，所以由以上分析可推出如下假设，适应性、利他性、开放性三个个性与责任感的假设类似，具体如下（为了简便，将三处假设合并为一处）。

H_{9A}：团队的平均适应性、利他性及开放性越强，信息收集水平越高。

H_{9B}：团队的平均适应性、利他性及开放性越强，信息处理水平越高。

H_{9C}：团队在适应性、利他性及开放性方面的差异性越大，情感冲突水平越高。

3.4　高层梯队特征垂直对的差异性与决策过程的关系

3.4.1　权力流转理论

权力流转理论（power circulation theory）认为 CEO 的权力不是永久的，在内部的政治斗争下，权力很可能会被削弱或剥夺。Ocasio（1994）认为权力流转通过两种机制来实现：一种是淘汰（obsolescence）；一种是竞赛（contestation）。如果 CEO 墨守成规，不能与时俱进地进行决策，那么他就会被淘汰。而竞赛机制主要在 CEO 和其他高管之间展开，其他有远见卓识的高管随时都会取代 CEO。

由于这两种机制，所以不存在永恒不变的权力，高层梯队政治的稳定只是短暂的。Ocasio（1994）还指出内部董事是 CEO 最强有力的竞争对手，随时有可能取代 CEO。权力流转理论把 CEO 看做一个权力相当脆弱的职位，一旦被推举为 CEO，其他高管都在伺机寻找替代 CEO 的机会，他们会有很大的动力去寻找 CEO 的短处。动力主要来源于两个方面：一方面来自于 CEO 职位本身权力和薪资的诱惑；另一方面来自于劳动力市场。对于任何一个高管而言，劳动力市场将根据其在上一个公司的工作业绩来对其进行评定，所以每一个高管都会努力提升自己，因而有巨大的动力去争取 CEO 职位。Combs 等（2007）指出高层梯队本质上是一场充满政治权力的斗争，以及派别轮流上台的地方。

Combs 等（2007）也指出当 CEO 从董事会获得正式的权力后，CEO 可以利用这些权力清除潜在的竞争对手。当这种权力越强时，维持一个听命于 CEO 的高层梯队就越容易。Combs 等（2007）突破了 Ocasio（1994）关于"权力流转只存在于企业业绩下降时"的观点，认为权力流转一直存在，只不过权力流转的程度与 CEO 的权力大小相关。他们结合代理理论的相关观点，认为 CEO 的权力大小将影响董事会对企业的监督能力，如果 CEO 权力较小，其他高管便会通过竞赛机制来约束 CEO 以符合董事会的利益；相反，则容易出现董事会难以控制的局面，企业绩效完全掌控在 CEO 手中，董事会难以控制企业绩效。董事会为了维护自身的利益和有效性，将会为其他高管提供竞争 CEO 职位的机会和空间。只有这三种力量达到一种相对均衡的状态，才有可能使企业长久运营下去。

3.4.2　权力流转理论与特征垂直对差异性

CEO 与非 CEO 高管存在垂直的职能层级关系，是一种重要的垂直对。这种垂直对背后隐含的是正式权力（formal power）关系——该权力关系框架具有规定的强制性，即下级必须按照上级的要求完成任何在权力范围内允许的事情。与之相对的非正式权力（informal power）则不是法定授予的，而是来自于人力资本、社会资本等获取关键资源和信息的能力。权力流转理论所指的是正式权力的可流转性，其主要的替代压力来自于非正式权力的挑战。

Brew 和 Cairns（2004）指出职位是组织赋予个体的正式角色，职位的差异体现组织对个体定位的差异，进而影响个体权力感知与行动范围。张龙和刘洪（2009）是少数几个研究高层梯队垂直对差异性的学者，他们发现高层梯队垂直对人口特征差异与高管离职存在显著的相关关系。从社会心理视角和社会政治视角来看，就 CEO 而言，当非 CEO 高管的年龄越大、任职时间越长，其感觉到的职位、权力和利益的潜在威胁越大，从而倾向于利用权力解雇有潜在威胁的高管；就非

CEO 高管而言,当上级越年轻,其感觉到的职业上升空间就越小,从而离职意愿会增强。由此看到,垂直对人口特征的差异影响会带来非常微妙的心理博弈,可以预期,这种心理博弈将影响到高管内部的情感状态,不仅增加高管的离职倾向,而且将给高层梯队决策的互动过程乃至企业绩效带来负面影响。因此,本书将着重通过权力流转理论分析高层梯队特征垂直对差异与互动过程之间的作用机制。

具体地,从权力视角来看,垂直对本身所体现的是规定的正式权力关系。CEO在垂直对中获得的是一种结构性权力(structural power),它来源于组织架构和等级权威。这种权力往往容易被滥用,如 Finkelstein 和 Hambrick(1996)指出一些CEO 会在战略方向的争论中运用自己的权力压制别人(pull rank)等。然而,依靠单纯的法定权力去压制其他高管,会难以令其他高管信服。因为发挥影响力的除了结构权力,还有专家权力(expert power)。专家权力是一种非正式权力,主要来源于应对外部环境和对企业成功有贡献的能力,即来源于个体的人力资本和社会资本。拥有专家权力的管理者对企业的战略选择有重要影响,而且经常成为征询建议的对象。显然,相对于结构权力,专家权力更能从知识和经验上征服其他人。研究表明,一旦两类权力分属不同的主体,这种相互交织的权力分布将对企业绩效产生显著影响。当 CEO 的人力资本及社会资本水平低于其他高管的平均水平时,作为结构权力的拥有者,CEO 在高层梯队中并不拥有专家权力。根据权力流转理论,作为 CEO 的有力竞争者,其他高管将努力表现自己,并可能刻意与CEO 作对,以彰显自己的能力。相反,当 CEO 将两类权力集于一身时,其他高管便容易偃旗息鼓,与 CEO 的对立将相对缓和。由于在高层梯队特征中,年龄、教育和公司任期是高管人力资本的主要衡量指标,其他特征,如专业背景等不是相关性不大,就是难以在 CEO 与其他高管之间进行比较。因而本书选取年龄、教育程度和公司任期作为研究的特征,相应地上面的表述可转换为以下形式:当CEO 的年龄、教育程度或公司任期低于其他高管的平均水平时,将塑造高层梯队内的竞争性环境并刺激高管的竞争性行为。在竞争性环境的影响下,高管们为了维护和最大化自己的利益,将努力增加自身的人力资本含量,收集企业内外部的信息,并对他人所释放的信息进行收集、分析,增加对信息的处理能力,以及创新思考模式以应对"竞争者"的挑战。这显然有利于高层梯队的两类认知过程。然而,在情感过程方面,由于敌对竞争的气氛漫延,将容易产生人际关系的紧张。各高管往往容易通过贬低竞争对手来彰显自己,这将不利于高层梯队良好关系的构建,导致情感冲突的发生。因而,有如下假设。

H_{10A}:当 CEO 比其他高管年龄更小、任职时间更短、受教育程度更低将提升高层梯队的信息收集水平。

H_{10B}:当 CEO 比其他高管年龄更小、任职时间更短、受教育程度更低将提升高层梯队的信息处理水平。

H_{10C}：当 CEO 比其他高管年龄更小、任职时间更短、受教育程度更低将增加高层梯队情感冲突水平。

3.5　高层梯队治理特征的调节作用

3.5.1　高层梯队内执行董事比例的调节作用

董事会与传统意义上的高管团队是影响企业决策最重要的两大主体，两者之间形成的治理关系对企业决策有重要的影响作用。在公司治理研究中，通常对董事会在战略决策参与中所扮演的角色有不同的看法，一些学者将之归结为两大类观点，分别为消极学派和积极学派（Golden and Zajac，2001；Hendry and Kiel，2004）。消极学派认为，公司高管熟悉公司内部情况，处于信息的优势地位，而身处公司外部的董事只能通过高管的汇报来了解企业的情况，并对高管做出评价。高管们为了得到好的评价，往往"报喜不报忧"。企业即使发生了很多不利于董事会与股东的事情，但董事会还被蒙在鼓里。董事会为事实上的法律虚设（legal fiction）机构，被管理团队特别是 CEO 所支配（Macus，2008）。高管们可以利用信息的优势以及对信息的控制来支配董事会。一方面 CEO "收买"内部董事取得权利和对董事会的控制力（Baliga et al.，1996），另一方面通过影响外部董事的选聘而实现对董事会的全面掌控。消极学派认为董事会只是高管们的橡皮图章（rubber-stamp），听命于高管。

积极学派的观点则与之相反，认为消极学派低估了董事会的能力。积极学派认为董事是企业战略决策的积极参与者，而且其战略思考独立于高管团队。董事们出于维护自身及股东的利益，在企业战略决策的大方向上具有较强的积极性。他们保持对企业战略领域的监管，乃至于作为一个平等的角色参与到管理中去（Hendry and Kiel，2004）。Anderson 等（2007）在调查四个国家的公司董事时发现，董事会正发生角色转变，从过去的单纯监督者转变高层梯队的战略合作伙伴。Johnson 等（1996）在总结过去的文献时发现对学界战略问题的研究越来越多地涉及董事会对战略的参与度。Anderson 等（2007）指出董事会参与战略有其自身的优势，它为高管的战略风险评估、计划与实施等带来了更多样化的观点。

本书支持积极学派的观点，并把传统意义的高管团队扩展为高层梯队，即将参与企业核心决策的人员，无论是董事会成员还是高管，均纳入高层梯队的概念中。高层梯队作为董事会与高管团队的混合体，并不否定董事会原有的职能，而是将其共同参与战略决策并对战略决策有重要影响的个体所构成的团队，称为高层梯队。在高层梯队中，Barroso 等（2009）认为（内部）董事是与高管通力合作、为企业挖掘战略利益的资产。积极学派认为与高管通力合作的董事会具有三类重要的职能，即控制、服务和资源提供，基于这三类职责发展而来的重要理论分别为管家理论、代理理论和资源依赖理论。代理理论强调董事会的控制角色，即对高层梯队行为和绩效的掌控，是股东的代理人（Letza et al.，2004）；管家理论认为董事会的作用是为高层梯队提供支持和建议。资源依赖理论则认为董事会是一种为企业获取外部关键资源的获取机制（co-optative mechanism），资源是通过董事会成员的社会网络和企业与环境的联系获取的（Pfeffer and Salancik，1978）。

　　研究公司治理的主流理论是代理理论。代理理论产生于所有权与控制权的分离。股东作为所有权的拥有者，委托管理者对公司进行管理，而董事会作为股东的代表监督管理者使其维护股东的权益。代理理论认为，外部董事是董事会行使监督职能的核心，是发挥董事会职能的关键，因为相对于内部董事，外部董事更容易掌控公司的管理且不会与管理层发生串谋。持这种观点的学者实证检验了董事会的监控激励变量，如董事会独立性，股权报酬与公司绩效的关系（Jensen and Mecking，1976；Fama，1980；Daily et al.，1999），但是研究结论却莫衷一是。而 Dalton 等（2003）对现有文献所做的两项元分析（meta analyze）研究表明，监控激励与公司绩效并无统计意义上的显著联系。在国内的研究中，于东智和池国华（2004）的研究表明，董事会规模与公司绩效指标之间存在倒 U 形的曲线关系。邵少敏等（2004）发现，独立董事有助于公司治理结构的改善。总体而言，董事会结构对公司绩效影响的实证结果是模棱两可（equivocal）的，不存在一个统一的结论，这表明单纯依靠代理理论并不足以解释企业绩效。代理理论所主张的控制角色其实与董事会在企业战略中的角色相关联：通过一系列过程，高层梯队设计出多种战略选择方案，董事们从中进行选择，高层梯队对选择的战略实施，董事们对实施结果进行评价。然而，在现实中，战略决策并非简单的线性过程，而是一个复杂、非线性和离散化的过程。在战略的制定过程中，董事们除了履行控制的职能，还可以利用其掌握的信息、专业知识和其他认知资源来增进对战略问题的理解、增加创新和促进决策的一致性。

　　与代理理论的机会主义假设不同，管家理论认为高层梯队是董事会可以信任的好管家，因为作为高素质人群，高管具有一种道德自律性，这种发自本性的非财务激励因素促使其行使好代理职能。管家理论认为管理层均具有较高的组织承诺，其每一个行为均从企业和股东的最大利益出发。在高管的自律行为下，董事会作为高管的决策服务者的职能凸现出来。董事会是管理团队中的重要组成部分，它与高层梯队一起通力合作，提升企业的绩效。此理论所提倡的合作模型认为董事会应当专注于建议管理和促进战略讨论。因此，董事与高管有巨大的共同利益，董事们应当和高管们建立信息共享机制和非正式的工作关系，董事们为高管们提供真实的反馈和改进绩效。内部董事成为战略决策的重要贡献者，因为他们更了解企业的运营。同时，内部董事还充当了董事会和高层梯队之间信息传递的桥梁，这种紧密联系将可能促进董事会的参与度，为他们对管理进行建议提供更广阔的空间并减少其在董事会内的防御和政治行为。

董事会还是企业重要的资源提供者。从资源依赖理论的视角来看，董事们可能通过为 CEO 提供咨询和建议而积极参与到企业战略当中。相对于高管，董事更有可能通过其他企业或机构的任职而拓展自己的行为边界，为自身获取大量的人脉关系资源，这也被称为董事会的边界拓展（boundary-spanning）行为。董事们通过边界拓展行为增加自身的董事会资本（board capital），从而为企业的战略决策提供新的战略信息并降低不确定性。所谓董事会资本包括人力资本，如经验、专长、声望等和社会资本，即"围绕一个独立的社会单元，与外界目前的和潜在的能给该社会单元带来效益的因子总和"。一些学者研究了董事会作为资源（如咨询与建议行为、与其他组织的联系等）的提供者与企业绩效的关系，实证结果表明董事会资本对公司绩效的提升有显著的解释力（Dalton et al., 1999；Hillman et al., 2000）。

由上述研究可知，董事会是企业的宝贵资源，在涉及企业决策的重大问题时，应当挖掘董事会的作用。董事会的资源提供职能为高层梯队提供了大量的人力资本与社会资本支持，特别是社会资本支持，从而有利于提升高层梯队的信息收集水平。因而，有如下假设。

H_{11A}：高层梯队内执行（内部）董事比例对高层梯队特征差异性对信息收集水平的作用具有正向调节作用。

董事会的监督职能要求董事必须深入了解企业战略决策，对企业进行深入的战略分析，而董事会的服务职能则要求董事为高管进行战略分析提供多种帮助，包括战略分析的观点和对高管观点的反馈等。可见，董事会的参与有利于提升高层梯队的信息处理水平。因此，作为董事会与高层梯队沟通的桥梁，执行（内部）董事的比例越高，则高层梯队特征差异性对信息处理水平的作用便越强。本书提出如下假设。

H_{11B}：高层梯队内执行董事对高层梯队特征差异性对信息处理水平的作用具有正向的调节作用。

执行董事由于身兼董事与高管两重身份，决定了其与一般高管具有不同的行为出发点。执行董事作为董事会及股东大会的代表，首先考虑的是企业的整体收益，因而任何不利于企业绩效、收益的事情，他们不但不愿意参与，而且还会阻止这类事情的发生。而一般的高管，尽管也受到企业整体业绩的驱动，但同时还受与其他高管业绩和能力表现的差异、亚团队利益等多种因素的影响，因此，当这些因素受到威胁时，高管往往会选择"牺牲大我，完成小我"，选择与其他高管发生冲突以维护自身及自身所在亚团队的权益，从而增加了高层梯队情感冲突发生的概率。所以执行（内部）董事的比例越高，特征结构对情感冲突的影响将减弱，因此，本书提出如下假设。

H$_{11C}$：高层梯队内执行董事对高层梯队特征差异性对情感冲突水平具有负向的调节作用。

3.5.2　董事长与 CEO 两职合一的调节作用

根据代理理论，避免 CEO 对董事会的主导以及减弱其潜在的机会主义行为是优化治理结构的目标之一，因而避免董事长与 CEO 的两职合一是防范委托代理问题的重要举措。在非两职合一的情况下，董事长专注于带领其他董事对 CEO 进行选聘、评价以及运用其所掌握的资源对 CEO 进行战略决策方面的协助，包括前述的建议和资源提供方面的协助。

管家理论则认为 CEO 并非如代理理论所说的倾向于机会主义，而是积极表现以帮助董事会管理好公司。同时对于董事长而言，企业的战略决策非常复杂，若只停留在公司外部的观察上则难以了解企业决策的需求，因此，董事长身兼 CEO 的职位，有利于董事长深入公司内部了解战略决策和运营的状况。与外部董事相比，身兼两职的董事长与内部董事更加了解企业和行业情况，并对企业有更高的承诺。研究表明，两职合一为企业带来如下效果：对外部环境的迅速反应、清晰的战略方向和命令的统一、迅速而有效的决策。Hambrick 和 Finkelstein（1987）指出之所以能达到上述效果，其中一个重要原因在于管理自由度的增加。当 CEO 兼任董事长时，高层梯队的决策可以通过 CEO 兼任的董事长来获得支持及推动决策在董事会的通过。Hambrick 和 Finkelstein（1987）指出高管能在多大程度上影响企业的战略及产出，依赖于其获得的自由度的大小。管理自由度越大，高管越能自由裁量战略决策的方向、内容和实施，高管的特征对战略决策过程的影响也就越大。否则，整个高层梯队在进行战略决策时将遇到来自董事会的诸多掣肘，高层梯队的很多想法都无法实现，从而打击 CEO 及其他高管进行决策信息收集和处理的积极性。所以，本书提出如下假设。

H$_{12A}$：董事长与 CEO 的两职合一对高层梯队特征差异性对信息收集水平具有正向的调节作用。

H$_{12B}$：董事长与 CEO 的两职合一对高层梯队特征差异性对信息处理水平具有正向的调节作用。

与两职合一的情况相比，若 CEO 没有兼任董事长，CEO 的权力将得到较大的削弱。权力较小的 CEO 很难使高层梯队听命于他，尤其当高管的人事任免权不在 CEO 手中时，高管不仅不听命于他，而且还成为他潜在的竞争对手。而当 CEO 兼任董事长时，他往往拥有人事任免的权力，当他发现下属对自己的地位造成威胁时，便会使用权力解雇他。因此，董事长与 CEO 的两职合一，将大大增强 CEO 对高层梯队的控制能力。控制能力的增加不仅减少了高管对 CEO 位子的觊觎而带来的冲突，而且当团队内发生不良冲突时，CEO 还可以通过自己的影响力及时化解不良冲突。因此，本书提出如下假设。

H_{12C}：董事长与 CEO 的两职合一对高层梯队特征差异性对情感冲突水平具有负向的调节作用。

3.6　环境动态性与团队凝聚力的调节作用

3.6.1　环境动态性的调节作用

环境动态性是指行业发生不可预测变化的程度，被证明是高层梯队（高管团队）差异性与企业绩效关系之间的一个重要调节变量（Hambrick and Mason，1984；Hmieleski and Ensley，2007）。

Lester 等（2006）指出环境越不稳定，企业向外寻找信息的需求就越大，以弥补因环境不稳定而带来的不安全感，企业的决策也更多地使用向外的社会比较（social comparision）来进行。Haunschild 和 Miner（1997）认为环境的不稳定性将促使企业强化其社会性因素。因此本书提出如下假设。

H_{13A}：环境的不稳定性将正向调节高层梯队特征的差异性与信息收集之间的关系。

Hmieleski 和 Ensley（2007）指出，在稳定的环境中，高管们有足够的时间进行深入的讨论，并在做出最终决策之前达成共识；同时，在稳定的环境里更容易获取足够丰富的高质量的决策信息，从而更能接受团队的差异化。

在稳定的环境下，高层梯队可以建立应对环境的常规（routines）机制，在这种环境下，学习和适应的要求是最低的（Wiersema and Bantel，1993）。在不稳定的环境下，高层梯队要不断改变自己去适应环境的变化，建立更具柔性和敏感性的信息收集与问题处理等应对方法，对每一位高管而言，均是一个巨大的挑战，因为他经常需要改变自己曾经赖以成功的思维和处事方式与方法。可见，环境的不稳定性客观地成为一种动力，使每一位高管都想尽办法增加自己的人力资本，使自己保持对决策问题的清晰理解。因而，每一位高管将利用高层梯队多样化所带来的多样化信息，吸收其他高管对问题的理解，进而强化自身对信息的理解程度。

H[13B]：环境的不稳定性将正向调节高层梯队特征的差异性与信息处理之间的关系。

环境的不稳定性将直接影响高管的决策时间，因而要求高管必须具备在短时间内完成决策的能力（Lester et al.，2006）。Cannella 等（2008）指出环境不稳定带来的紧迫性使高管没有时间把精力集中在现状上，必须努力去把握环境变化所提供的各种暗示信息。因此，高管精力大都集中向外，而较少精力集中在内部高管之间的关系琐事。同时，如上所述，环境的不确定性带来的安全感、稳定感的缺失（Lester et al.，2006），将促使高管增强对其他高管的依赖性，以提升安全感和稳定感。因此，环境的不稳定性将弱化特征差异性所带来的情感冲突的负面效应。

H[13C]：环境的不稳定性将负向调节高层梯队特征的差异性与情感冲突之间的关系。

3.6.2　团队凝聚力的调节作用

团队凝聚力是指"团队成员间相互吸引的程度"（Shaw，1981）。在凝聚力强的团队，团队成员之间有较高的吸引力和信任，并对团队具有较高的满意度和凝聚力。在此类团队中，团队合作是团队的核心价值观，并为大多团队成员所理解。Smith 等（1994）指出，在高层梯队（高管团队）内，社会整合程度越高，"成员之间相处得越好，高层梯队的总体反应便越快，越灵活，使用的问题解决办法便越多、越好，效率也越高"。

团队凝聚力将从以下两大方面对特征组成的差异性作用机制产生影响。

（1）行为机制：当团队凝聚力较强时，团队内部强调团队合作精神，不鼓励不良竞争行为，任何违反此价值观的行为都将为其他成员所识别，并遭到团队的道德谴责与惩罚。团队凝聚力促进团队内部贡献行为，Ensley 等（2002）指出在凝聚力高的团队中，成员更愿意共享隐性知识和理解，并且能迅速对问题做出反应而无须重新确认潜在假设和目标。Ensley 等（2002）还指出凝聚力强的团队将具有较少的过程损失（team losses），即在互动过程中由负面情感、冲突所产生的损失。

（2）目标机制：团队凝聚力高时，团队的目标才是第一目标，个人目标将被弱化。为了团队目标，团队成员愿意为团队贡献高水平的努力、能力以及为其他成员负责等行为，他们均为团队获得高绩效而自豪。Michalisin 等（2004）还指出，团队凝聚力高，还使团队成员感受到自身在完成团队任务上有一种被推动的感觉和对团队效能的高效感。Schachter 等（1951）指出，团队凝聚力高的团队具有使成员遵守团队规范（norm）的强大影响力。从利益的角度出发，团队凝聚力给团队成员带来一种相互帮助、团结合作的精神收益，同时从这种氛围所倡导的良性循环下获益，从而进一步努力去维护这种局面，是一种良性的循环。Ensley 等（2002）认为团队凝聚力有利于避免认知冲突过程向情感冲突过程的转变，即发挥了认知冲突的良好作用，又抵制了不良冲突的发生。

由上文可知，团队凝聚力有如一种社会黏胶，将团队成员团结在一起，团队成员间有高度的信任，由此使正面效应更加扩大，而负面效应得以缩小。在高层梯队特征组成的差异性对决策过程的影响关系中，由于关系过多，团队凝聚力的调节作用概括如下。

H_{14A}：高层梯队团队凝聚力使高层梯队组成的差异性正面效应扩大，使负面效应缩小。

3.7 高层梯队决策过程与企业结果的关系分析

信息收集常见于市场营销领域的相关研究中，此领域的大量研究表明，市场信息的收集与处理体现一个企业有效实施其市场战略、开发新产品、促进组织学习和获取良好市场绩效的能力大小。一个成功的战略，必须综合考虑企业的消费者偏好、技术的最新进展、竞争对手的举动、组织能力等各方面情况，兼顾各利益相关方的需求，因而必须充分占有相关信息。决策信息收集是达到良好决策绩效的前提，如果没有充分的信息收集，决策者便不可能全面了解决策问题，即使决策分析能力再强，也是"巧妇难为无米之炊"。信息的收集水平不仅在于"量"，而且还在于"质"。良好的决策不但需要显性知识的"量"，而且还需要隐性知识的"质"，隐性信息的运用是企业获取竞争优势的来源。信息的收集水平还在于信息结构的合理化。通过收集和筛选各渠道来源的信息，包括财务信息、客户服务信息、研发信息、销售信息及政府相关机构信息等，并将之内化为企业的决策知识，构建独特的知识体系，从而有利于提高决策质量，保持企业的竞争优势。因此，本书提出如下假设。

H_{15A}：高层梯队信息收集水平与企业结果显著正相关。

面对复杂的环境和信息收集得来的海量信息，受制于人自身的有限理性，这些情景与信息的处理，不仅单个高管难以胜任，即使对一般的高层梯队而言，也是一件相当吃力的任务。决策信息的处理已成为企业高管们的核心技能，信息处理的水平与企业的效能及绩效息息相关。良好的决策不是团队内成员信息分析结果的简单汇总，而是通过不断的互动、相互启发，将信息分析不断推向深入的过程。对于同样的信息，不同的看法、不同的处理方式很可能达到截然不同的结果。所以，对于同样的一个市场机遇，信息收集和处理水平高的高层梯队，则更可能把握机遇的战略而占领先机，信息收集与处理水平低的高层梯队不仅可能因把握不住机会而落后于人，还有可能对信息做出误判而使自己遭遇灭顶之灾，这些例子在现实中比比皆是。因此，高层梯队的信息处理能力是决定决策绩效及企业绩效的关键因素。因此，本节还提出如下假设。

H_{15B}：高层梯队信息处理水平与企业结果显著正相关。

在高层梯队决策互动过程中，经常出现的问题便是情感冲突。情感冲突将带来很多负面问题，如团队成员间缺乏协调、合作、产生敌对、相互伤害等，这些冲突如果得不到有效处理，即使团队成员有很强的决策能力，也都将为情感冲突所消灭。情感冲突对决策的影响在于将决策者的注意力从决策信息的收集与分析转移到无谓的情感处理上来。情感冲突还将勾起各类负面记忆，不仅影响其决策行为的精神动力，而且还加剧原有的负面情绪，激化与其他人的矛盾。Jehn（1995）发现情感冲突（关系冲突）将降低成员对其所在团队的满意度，并增加其离开团队的意愿。Coser（1956）发现情感冲突将使团队成员变得易忿难悦（irritable）、多疑（suspicious）和充满忿恨（resentful）。Amason（1996）发现情感冲突对决策质量、决策承诺和决策的情感接受性均有负面影响。Vodosek（2007）发现情感冲突带来较低的团队满意度和感知的团队绩效。因此，本书提出如下假设。

H_{15C}：高层梯队情感冲突水平与企业结果显著负相关。

3.8　高层梯队特征与企业结果的关系分析

本书认为高层梯队的特征将首先作用于决策过程，进而决策过程影响决策绩效及企业绩效。因为决策过程非常复杂，由前述的假设可以看出，不同的特征指标对决策过程有不同的影响，其作用方向甚至可能是完全相反的。所以，很难对高层梯队特征与决策绩效的关系给出一个唯一的、确切的假设。由第2章的文献综述也可看出，过去大量的研究均对此有不同的看法，有些学者实证发现高层梯队特征与决策绩效或组织绩效存在显著正相关关系，而有些学者则发现存在显著的负相关关系，也有学者没有发现显著的关系。所以，本书认为特征与绩效之间的关系很难给出一个确切的结论，它依赖于高层梯队内部互动的情况和其他调节变量的影响。因此，本书就正反两方面均提出假设，具体如下。

H_{16A}：高层梯队特征组成差异性、垂直对差异性与企业结果存在显著的正相关关系。

H_{16B}：高层梯队特征组成差异性、垂直对差异性与企业结果存在显著的负相关关系。

3.9　研究设计与方法

3.9.1　样本说明

由于高层梯队研究对象的特殊性——可利用时间少，对学术研究支持意愿不强（Hambrick and Mason，1984），调查需要耗费研究者巨大的精力，对研究者的社会关系也是一个较大的挑战（姚振华和孙海法，2011）。本书的研究主要在上海、浙江、江苏和安徽等部分地区开展。公司规模涵盖大型企业、中型企业和小型企业。公司所有制涵盖国有控股企业、外资企业、中外合资企业和民营企业。公司主营业务涵盖传统制造业、建筑业、金融业和商业服务业等。调查样本基本特征具体见表 3-2。此次研究共回收 153 份问卷，共 616 个高管的信息，其中有效问卷为 49 个高层梯队，共 263 个有效高管信息。

本次问卷调查从 2013 年 3 月开始，到 2014 年 3 月结束。问卷除基本特征的收集不需要量表外，其他核心内容主要使用现有成熟的量表。然而由于一部分量表由英文翻译而来，所以前期除了请不同专家进行翻译和比较外，还要在调研开始阶段进行问卷的预调研和修正，预调研花费了 1 个月，主要在熟悉的朋友及已当上高管的学长中进行。预调研主要听取他们对问卷填写的感受，征集改进的意见。综合这些意见，最后对问卷的一些词句表述进行修正，将一些学术语言换成日常高管更能理解的语言。例如，高管团队后加以注释"参加公司战略决策的核心人员"及"工作经历"改为"对其影响最大的工作经历"等。

修正好问题后，开始进行正式问卷调查。问卷发放采用直接发放、邮寄、E-mail 等方式进行，在问卷形式方面，根据不同的问卷发放形式采用纸质问卷和网络问卷的形式进行。网络问卷主要借助导师个人网站的空间存放问卷，然后请计算机专业的同学把问卷变成网络版呈现，最后发布网址让相关高管进行填写。网络问卷比电子文档问卷的好处在于填写更加方便，更加符合高管时间紧、习惯电脑点击等特点。对于研究者而言，发放问卷更加方便（如 E-mail、QQ、微博等均可），问卷的统计也更加方便。

　　样本主要来自导师的朋友、导师的培训课程班学员、朋友或朋友认识的高管、《企业管理》杂志编辑老师认识的高管、工商管理硕士（master of business administration，MBA）课程班学员、网络搜寻的总裁班、经理人班学员名录及各大企业高管名录、微博上的名人高管。

　　从问卷回收情况来看，在高管培训班上发放的问卷普遍回收率和有效率均较高，原因在于现场的讲解使学员更能接受问卷填写的意义，再加上导师的影响力，填写者均填写得比较认真。而通过网络搜寻到的高管 E-mail 及微博发送的问卷，效果并不如意，表 3-2 中的"其他"类型，虽然发放了很多，一些 E-mail 直接退信，成功发送也没有收到回信。可见高管类的问卷调研，社会性调查难度较大，通过关系网和培训班的现场发放才能得到较高的回收率与有效率。

表 3-2　调查样本基本特征

问卷发放对象		问卷发放数量/份	问卷回收数量/份	回收比例/%	有效问卷数量/%	有效比例/%
地区	北京	20	4	20.00	2	50.00
	山东	20	5	25.00	1	20.00
	上海	161	27	16.77	17	62.96
	浙江	46	8	17.39	5	62.50
	广东	70	4	5.71	2	50.00
	安徽	54	47	87.04	12	25.53
	河北	60	58	96.67	10	17.24
	新疆	10	0	0.00	0	—
	其他	1 131	0	0.00	0	—
企业性质	国有企业	584	60	10.27	24	40.00
	民营企业	913	81	8.87	20	24.69
	外资企业	30	10	33.33	4	40.00
	中外合资	45	2	4.44	1	50.00
所属行业	传统制造业	450	54	12.00	11	20.37
	建筑业	69	5	7.25	3	60.00
	金融业	33	19	57.58	13	68.42
	高科技	42	8	19.05	3	37.50
	商业服务业	682	58	8.50	11	18.97
	其他	296	9	3.04	8	88.89

续表

问卷发放对象		问卷发放数量/份	问卷回收数量/份	回收比例/%	有效问卷数量/%	有效比例/%
员工总数	100 人以下	—	48	—	10	20.83
	101~300 人	—	24	—	8	33.33
	301~500 人	—	35	—	8	22.86
	501~1 000 人	—	23	—	8	34.78
	1 001 人以上	—	23	—	15	65.22
竞争对手	3 家以下	—	19	—	10	52.63
	3~6 家	—	32	—	12	37.50
	7~10 家	—	42	—	10	23.81
	11~20 家	—	4	—	0	0.00
	20 家以上	—	56	—	17	30.36
企业年龄	1~5 年	—	29	—	8	27.59
	6~10 年	—	45	—	12	26.67
	10~20 年	—	28	—	11	39.29
	20~50 年	—	13	—	7	53.85
	50 年以上	—	38	—	11	28.95
团队人数	5 人以下	—	39	—	22	56.41
	5~10 人	—	68	—	22	32.35
	11~15 人	—	26	—	2	7.69
	15 人以上	—	20	—	3	15.00
总计		1 572	153	9.73	49	32.03

3.9.2　变量的测量

1. 自变量

1）特征组成的差异性

学界对于组成特征差异性的衡量一般采取两种办法，具体根据特征的类型不同而不同。当特征为类别数据时，如教育程度，一般使用调整后的 Herfindal-Hirschman 系数（或 Blau 系数）；当特征为连续数据时，则多使用标准差系数（coefficient of variation）。在研究过程中，我们已将年龄和公司任期两类传统的连续数据结合高层梯队成员的实际情况改变为类别数据。年龄的分类为"30 岁以下"、"31~40 岁"、"41~50 岁"、"51~60 岁"、"61 岁以上"；公司任期则分为"小于 1 年（含）"、"1~2 年（含）"、"2~3 年（含）"、"3~4 年（含）"、"5 年以上"，之所以采取此分类，因为一般而言，以高管人员的智商和经历，5 年的公司任期可以使该高管较为熟悉地了解公司的情况，了解的程度将不亚于公司任期为 10 年乃至更长的人。教育程度则沿用学界普遍采用的处理方法：博士 5 分，硕士 4 分，本科 3 分，大专 2 分，大专以下 1 分；在收集专业背景信息时，提示填写者填写对其影响最大的专业。在专业背景分类方面，研究采用张平（2005）的分类法，将专业分为五大类，即科学工程（理学、工学、农学和医学）、经济管理（经济学、管理学）、文学艺术（哲学、文学、历史学）、法律（法学）、其他（教育学、军事学及无教育专业）。

对于高层梯队的个性特征，采用心理学界普遍认可的人格描述模式，即大五人格。它通过五种特质来衡量个体的个性心理特征，这五种特质分别为外倾性、利他性或情绪稳定性、开放性、随和性（agreeableness）和尽责性（conscientiousness）。在调查中，填写者被要求对这五个特质按强弱程度进行评分：很强 5 分，中等 3 分，很弱 1 分，如此类推。最后将这五个得分进行平均，得到的均值为该高管的个性得分值。由于其结果为连续数据，所以本书使用标准差系数——标准差除以均值来进行衡量。

因而在本书中，显性特征采用调整后的 Herfindal-Hirschman 系数，即 $1-\sum p_i^2$。其中，p_i 为团队成员特征的各种类别在团队内的占比（如性别特征的男性比例、学历特征的博士比例等）；隐性特征使用标准差系数，即 σ/m，σ 为标准差，m 为均值（具体的测量题项见附录 1）。

2）特征垂直对的差异性

特征垂直对的差异性使用虚拟变量来表示。当特征为年龄、公司任期、教育程度时，1 表示 CEO 的特征水平比其他高管的平均特征水平高，0 表示 CEO 的特征水平比其他高管的平均特征水平低。为了使自变量和因变量处于同一种量度，所以，本书将决策过程、决策绩效、企业（财务）绩效、企业（成长）绩效等变量转化为 0，1 表示。因为上述变量均为 5 点 Likert 量表，所以将各变量值大于等于 3 的，用 1 来表示，小于 3 的用 0 来表示。

2. 因变量

1）信息收集水平

信息收集水平反映的是高层梯队社会资本的水平。社会资本水平越高，高层梯队的人脉资源就越广，越容易广泛地收集来自各方的信息。信息占有越全面，就越容易取得高质量的决策。相反，一个信息不完备的高层梯队，决策全靠想象，所做出的决策必然难以获得高质量，即使偶尔取得很好的效果，也只是歪打正着。因而，信息收集的广泛性、全面性是获取高质量决策的前提。与此相近的是战略决策全面性（strategic decision comprehensiveness）的研究成果。

战略决策全面性是指组织成员在制定和整合战略决策时的参与程度

（Fredrickson，1984）。Fredrickson（1984）在认知局限性所导致的"有限理性"和信息获取成本两类观点的对立面建立起此概念的，认为个体具有"有限理性"，因而难以做到信息收集、分析的全面性；同时信息的获取需要支付一定成本也制约了个体的决策全面性。基于这两点，Fredrickson（1984）认为经理群体的整合所达到的全面性显得更为重要。战略决策全面性开始进入高层梯队研究者的视野，一些研究者认为战略决策全面性是一个非常重要的过程变量。战略决策全面性的重要性在于它要求决策者更加深入地观察环境，从而更加真实和有效地评价环境对组织的影响。

　　然而，在衡量战略全面性时，相关学者有不同的看法，体现了其对战略全面性内涵理解的不同。一些学者在衡量战略全面性偏向于衡量决策团队的信息收集情况以及其对决策的影响，如 Talaulicar 等（2005）、Atuahene-Gima 和 Li（2004）；另一些学者认为除了信息收集的全面性还包括信息的理解、创新，如 Chowdhury（2005）。本书认为信息收集阶段主要是个体收集信息并根据这些信息进行初步思考而形成对决策问题的一些想法。虽然此阶段有一定的信息理解和创新量，但作为高层梯队而言，信息的理解与创新关键在交互阶段，即团队中各成员将其他成员所给出的初步想法与自己的想法进行比较，进行思考并产生突破初步想法的创新行为。因而本书将前者的信息收集过程与后者的信息处理过程进行严格区分和界定，以体现团队社会资本与人力资本在决策过程中的不同作用。基于此分析，本书采用 Talaulicar 等（2005）对战略决策全面性的衡量量表作为信息收集水平的衡量量表，并根据实践专家的意见进行调整。量表采用 5 点 Likert 量表，1 表示很不符合，5 表示很符合。具体包括如下三个条目，即"在团队商讨问题时，团队成员从多个角度审视手头上遇到的问题""在团队商讨问题时，团队成员提出的解决方案覆盖面很广""在团队商讨问题时，团队成员评价解决方案的标准非常多样"。

　　2）信息处理水平

　　信息处理水平反映的是高层梯队的团队人力资本水平，衡量的是高层梯队成员个体人力资本如何通过互动并产生整合效应。团队与个体最大的差别大于团队可以将个体的人力资本通过一定的方式结合起来并相互作用影响，产生"知识发酵"的效果。然而，当前许多团队过程研究并没有意识到这一点。以广泛引用的 Jehn（1995）关于把冲突分为任务冲突与情感冲突的文章为例，在任务冲突（也称为认知冲突）中，他只描述了团队内关于观点、想法、工作、意见四方面的冲突情况，即只描述了互动的开始，而互动开始后的过程如何，团队成员的人力资本在冲突中的整合情况如何，并没有进行考虑和衡量。本书在 Jehn（1995）及其他相关学者研究的基础上向前深入一步，以任务冲突后的人力资本整合过程作为信息处理过程的衡量内容。由于没有一致的量表，本书在参照战略决策全面性关于理解、创新的思想及 Jehn（1995）等关于任务冲突的衡量方法，从以下几个条目来进行衡量，即"在团队商讨问题时，团队成员所提的解决方案非常创新"、"在团队商讨问题时，团队成员的观点经常让我收获很大"、"在团队商讨问题时，我经常在与其他成员的交流中产生许多新的想法"以及"经过团队成员的讨论，我均能理解其他所有人的观点"。量表采用 Likert 5 点量表，1 表示很不符合，5 表示很符合。

3）情感冲突

在高层梯队互动的情感冲突方面，本书主要参照 Jehn（1995）的关系冲突量表。在翻译方面，一方面参照孙海法和刘海山（2007）、王国锋等（2007）的翻译处理，另一方面结合管理专家们的建议。量表采用 5 点 Likert 量表，1 表示很不符合，5 表示很符合。衡量的条目具体包括"在团队商讨问题时，团队成员个人间摩擦的程度很大"、"在团队商讨问题时，团队内成员间出现情感上的不快很多"、"在团队商讨问题时，经常出现因为情绪原因而导致的紧张关系"、"在团队商讨问题时，因为个人性格差异引起的矛盾程度很大"及"在团队商讨问题时，团队内成员间存在的情绪上的冲突很大"。

4）决策绩效

研究采用 Dooley 和 Fryxell（1999）关于决策绩效的观点，并采用 Janssen 等（1999）开发的相应量表。我国学者郎淳刚和席酉民（2007）曾对 Janssen 等（1999）的量表进行了翻译，但他们只在文献中给出了一部分翻译。因此，一方面采用在郎淳刚和席酉民（2007）已公布的翻译部分，另一方面在其基础上采用回译的方法进行补充来确定决策绩效的衡量量表。量表采用 5 点 Likert 量表，1 表示很不符合，5 表示很符合。具体条目包括"团队最终的决策方案远优于个人最初提出的决策方案"、"团队最终的决策方案通常反映了团队所能采取的最好选择"、"我非常满意团队最终的决策方案"、"团队最终的决策方案均得到了很好的实施"以及"团队最终的决策方案对本企业的绩效有非常积极的影响"。

在问卷的指导语中，本书给出提示要求填写者回忆最近三个月中经历的各类重要决策，据此报告高层梯队的状况。王国锋等（2007）认为决策质量等客观度量是与情境密切相关的，不同的情境决策绩效会不同，甚至产生完全相关的情况。所以在评价决策绩效时，应当给出明确的决策背景，以防止问卷填写者以不一样的决策背景作答。

5）企业绩效

对企业绩效的衡量，本书参照 Stam 和 Elfring（2008）的企业绩效评价方法，从财务绩效和成长绩效两大方面进行衡量。财务绩效包括"公司销售额"、"公司销售增长率"、"公司的销售利润率"和"公司的市场份额"，成长绩效包括"公司的投资回报"、"顾客的反馈与评价"、"公司的新业务拓展"和"公司的创新能力"等。问卷采用 5 点 Likert 量表，要求填写者与同行竞争对手相比，对最近一年来企业的绩效表现进行评价。

3. 调节变量

1）环境的动态性

环境的动态性是指企业所面临的竞争环境的激烈程度。本书借鉴张平（2005）的做法，引入虚拟变量，1 表示企业所属行业竞争激烈，0 表示企业所属行业竞争不激烈。张平（2005）参照 Haleblian 和 Finkelstein（1993）及 Keck（1997）等的环境评价因子，从行业近三年来技术更新的程度、行业竞争手段的变化、行业的增长情况、行业管制政策的变化、行业内主要企业的变动程度五个方面对行业进行评价，据此进行归类。本书采用张平（2005）的分类结果对本书的样本企业进行评定和分类，并结合企业竞争对手的数量对企业面临的竞争环境进行评价。

2）团队凝聚力

团队凝聚力，也称为团队内聚力。Carron（1982）认为群体凝聚力是"反映群体倾向于黏合在一起，共同追求某一目标或对象的动力过程"（王重鸣和刘学方，2007）。王国锋等（2007）认为在高凝聚力的团队中，成员间的感情更加深厚，相互间的信任更强，成员对团队的满意度也更高。Bollen 和 Hoyle（1990）开发了团队凝聚力的衡量量表，包括六个条目，其中三个条目衡量个体归属感，三个条目衡量个体士气（王国锋等，2007）。王国锋等（2007）在此基础上结合中国的国情进行了翻译和验证，总结出五个条目。朱振伟和金占明（2010）也对 Bollen 和 Hoyle（1990）的量表进行了翻译。本书结合两人的翻译编制团队凝聚力量表，并在初测后请管理学的专家进行调整，最终确立四个条目，分别为"感觉与本高管团队有难以割舍的情感联系"、"强烈感觉到自己属于本高管团队"、"感觉本高管团队的事情就是自己的事情"以及"感觉自己是本高管团队的家庭成员之一"。量表采用 Likert 5 点量表。

3）治理特征

本书研究的治理特征包括两个：一是董事会成员在高层梯队中的比例；二是董事长与 CEO 两权合一的情况。前者直接衡量即可，后者则采用虚拟变量来进行描述。当高层梯队存在两职合一，则用 1 表示；若不存在，则用 0 表示。

4. 控制变量

在研究中，一些非研究对象的变量对结果变量有不可忽视的影响，这些变量在进行分析时应加入模型中，以控制这些变量的变化，以更加清晰地观察研究对象对结果变量的作用。高层梯队的相关研究认为企业的规模、企业成立年数对企业绩效有显著影响。但对于狭义决策绩效，由于属于问卷填答者对其高层梯队决策绩效水平的评价，所以上述各控制变量对狭义决策绩效的影响较小。基于上述考虑，在进行狭义决策绩效相关研究时，不使用上述控制变量，而只有涉及企业绩效关系时才加入上述控制变量。其中，由于单纯以员工规模及企业成立年数纳入模型进行分析，将由于数值过大而掩盖其他变量的效应，所以在研究时将对两变量取自然对数参与分析。

3.9.3　分析方法

在管理学研究中，由于解释变量较多，为了比较不同解释变量对模型的影响，传统的单层回归已很难适应要求，所以学界一般采取多层线性回归模型进行分析。在高层梯队或高管团队研究领域，多层线性回归模型是广泛应用的研究方法。

多层线性回归模型通过比较不同模型中因为增添解释变量而对模型解释度的影响，如果增加一个变量将增加模型的解释度，那么这个模型就是更好的模型。为了检验研究中各特征差异性与决策绩效的关系以及调节变量在其中的调节作用，本书采用多层线性回归模型对各研究假设进行检验，分析的全过程均采用SPSS 软件进行。

3.10　数据检验与结果分析

3.10.1　信度与效度分析

为了检验量表的信度和结构效度，本书使用 SPSS 17.0 对量表进行信度分析和探索性因子分析。首先对团队过程进行因子分析。在因子分析之前，先进行 KMO（Kaiser-Meyer-Olkin）检验与 Bartlett's检验，以检验因子分析的适用性，如表 3-3 所示。

表 3-3　KMO 检验与 Bartlett's 检验

Kaiser-Meyer-Olkin Measure of Sampling Adequacy		0.770
Bartlett'sTest of Sphericity	Approx. Chi-Square	239.705
	df	55
	Sig.	0.000

　　由表 3-3 可知，KMO 检验统计量为 0.770>0.7，因子分析的效果比较好，再由 Bartlett 球形检验，显著性水平为 0.000，可知各变量的独立性假设不成立，故因子分析的适用性检验通过。经过因子分析后，SPSS 给出两个变量，但其中第 7 条目的载荷过低，只有 0.441，说明第 7 条目对团队水平的解释度过低，对之进行删除再进行分析。经删除后的总方差解释表如表 3-4 所示。

表 3-4　总方差解释表

Component	Initial Eigenvalues			Extraction Sums of Squared Loadings		
	Total	% of Variance	Cumulative %	Total	% of Variance	Cumulative %
1	3.556	32.323	32.323	3.556	32.323	32.323
2	3.268	29.710	62.033	3.268	29.710	62.033
3	0.885	8.042	70.075			
4	0.665	6.046	76.121			
5	0.620	5.633	81.754			
6	0.488	4.440	86.194			
7	0.434	3.948	90.143			
8	0.380	3.456	93.598			
9	0.305	2.772	96.370			
10	0.232	2.106	98.476			
11	0.168	1.524	100.000			

提取方法：主成分分析

　　由表 3-4 可知两个释出因子的方差贡献率达到 62.033%（≥60%），因此这两个因子可以较好地解释团队过程。

　　采用主成分法计算因子载荷矩阵，根据因子载荷矩阵可以说明各因子在各变量上的载荷，即影响程度。由于初始的因子载荷矩阵系数不是太明显，为了使因子载荷矩阵中系数向 0~1 分化，减少和每个变量有关联的因子数，从而简化对原变量的解释，本书对初始因子载荷矩阵进行四次方最大正交旋转，旋转后的因子载荷矩阵如表 3-5 所示。

表 3-5　因子旋转矩阵

tpro	Component		Cronbach's α if Item Deleted	Cronbach's α
	1	2		0.776
tpro5	**0.822**	0.001	0.756	
tpro1	**0.796**	−0.026	0.759	
tpro2	**0.778**	−0.157	0.770	
tpro3	**0.762**	−0.025	0.764	
tpro6	**0.709**	0.131	0.757	
tpro4	**0.697**	0.123	0.755	0.854
tpro9	−0.008	**0.880**	0.750	
tpro12	−0.032	**0.842**	0.756	
tpro11	0.154	**0.792**	0.744	
tpro8	−0.142	**0.770**	0.777	
tpro10	0.095	**0.722**	0.756	0.859

提取方法：主成分分析；旋转方法：四次方最大正交旋转；3 次迭代旋转收敛

可见 SPSS 认为前七个变量可归为一类因子，即信息收集过程与信息处理过程可合归为一类过程，在此不妨命名为认知过程；后五个变量归为一类因子，可对应命名为情感过程。表 3-5 的右边倒数第二列还列出了各条目若删除后量表的内部一致性系数，即 Cronbach's α 系数，最后一列给出了团队过程量表的总体内部一致性系数及认知过程和情感过程两类量表的内部一致系数。由这些系数可知，团队过程量表的总体信度为 0.776，认知过程及情感过程的信度分别为 0.854 和 0.859，均大于信度检验标准 0.7，表明这些量表的各指标均具有较高的信度。

从因子载荷来看，在删除了第 7 条目后，除第 4 条目略低于 0.7 外，其他条目均高于 0.7，表示 11 个题项均具有较好的测量效度。因子分析结果表明，认知过程与情感过程的概念是相互独立的，所设计的条目准确地反映了两类团队过程，属于不同过程的条目之间不存在交叉和高度相关。

同样，团队凝聚力、决策绩效和企业绩效的内部一致性系数也达到 0.8 以上，信度均较高，符合量表的信度要求，如表 3-6 所示。

表 3-6　其他量表的信度系数

Cronbach's α	团队凝聚力	决策绩效	企业绩效
	0.887	0.880	0.875

在结构效度方面，团队凝聚力和决策绩效量表经因子分析后，均得到一个因子，且条目非旋转载荷均已达 0.7 以上，表明各题项均具有较好的结构效度，相关数据经整理后如表 3-7 所示。

表 3-7　团队凝聚力与决策绩效因子分析结果

团队凝聚力	因子 1	决策绩效	因子 1
tcohe2	0.890	perf3	0.907
tcohe3	0.876	perf5	0.861
tcohe4	0.873	perf2	0.838
tcohe1	0.818	perf1	0.776
		perf4	0.769

提取方法：主成分分析；提取 1 个成分

在企业绩效方面，因子分析得出两类因子，对初始因子载荷矩阵进行四次方最大正交旋转，旋转后的因子载荷矩阵如表 3-8 所示。此分析结果与 Stam 和 Elfring（2008）的研究结果一致，前一个因子为财务绩效，后一个因子为成长绩效。由表 3-8 可知，除第 11 条目的因子载荷偏低外，其他条目的因子载荷均较高，表示绝大部分条目均具有较高的结构效度。

表 3-8　企业绩效因子分析结果

决策绩效	因子	
	1	2
perf6	**0.908**	0.011
perf7	**0.896**	−0.060
perf8	**0.858**	0.148
perf9	**0.769**	0.182
perf10	**0.736**	0.146
perf12	0.276	**0.908**
perf13	0.320	**0.866**
perf11	0.523	**0.525**

提取方法：主成分分析法；旋转方法：四次方最大正交旋转；3 次迭代旋转收敛

在收敛效度（convergent validity）方面，本书通过使用 AMOS 17.0 构造测量模型进行验证性因子分析（confirmatory factor analysis，CFA）。相关的检验指标及标准如下。

（1）卡方指数 χ^2（chi-square）：一般认为卡方指数显著时，测量模型与理论模型具有较好的拟合度。但由于卡方指数容易随样本的变化而变化，且对样本数非常敏感，所以学者们大都建议使用自由度（df）调整后的卡方指数，即 χ^2/df 来进行评价，一般认为 χ^2/df 小于 2 或 3 即表示拟合较好，若为 5 则表示可以接受（侯杰泰等，2004）。

（2）均方残差的平方根（root mean-square residual，RMR）以及近似误差的均方根（root-mean-square error of approximation，RMSEA），是另外两个常用的评价指标。黄芳铭（2005）认为 RMR、RMSEA 小于 0.05 则为良好适配，0.1 以上则表示模型适配不良。

（3）拟合优度指数（goodness-of-fit index，GFI）及调整拟合优度指数（adjusted goodness-of-fit index，AGFI）主要用于衡量模型在解释时方差与协方差的比例，一般认为两个指标超过 0.8 表示可以接受，0.9 以上表示拟合较好。

（4）规范拟合指数（normaled fit index，NFI）、递增拟合指数（incremental fit index，IFI）和比较拟合指数（comparative fit index，CFI）三者用于评价与独立模型相比较后的拟合程度。一般认为，此三大指标在大于 0.8 时表示模型拟合度可以接受，大于 0.9 表示拟合较好。

验证性因子分析指标值如表 3-9 所示。

表 3-9　验证性因子分析指标值

指标	团队过程	团队凝聚力	决策绩效	企业绩效	评价标准	拟合程度是否全可以接受
卡方指数 χ^2	45.044	4.926	11.48	45.228		
自由度 df	41	2	5	19		
χ^2/df	1.099	2.463	2.296	2.380	<3 可以接受，<2 拟合较好	是
RMR	0.066	0.084	0.041	0.079	<0.1 可以接受，>0.05 拟合较好	是
GFI	0.854	0.844	0.919	0.912	>0.8 可以接受，>0.9 拟合较好	是
AGFI	0.803	0.831	0.823	0.802	>0.8 可以接受，>0.9 拟合较好	是
NFI	0.822	0.814	0.921	0.922	>0.8 可以接受，>0.9 拟合较好	是
IFI	0.982	0.826	0.954	0.951	>0.8 可以接受，>0.9 拟合较好	是
CFI	0.981	0.821	0.952	0.949	>0.8 可以接受，>0.9 拟合较好	是
RMSEA	0.044	0.089	0.097	0.099	<0.1 可以接受，>0.05 拟合较好	是

从表 3-9 可以看出四个量表的指标均达到标准，表明模型的拟合程度均在可接受范围内，量表的收敛效度达到要求。

3.10.2　变量的描述性统计

表 3-10 给出了研究所有变量的相应代码、样本均值、标准差、最小值与最大值。

表 3-10　研究变量的代码、均值、方差与最大最小值

变量	代码	均值	标准差	最小值	最大值
企业规模	firsiz	528.571	389.845	50.000	1 000.000
环境动态性	envdyn	10.184	7.533	2.000	20.000
企业年龄	firage	25.878	23.140	1.000	100.000
高层梯队规模	uppsiz	7.327	4.679	2.000	25.000
性别差异性	genhet	0.150	0.198	0.000	0.859
年龄差异性	agehet	0.366	0.226	0.000	0.667
教育程度差异性	eduhet	0.351	0.239	0.000	0.719
专业背景差异性	majhet	0.212	0.229	0.000	0.645
公司任期差异性	tenhet	0.305	0.235	0.000	0.694
工作经历差异性	exphet	0.428	0.293	0.000	0.857
适应性均值	aggmea	4.283	0.576	2.500	5.000
适应性差异性	agghet	0.118	0.098	0.000	0.383
外向性均值	extmea	3.831	0.580	2.667	5.000
外向性差异性	exthet	0.154	0.111	0.000	0.464
开放性均值	opemea	3.735	0.679	2.000	5.000
开放性差异性	opehet	0.134	0.104	0.000	0.485
利他性均值	neumea	3.829	0.785	1.333	5.000
利他性差异性	neuhet	0.159	0.095	0.000	0.422
责任感均值	conmea	4.449	0.530	2.250	5.000
责任感差异性	conhet	0.107	0.094	0.000	0.369
年龄垂直对差异性	agevd	—	—	—	—
教育程度垂直对差异性	eduvd	—	—	—	—
公司任期垂直对差异性	tenvd	—	—	—	—
人口特征断层强度	demfau	0.388	0.254	0.013	0.989
个性特征断层强度	perfau	0.511	0.264	0.035	0.987
总体特征断层强度	totfau	0.510	0.287	0.007	0.957
执行董事比例	dirrat	0.498	0.377	0.000	1.000
董事长与 CEO 两职合一	dual	—	—	—	—
信息收集	Infcol	3.987	0.687	2.659	5.000
信息处理	infpro	3.665	0.692	2.209	5.000
情感冲突	affcon	2.887	0.955	1.191	5.528
团队凝聚力	tcohe	3.910	0.816	1.000	5.000
决策绩效	decper	3.727	0.733	1.806	5.000
企业绩效	corper	3.790	0.691	2.000	5.000

3.10.3　假设检验

本书使用 SPSS 17.0 对样本数据进行基于普通最小二乘法（ordinary least squares regression，OLS）的多元回归，使用的模型是层次线性回归模型（hierarchical linear regression model）。首先对各类特征构成与决策过程的关系进行回归，并加入调节变量分析调节作用；其次分析决策过程分别与决策绩效及企业绩效进行回归；最后分析特征与决策绩效的关系，并对接特征与决策过程的研究，对决策过程的中介角色进行分析。

1. 高层梯队特征组成差异性与决策过程的关系及调节变量的作用

1）高层梯队人口特征组成差异性与信息收集过程的关系

分析高层梯队人口特征组成差异性与信息收集过程的关系及调节变量的作用，如表 3-11 所示。

表 3-11　人口特征组成差异性与信息收集过程的关系及调节作用分析

变量	变量符号	模型 1	模型 2	模型 3	模型 4
	(Constant)	3.797***	3.818***	3.756***	3.818***
	genhet	−0.055	−0.224	−0.276	0.160
	agehet	−0.325	−0.982	−0.112	−0.108
自变量	eduhet	0.190	−0.308	0.300	−0.129
	majhet	−0.551	1.068	−0.867	−0.169
	tenhet	−0.035	0.376	0.704	0.134
	exphet	0.133	0.418	0.417	0.390
	dirrat×genhet		0.942		
	dirrat×agehet		1.431		
	dirrat×majhet		−1.902		
调节变量	dual×genhet			1.490	
	dual×eduhet			−1.641+	
	dual×majhet			2.277*	
	dual×tenhet			−0.943	
	envdyn×tenhet				0.019
R^2		0.043	0.123	0.226	0.060
调整的 R^2		−0.094	−0.079	−0.004	−0.100
Δ 调整的 R^2			0.015	0.090	−0.006
F 值		0.314	0.610	0.984	0.375

*** $p<0.001$；* $p<0.05$；+ $p<0.1$

注：表中所列为标准化后的回归系数 β；Δ调整的 R^2 是指各模型与模型 1 的调整的 R^2 相比较而得出的

　　模型 1 中变量的方差膨胀系数（variance inflation factor，VIF）均小于 2，表明模型不存在严重的多重共线性问题；模型 2 中"dirrat×exphet"、"dirrat×tenhet"以及"dirrat×eduhet"有较强的多重共线性，故将此三个变量去除后再作回归，发现方差膨胀系数均小于 5，表明此时模型 2 不存在严重的多重共线性问题；模型 3 中"dual×exphet"与"dual×agehet"有较强的多重共线性，故将两者删除后再作回归，发现方差膨胀系数均小于 5，表明模型 3 也不存在严重的多重共线性问题；模型 4 中，发现除"envdyn×tenhet"有较强的多重共线性，故将其删除，删除后发现方差膨胀系数均小于 5，表示模型 4 不存在严重的多重共线性问题。然而，对于调节变量"tcohe"，即团队凝聚力，其与各特征差异性指标的交互项均存在较强的多重共线性问题，这源于团队凝聚力与信息收集变量间较强的相关性。所以，此处对团队凝聚力的调节作用不做考虑。

　　由表 3-11 可以看出四个模型的 F 值均不显著，表明人口特征组成差异性与信息收集的关系不显著，除 H_{5A} 获得支持外，其他假设均未获得支持。

　　2）高层梯队人口特征组成差异性与信息处理过程的关系

　　对于高层梯队人口特征组成差异性与信息处理过程的关系如表 3-12 所示。其对各变量的处理与表 3-11 的处理类似，在此不再赘述。处理后，变量间的方差膨胀系数均小于 2，表示各模型均不存在严重的多重共线性问题。

表 3-12　人口特征组成差异性与信息处理过程的关系及调节作用分析

变量	变量符号	模型 1	模型 2	模型 3	模型 4
	(Constant)	3.812***	3.815***	3.754***	3.801***
	genhet	0.109	−0.636	−0.673	−0.019
	agehet	−0.144	−0.626	−0.276	−0.299
自变量	eduhet	−0.135	0.048	0.468	0.194
	majhet	−0.091	0.209	−1.049	−0.606
	tenhet	0.279	0.093	0.384	−0.137
	exphet	0.452	0.017	−0.014	0.089
	dirrat×genhet		1.550		
	dirrat×agehet		0.500		
	dirrat×majhet		−1.229		
调节变量	dual×genhet			2.279*	
	dual×eduhet			−1.215	
	dual×majhet			1.366	
	dual×tenhet			−0.610	
	envdyn×tenhet				0.013
R^2		0.055	0.091	0.188	0.045
调整的 R^2		−0.080	−0.119	−0.026	−0.118
Δ 调整的 R^2			−0.039	−0.054	−0.038
F 值		0.408	0.432	0.881	0.279

*** $p<0.001$；　* $p<0.05$；

注：表中所列为标准化后的回归系数 β；Δ调整的 R^2 均是指各模型与模型 1 的调整的 R^2 相比较而得出的

　　由表 3-12 可以看出四个模型的 F 值均不显著，表明人口特征组成差异性与信息处理的关系不显著，假设未获得支持。

　　3）高层梯队人口特征组成差异性与情感冲突过程的关系

　　高层梯队人口特征组成差异性与情感冲突过程的关系及调节作用分析如表 3-13 所示。

表 3-13　人口特征组成差异性与情感冲突过程的关系及调节作用分析

变量	变量符号	模型 1	模型 2	模型 3	模型 4
自变量	(Constant)	3.564***	3.619***	3.568***	3.530***
	genhet	−0.939	−0.591	−0.648	−0.623
	agehet	−1.760**	−2.375*	−1.801*	−1.676
	eduhet	1.189*	−0.031	1.087	2.085**
	majhet	−0.219	1.443	0.486	−0.411
	tenhet	−0.630	−0.747	−1.400+	−1.581
	exphet	−0.161	−0.088	−0.040	−0.258
调节变量	dirrat×genhet		−1.465		
	dirrat×agehet		0.546		
	dirrat×eduhet		2.556		
	dirrat×majhet		−3.284*		
	dual×genhet			−0.756	
	dual×eduhet			0.622	
	dual×majhet			−2.363+	
	dual×tenhet			2.002+	
	envdyn×agehet				−0.001
	envdyn×eduhet				−0.069
	envdyn×tenhet				0.095
R^2		0.240	0.323	0.338	0.275
调整的 R^2		0.131	0.145	0.163	0.107
Δ 调整的 R^2			0.014	0.032	−0.024
F 值		2.208+	1.814+	1.936+	1.640

** $p<0.01$；* $p<0.05$；

注：表中所列为标准化后的回归系数 β；Δ调整的 R^2 均指各模型与模型 1 的调整的 R^2 相比较而得出的

　　由表 3-13 可以看出前三个模型都达到最低的显著性要求，表明人口特征差异性与情感冲突存在显著的相关关系，具体的显著关系是年龄和教育程度两个特征的差异性与情感冲突显著相关，年龄差异性与情感负相关，而教育程度差异性与情感正相关。未发现其他特征与情感冲突存在显著的相关关系。

在调节作用上，执行董事的比例与两职合一状况负向调节专业背景差异性与情感冲突的关系，但专业背景差异性本身与情感冲突的关系并不显著。而公司任期在两职合一状况的正向调节下，与情感冲突存在显著的负相关关系。环境动态性未发现存在显著的调节作用。

4）高层梯队个性特征组成差异性与信息收集过程的关系

由表 3-14 可知，高层梯队个性特征组成差异性与信息收集过程关系的四个模型均不显著，表示两者之间并不存在显著的相关关系。

表 3-14　个性特征组成差异性与信息收集过程的关系及调节作用分析

变量	变量符号	模型 1	模型 2	模型 3	模型 4
	(Constant)	1.192	1.159	1.192	1.317*
	aggmea	0.094	0.095	0.095	0.100
	extmea	0.139	0.136	0.143	0.148
自变量	exthet	1.224	1.417*	1.270*	0.837
	opemea	0.367	0.375*	0.359*	0.359*
	neumea	−0.472**	−0.480**	−0.469**	−0.478**
	conmea	0.475**	0.480**	0.474**	0.437*
	dirrat×exthet		−0.256		
调节变量	dual×exthet			−0.138	
	envdyn×exthet				0.058
R^2		0.203	0.203	0.203	0.213
调整的 R^2		0.089	0.067	0.067	0.078
Δ 调整的 R^2			−0.022	−0.000	−0.011
F 值		1.783	1.496	1.495	1.581

** $p<0.01$；* $p<0.05$

注：表中所列为标准化后的回归系数 β；Δ调整的 R^2 是指各模型与模型 1 的调整的 R^2 相比较而得出的

5）高层梯队个性特征组成差异性与信息处理过程的关系

由表 3-15 可以看到，尽管开放性、利他性和责任感的均值对信息处理相关系数的显著性均较高，但整体模型 F 值的显著性却未达到最低要求，因而高层梯队个性特征组成差异性与信息处理过程并不存在显著的相关关系。

表 3-15　个性特征组成差异性与信息处理过程的关系及调节作用分析

变量	变量符号	模型 1	模型 2	模型 3	模型 4
自变量	(Constant)	2.217*	2.307*	2.211*	2.163*
	aggmea	−0.114	−0.119	−0.125	−0.117
	extmea	−0.103	−0.097	−0.148	−0.107
	exthet	1.117	0.591	0.678	1.284+
	opemea	0.483*	0.460*	0.557*	0.486*
	neumea	−0.478**	−0.458**	−0.505**	−0.476**
	conmea	0.492**	0.478**	0.501**	0.508**
调节变量	dirrat×exthet		0.696		
	dual×exthet			1.301	
	envdyn×exthet				−0.025
R^2		0.185	0.188	0.213	0.186
调整的 R^2		0.068	0.049	0.079	0.047
Δ 调整的 R^2					
F 值		1.584	1.355	1.586	1.341

** $p<0.01$；* $p<0.05$；+ $p<0.1$

注：表中所列为标准化后的回归系数 β；Δ调整的 R^2 是指各模型与模型 1 的调整的 R^2 相比较而得出的

6）高层梯队个性特征组成差异性与情感冲突过程的关系

表 3-16 表明，外向性的差异性仅在执行董事比例的正向调节下与情感冲突存在显著的负相关关系。其他研究变量之间的关系均未发现显著。

表 3-16　个性特征组成差异性与情感冲突过程的关系及调节作用分析

变量	变量符号	模型 1	模型 2	模型 3	模型 4
自变量	(Constant)	3.643*	4.082*	3.638*	3.647*
	aggmea	0.258	0.234	0.248	0.258
	extmea	−0.803*	−0.773*	−0.843*	−0.803*
	exthet	−2.031	−4.607*	−2.426	−2.045
	opemea	0.146	0.035	0.213	0.146
	neumea	0.214	0.314	0.190	0.214
	conmea	0.037	−0.033	0.045	0.035
调节变量	dirrat×exthet		3.409+		
	dual×exthet			1.170	
	envdyn×exthet				0.002
R^2		0.199	0.242	0.211	0.199
调整的 R^2		0.084	0.112	0.076	0.062
Δ 调整的 R^2					
F 值		1.736	1.867+	1.565	1.453

* $p<0.05$；+ $p<0.1$

注：表中所列为标准化后的回归系数 β；Δ调整的 R^2 均指各模型与模型 1 的调整的 R^2 相比较而得出的

2. 高层梯队特征垂直对差异性与决策过程的关系及调节变量的作用

1）高层梯队特征垂直对差异性与信息收集过程的关系

由表 3-17 可知，在两职合一的负相调节下（但调节作用不显著），教育程度的垂直对差异与信息收集存在显著的正相关关系。其他研究变量之间的关系均未发现显著。

表 3-17　特征垂直对差异性与信息收集过程的关系及调节作用分析

变量	变量符号	模型 1	模型 2	模型 3	模型 4
自变量	(Constant)	0.778^{***}	0.780^{***}	0.771^{***}	0.780^{***}
	agevd	−0.068	−0.045	0.014	−0.032
	eduvd	0.259^{*}	0.251^{*}	0.297^{*}	0.259
	tenvd	−0.057	−0.051	−0.086	−0.058
调节变量	dirrat×agevd		−0.051		
	dual×agevd			−0.186	
	evndyn×eduvd				−0.003
R^2		0.127	0.129	0.178	0.132
调整的 R^2		0.067	0.046	0.100	0.049
Δ 调整的 R^2			−0.021	0.033	−0.018
F 值		2.093	1.560	2.279^{+}	1.594

$*** p<0.001$；$* p<0.05$；$+ p<0.1$

注：表中所列为标准化后的回归系数 β；Δ调整的 R^2 均指各模型与模型 1 的调整的 R^2 相比较而得出的

2）高层梯队特征垂直对差异性与信息处理过程的关系

如表 3-18 所示，研究发现教育程度的垂直对差异性与信息处理存在显著的正相关关系。在调节作用方面，由于加入调节变量后，调整后的 R^2 反而减小，证明调节变量的加入，减弱了模型的解释力度，调节作用不显著。另外，单从调节变量相关系数的显著性上看，也可知调节作用并不显著。

表 3-18　特征垂直对差异性与信息处理过程的关系及调节作用分析

变量	变量符号	模型 1	模型 2	模型 3	模型 4
自变量	(Constant)	0.659^{***}	0.659^{***}	0.662^{***}	0.659^{***}
	agevd	−0.175	−0.189	−0.212	−0.189
	eduvd	0.381^{**}	0.381^{**}	0.364^{**}	0.381^{**}
	tenvd	0.001	0.002	0.014	0.002
调节变量	dirrat×agevd		0.001		
	dual×agevd			0.083	
	evndyn×agevd				0.001

续表

变量	变量符号	模型 1	模型 2	模型 3	模型 4
R^2		0.219	0.220	0.227	0.220
调整的 R^2		0.165	0.146	0.153	0.146
△ 调整的 R^2			−0.019	−0.012	−0.021
F 值		4.031*	2.962*	3.081*	2.963*

*** $p<0.001$；** $p<0.01$；* $p<0.05$

注：表中所列为标准化后的回归系数 β；△调整的 R^2 均指各模型与模型 1 的调整的 R^2 相比较而得出的

3）高层梯队特征垂直对差异性与情感冲突过程的关系

由表 3-19 可知，特征垂直对差异性与情感冲突过程的关系并不显著。

表 3-19　特征垂直对差异性与情感冲突过程的关系及调节作用分析

变量	变量符号	模型 1	模型 2	模型 3	模型 4
自变量	(Constant)	0.211	0.208	0.216	0.202
	agevd	0.199	0.165	0.147	0.344
	eduvd	−0.018	−0.006	−0.041	−0.131
	tenvd	0.052	0.043	0.070	0.060
调节变量	dirrat×agevd		0.075		
	dual×agevd			0.117	
	evndyn×agevd				−0.014
	evndyn×eduvd				0.011
R^2		0.039	0.041	0.049	0.054
调整的 R^2		−0.028	−0.050	−0.042	−0.061
△ 调整的 R^2			−0.022	−0.014	−0.033
F 值		0.587	0.453	0.539	0.469

注：表中所列为标准化后的回归系数 β；△调整的 R^2 均指各模型与模型 1 的调整的 R^2 相比较而得出的

3. 高层梯队决策过程与决策绩效、企业绩效的关系

由表 3-20 可知，信息收集过程和信息处理过程与决策绩效显著正相关，与财务绩效相关性不显著；信息处理过程与成长绩效显著正相关。

表 3-20　决策过程与决策绩效企业绩效的关系分析

变量	变量符号	决策绩效	财务绩效	成长绩效
自变量	(Constant)	0.557***	1.756**	0.518***
	Infcol	0.523**	0.264	0.110
	infpro	0.298*	0.255	0.656*
	affcon	−0.003	0.015	0.021

续表

变量	变量符号	决策绩效	财务绩效	成长绩效
R^2		0.520	0.234	0.275
调整的 R^2		0.488	−0.182	0.227
F 值		16.275***	4.572**	5.702**

*** $p<0.001$；** $p<0.01$；* $p<0.05$

注：表中所列为标准化后的回归系数 β

4. 高层梯队特征与决策绩效、企业绩效的关系

1）特征组成的差异性与决策绩效、企业绩效的关系分析

如表 3-21 所示，特征组成差异性与决策绩效、企业绩效的相关关系并不显著。

表 3-21　特征组成差异性与决策绩效、企业绩效的关系

变量	变量符号	决策绩效	财务绩效	成长绩效
	(Constant)	3.153***	3.173***	3.060***
控制变量	firsiz	0.000	5.160×10^{-5}	0.000
	firage	0.011	0.012	0.009
	genhet	0.413	−0.130	−0.474
	agehet	−0.022	−0.692	0.419
自变量	eduhet	0.403	0.485	−0.310
	majhet	0.267	−0.604	0.238
	tenhet	0.303	0.540	−0.573
	exphet	0.505	0.812	0.815
R^2		0.139	0.730	0.094
调整的 R^2		0.081	0.568	−0.087
F 值		2.42+	2.347*	0.522

*** $p<0.001$；* $p<0.05$；+ $p<0.1$

注：表中所列为标准化后的回归系数 β

2）特征垂直对的差异性与决策绩效、企业绩效的关系分析

由表 3-22 可知，在特征垂直对差异性中，只有教育程度的垂直对差异性与财务绩效及成长绩效显著正相关，其他特征的垂直对差异性均未发现存在显著的相关关系。

表 3-22　特征垂直对的差异性与决策绩效、企业绩效的关系

变量	变量符号	决策绩效	财务绩效	成长绩效
	(Constant)	3.440***	3.399***	2.775***
控制变量	firsiz	−0.253	0.104	−0.287
	firage	0.482	0.362	0.604
	agevd	0.194	0.118	0.547
自变量	eduvd	3.440	3.399*	2.775*
	tenvd	−0.253	0.104	−0.287

续表

变量	变量符号	决策绩效	财务绩效	成长绩效
R^2		0.121	0.730	0.094
调整的 R^2		0.060	0.568	−0.087
F 值		2.05^+	2.347^*	0.522^*

*** $p<0.001$；* $p<0.05$；+ $p<0.1$

注：表中所列为标准化后的回归系数 β

3.10.4 假设检验结果汇总

将假设检验结果进行归纳，如表 3-23 所示。

表 3-23 研究假设支持情况汇总

研究假设	检验结果
H_{1A}：高层梯队的性别差异性越大，信息的收集水平越高	不支持
H_{1B}：高层梯队的性别差异性越大，高层梯队信息的处理水平越高	不支持
H_{1C}：高层梯队的性别差异性越大，情感冲突水平越低	不支持
H_{2A}：高层梯队年龄差异性与信息的收集水平关系不显著	支持
H_{2B}：高层梯队年龄差异性越大，信息的处理水平越高	不支持
H_{2C}：高层梯队年龄差异性越大，情感冲突水平越高	不支持
H_{3A}：高层梯队公司任期差异性越高，信息收集水平将越高	不支持
H_{3B}：高层梯队公司任期差异性越高，信息处理水平将越高	不支持
H_{3C}：高层梯队公司任期差异性越高，情感冲突水平将越高	支持[1]
H_{4A}：高层梯队教育程度的差异性与信息收集水平及理解水平不存在显著的相关关系	支持
H_{4B}：高层梯队教育程度的差异性越大，情感冲突水平越高	支持
H_{5A}：高层梯队专业背景的差异性越大，信息收集水平越高	不支持
H_{5B}：高层梯队专业背景的差异性越大，信息处理水平越高	不支持
H_{5C}：高层梯队专业背景的差异性越大，情感冲突水平越高	不支持
H_{6A}：高层梯队工作经历的差异性越高，信息收集水平越高	不支持
H_{6B}：高层梯队工作经历的差异性越高，理解水平越高	不支持
H_{6C}：高层梯队工作经历的差异性越高，情感冲突水平越高	不支持
H_{7A}：团队的平均责任感越强，信息收集水平越高	不支持
H_{7B}：团队的平均责任感越强，信息处理水平越高	不支持
H_{7C}：团队在责任感方面的差异性越大，情感冲突水平越高	不支持
H_{8A}：团队的平均外向性越强，信息收集水平越高	不支持
H_{8B}：团队的平均外向性越强，信息处理水平越低，情感冲突水平越高	部分支持[1]
H_{8C}：团队在外向性方面的差异性越大，信息处理水平越高，情感冲突水平越低	部分支持[1]

续表

研究假设	检验结果
H_{9A}：团队的平均适应性、利他性及开放性越强，信息收集水平越高	不支持
H_{9B}：团队的平均适应性、利他性及开放性越强，信息处理水平越高	不支持
H_{9C}：团队在适应性、利他性及开放性方面的差异性越大，情感冲突水平越高	不支持
H_{10A}：当 CEO 比其他高管年龄更小、任职时间更短、受教育程度更低将提升高层梯队的信息收集水平	部分支持
H_{10B}：当 CEO 比其他高管年龄更小、任职时间更短、受教育程度更低将提升高层梯队的信息处理水平	部分支持
H_{10C}：当 CEO 比其他高管年龄更小、任职时间更短、受教育程度更低将增加高层梯队情感冲突水平	不支持
H_{11A}：高层梯队内执行（内部）董事比例对高层梯队特征差异性对信息收集水平的作用具有正向调节作用	部分支持
H_{11B}：高层梯队内执行董事对高层梯队特征差异性对信息处理水平的作用具有正向的调节作用	部分支持
H_{11C}：高层梯队内执行董事对高层梯队特征差异性对情感冲突水平的作用具有负向的调节作用	部分支持
H_{12A}：董事长与 CEO 的两职合一对高层梯队特征差异性对信息收集水平的作用具有正向的调节作用	部分支持
H_{12B}：董事长与 CEO 的两职合一对高层梯队特征差异性对信息处理水平的作用具有正向的调节作用	部分支持
H_{12C}：董事长与 CEO 的两职合一对高层梯队特征差异性对情感冲突水平的作用具有负向的调节作用	部分支持
H_{13A}：环境的不稳定性将正向调节高层梯队特征的差异性与信息收集之间的关系	不支持
H_{13B}：环境的不稳定性将正向调节高层梯队特征的差异性与信息处理之间的关系	部分支持
H_{13C}：环境的不稳定性将负向调节高层梯队特征的差异性与情感冲突之间的关系	不支持
H_{14A}：高层梯队团队凝聚力使高层梯队组成的差异性正面效应扩大，使负面效应缩小	不支持
H_{15A}：高层梯队信息收集水平与企业结果显著正相关	部分支持
H_{15B}：高层梯队信息处理水平与企业结果显著正相关	部分支持
H_{15C}：高层梯队情感冲突水平与企业结果显著负相关	不支持
H_{16A}：高层梯队特征组成差异性、垂直对差异性与企业结果存在显著的正相关关系	部分支持
H_{16B}：高层梯队特征组成差异性、垂直对差异性与企业结果存在显著的负相关关系	部分支持

1）表示在调节变量的作用下，支持研究假设的结论

　　由于表 3-23 有些假设过于概括，有些假设标"1）"及注明"部分支持"的，均需要进一步给出研究的具体发现，本书进行了汇总，如表 3-24 所示。

表 3-24　研究假设具体检验结果汇总

作用主体	关系描述	检验结果
人口特征组成差异性与团队过程	高层梯队年龄差异性与情感冲突过程的关系	负相关
	教育程度差异性与情感冲突过程的关系	正相关

续表

作用主体	关系描述	检验结果
人口特征组成差异性与团队过程	执行董事比例对专业背景差异性与情感冲突关系的调节作用	负向调节
	两职合一对专业背景差异性与情感冲突关系的调节作用	负向调节
	两职合一对公司任期差异性与情感冲突关系的调节作用	正向调节
	在调节变量作用下，公司任期差异性与情感冲突的关系	负相关
	执行董事比例对强外向性比例与情感冲突关系的调节作用	正向调节
	执行董事比例对外向性的差异性与情感冲突关系的调节作用	正向调节
	在调节变量作用下，强外向性比例与情感冲突的关系	负相关
	在调节变量作用下，外向性的差异性与情感冲突的关系	负相关
垂直对差异性与团队过程	教育程度的垂直对差异性与信息收集的关系	正相关
	教育程度的垂直对差异性与信息处理的关系	正相关
团队过程与企业结果	信息收集与决策绩效的关系	正相关
	信息处理与决策绩效的关系	正相关
	信息处理与成长绩效的关系	正相关
特征与企业结果	教育特征垂直对差异性与财务绩效的关系	正相关

3.11　本章小结

　　首先，本章首先提出高层梯队特征与决策绩效、企业绩效的理论构架，并对高层梯队的决策过程从符号理论的解释来进行剖析阐述，对决策过程进行了均衡分析。在此基础上，本书提出决策过程的三因素模型，即包含信息收集、信息处理和情感冲突过程。其次，本书从特征组成的差异性、特征垂直对的差异性与决策过程的关系进行深入的理论分析，并提出相应的假设；在探讨完这些关系后，本书对影响这些关系的调节因素进行了分析，包括治理特征的调节作用和环境动态性及团队凝聚力的调节因素并提出相应假设；对高层梯队决策过程和高层梯队特征对决策绩效的作用进行了分析，并提出了相应的假设。再次，对本章的研究设计与方法进行说明，包括样本的说明、变量的测量和研究的方法等。最后，进行数据检验和结果分析，并对假设检验的结果进行了汇总。

第4章 高层梯队隐性特征的内部动态过程的影响机制

4.1 高层梯队内部动态的演进过程

4.1.1 高层梯队特征的冰山模型

自从 Hambrick 和 Mason（1984）提出高层梯队理论以来，在战略研究领域，企业高管与企业业绩之间的关系一直是学界和业界长期关注的焦点之一。在高层梯队研究的第一阶段，学界主要关注的是高层梯队的人口统计学特征对企业业绩的影响，人口统计学特征主要是显性特征，如性别、年龄、任期、教育背景和职能背景等。有关人口统计学特征与企业绩效之间关系的研究结论是不稳定的，有的甚至是相反的，主要原因在于忽视了高层梯队的隐性特征在团队过程中对决策绩效及企业绩效的影响，也忽视了隐性特征在战略决策过程中的决定作用。从人力资本的构成来看，包括显性的人力资本和隐性的人力资本，其中，隐性人力资本的特点是本源性和基础性，它体现了一种源泉的特性，是一切显性人力资本的基础。基于此，本书提出了基于高层梯队特征的冰山模型（图 4-1）。

图 4-1 高层梯队特征人力资本的冰山模型

从高层梯队特征的冰山模型可以看出，人的素质特征可以分为显性的"冰山以上部分"和隐性的"冰山以下部分"。对于"冰山以上部分"，既包括基本知识，又包括素质技能，属于外在的表现，是易于被观测的部分，可以通过教育、培训进行塑造和改善；而"冰山以下部分"，包括在社会中的角色和形象、行为的特质与动机，属于人内在的，是很难被测量的部分。虽然它们都不会随着外界的变化而改变，但是对人的行为却有着至关重要的作用。隐性特征是一种潜在的、隐藏在人的大脑之中的人力资本特征，除了具有稀缺性外，还具有和主体的不可分离性、不可复制性，是高管团队核心竞争力的基础，也是本源性的因素，决定了企业经济发展的潜力。

基于本书的研究，本章所研究的高层梯队的显性特征包括年龄、任期、教育背景、技能和经验等容易被观测的变量；与此同时，隐性能力（包括管理能力、决策能力、学习能力、创新能力和沟通能力）和价值观（包括凝聚力、责任感、合作精神和诚信精神）等难以被观测的部分则组成高层梯队的隐性特征，如图 4-2 所示。

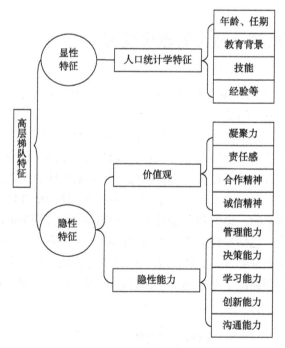

图 4-2　高层梯队特征

4.1.2　基于高层梯队特征的团队生命周期

将特征按信息的易获取程度分为显性特征和隐性特征，依据两类特征在团队演化过程中分量的增减，构建团队成熟历程的高层梯队内部动态演进过程模型（图4-3）。

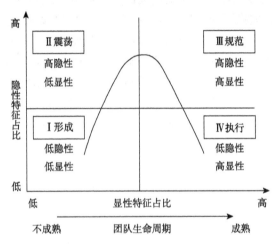

图 4-3　基于高层梯队特征的团队生命周期模型

从图 4-3 可以看出，基于高层梯队特征的团队生命周期包括四个时期，即形成期、震荡期、规范期和执行期。基于生命周期理论以及高层梯队隐性特征的内部动态过程可知，随着高层梯队成熟历程的动态演进，基于高层梯队特征的团队的生命周期的发展形势是从形成期到震荡期，再到规范期，最后进入执行期。四个时期的界定如下：

（1）形成期（低隐性、低显性）。形成期是团队生命周期的开始时期。在这个时期，高管团队的运作不由自身掌控，受组建者的指导和控制。高管团队成员相互陌生，对新环境不熟悉，成员之间缺乏良好的沟通，不存在团队的信任感，并且暂时还没具有团队运作的经验和技能。但是这个时期的高管团队在面对新任务时常常具有较高的士气和热情。由于高管团队刚刚建立起来，团队成员了解团队目标不久，所以对于自身团队的目标、使命和任务并不熟悉，这个时期的高管团队的团队绩效相对低下。

（2）震荡期（高隐性、低显性）。震荡期是高管团队内部矛盾突出的时期。这是由团队成员特征的异质性引起的。高管团队成员之间的对抗、不满、不信任导致团队内部信息沟通艰难。与此同时，团队成员将逐渐认识到任务的严峻性，形成期高涨的士气和热情消失。这个时期的高管团队暂时还无法拥有统一的规则，高管团队成员更倾向于表现自身的个性，没有形成统一的行为规范。但是在震荡期，高管团队成员开始逐渐了解自己团队的目标、使命和任务，并且会开始担任自身在团队中的角色，而且，此时高管团队成员的工作经验和技能已经有所改善，所以这个时期的团队绩效开始逐渐上升。

（3）规范期（高隐性、高显性）。高管团队从震荡期的稳步变化开始进入规范期后，团队成员的技能经验开始迅速提高，团队成员之间的合作精神开始变得显著，并且建立了更加稳固的信任关系。高管团队内部开始形成一定的行为规范、企业文化以及企业价值观，并且被团队成员普遍接受，具备良好的凝聚力。在规范期的高管团队，团队工作士气和热情开始恢复，团队绩效迅速升高。

（4）执行期（低隐性、高显性）。执行期是高管团队的高产出时期。高管团队成员已经明确认识到自身在团队中角色，并具备应有的相应经验与技能；成员之间彼此相互信任、协作，拥有标准的方式进行有效的沟通，分享团队资源；具有高度的责任感和凝聚力，拥有共同的目标和对任务的清晰认识。因此，在执行期的高管团队工作士气高涨，团队绩效达到最高。

根据上文对团队生命周期四个时期的界定，可以归纳总结得出高层梯队在各个时期的特征，如表 4-1 所示。

表 4-1　团队生命周期各阶段特征

时期	特征因素							
	结构稳定度	目标清晰程度	行为规范	技能经验丰富度	凝聚力	责任感强度	合作程度	沟通程度
形成期	低	低	无	低	无	低	低	低
震荡期	一般	一般	少	一般	低	一般	一般	一般
规范期	比较高	比较高	比较多	比较高	一般	比较高	比较高	比较高
执行期	高	高	多	高	高	高	高	高

根据表 4-1 可以很清晰地看出，随着高层梯队从一个时期过渡到另一个时期，团队的结构逐渐稳定，目标逐渐清晰，行为规范也逐渐得到团队成员的认可。而且技能、经验、凝聚力、责任感、合作精神和沟通效率都随之得到提升。

4.2　研究假设

由表 4-1 可以看出，形成期高管团队的各特征因素非常不明显，因此对企业绩效的影响也是微乎其微的；而当高管团队过渡到震荡期后，技能、经验、凝聚力和责任感等特征开始逐渐显现出来，它们的变化将对企业绩效开始产生影响；到了规范期，这些特征经过震荡期的提升后已经达到一定水平，并且飞速发展，对企业绩效的影响将获得更显著的提高；在执行期，所有的高管团队特征已经达到顶点并且稳定下来，对企业绩效的影响也随之变得稳定。

因此，本章在研究高层梯队对企业绩效的影响时，仅以震荡期与规范期为例来研究高层梯队隐性特征对企业绩效的影响。

4.2.1　震荡期与规范期高层梯队人口统计学特征与企业绩效的关系

企业绩效是指一定经营期间的企业经营效益和经营者业绩，也是企业员工按照职责所达到的阶段结果以及在达到阶段性结果过程中的行为表现。

我们从前人的研究中可以得知，高层梯队的平均年龄越大，越愿意规避风险，从而执行企业战略变化也就较少，而年纪轻的经理们则更愿意去尝试新的冒险行动，勇于创新就意味着承担风险的同时获得较高的报酬率，而不愿意冒险则意味着接受较为稳定的低报酬率，即平均年龄与企业业绩呈负相关关系。

震荡期与规范期的高层管理团队，其成员任期对企业绩效有显著影响。任期较长的高管团队更倾向于建立长远发展的战略，他们的绩效结果可以在一定程度上反映出整个业界的绩效水平；而且任期越长意味着团队发展到一定阶段，团队结构趋于稳定，沟通协作模式也逐渐形成；成员同时形成了一定的认知能力和责任感，团队凝聚力加强；同时，任期越长，成员之间磨合得就越好，团队同质性越高，冲突减少，更加有利于提高企业绩效。另外，任期越长的高管团队，其行为的稳定性会使团队更倾向于保守的发展战略，在战略选择上往往采用折中的方式，抵触变革，不喜欢冒险。相对地，任期较短的高管团队则倾向于更多的战略改变以适应环境变化。

从前人的研究中我们可以发现，高管团队的平均受教育水平与企业绩效呈正相关关系。教育背景越高意味着具备更多的知识储备和认知能力，对于个体而言表现为具备更加优秀的技能水平、更加丰富的经验以及更加灵活的信息处理能力，对于环境的变化也更敏锐，当高管团队的教育背景越好，团队整体的知识储备和认知能力就越强，更有可能制定出正确的战略选择以应对风险。高管团队的这些特点都具有一定的普遍性，因此震荡期与规范期的高管团队其成员也因此具有这个特征。

综合以上分析，我们做出以下假设。

H_1：震荡期高层梯队传记性特征对企业绩效具有显著的正向影响。

H_2：规范期高层梯队传记性特征对企业绩效具有显著的正向影响。

4.2.2　震荡期与规范期高层梯队价值观与企业绩效的关系

价值观是指人对自己身边事物的看法与观点。它既包含了价值取向，也包含了价值尺度，是一种对客观事物的评价标准。价值观具有一定的稳定性，它不会轻易受到外界环境的影响而改变。一个人的价值观对人的行为具有决定性的影响，主要表现如下：①价值观决定了一个人的行为动机，具有不同价值观的人，其动机的产生方式不同，因此采取的行为也是不同的。②价值观反映的是人们的心理特征，因而，它在很大程度上决定一个人的认知能力和知识结构。

我们知道，人在发挥决策能力时并非一直都是理性状态，有很大一部分还受个人偏好和习惯的影响；在面对冲突和变化的环境时，对于工作的不同看法和热情也会影响个人的决策正确性。所以，我们得知，处于震荡期与规范期的高管团队成员也具有这个特点，通常他们在企业复杂的环境下，也会依据自身的价值观做出不同的战略选择。另外，价值观在心理层面上指导人的行为，包括行为方式和认知方式等均会受到人的价值观的影响，因此，高管团队从整体上所具有的价值观将会指导并决定团队行为方式和决策方式，从而对企业绩效产生重要的影响。

综合以上分析，我们做出以下假设。

H_3：震荡期高层梯队价值观对企业绩效具有显著的正向影响。

H_4：规范期高层梯队价值观对企业绩效具有显著的正向影响。

4.2.3　震荡期与规范期高层梯队隐性能力与企业绩效的关系

高管团队的隐性能力特征反映的是高层管理者们不同的专业知识和专业能力的整体能力特征，对企业的战略决策和企业绩效起关键作用。

如今是知识经济的时代，企业发展越来越重视人的作用，企业的竞争优势很大一部分是人力资源的竞争。从前文的分析可知，人的能力可以分为隐性能力和显性能力，而隐性能力具有本源性和基础性。显性能力是一个积累的过程，可以通过培训和锻炼获得；而隐性能力是一种潜在的、隐藏在人的大脑之中的人力资本特征，除了具有稀缺性外，还具有和主体的不可分离性、不可复制性，是高管团队核心竞争力的基础，是本源性的因素，决定了企业经济发展的潜力。

从上文的分析可知，在震荡期与规范期的高管团队中，管理能力、决策能力、学习能力、创新能力和沟通能力是主要的隐性能力。良好的管理是一个企业生存的基础，不仅可以是组织上下有规律地进行经营活动，而且更能给企业带来巨大效益，是不可忽视的因素。而这很大一部分是依赖于高管团队成员的管理能力的。企业绩效的另一个重要影响因素是高管团队成员的决策能力，迅速对外界环境的变化做出反应，并且高效准确地做出合理的决策是高管团队决策能力的一个体现。另外，高管团队成员的学习能力可以帮助其与时俱进，学习新知识以适应环境的变化，提高自身技能，对企业的绩效起间接的影响作用。在当今时代背景下，高管团队要面对日新月异的企业环境、复杂多变的市场挑战，一定的创新能力是必不可少的，墨守成规、一成不变的管理方式已经不适合当今世界的发展需求，企业要生存就要创新和改变，而这与高管团队成员的创新能力是分不开的。高管团队成员的种种能力需要应用到企业经营过程中，把自身的管理思想贯彻到企业发展过程中，这就需要他们具有优秀的沟通能力，即不仅要把自己的管理思想表达出来，而且更要让企业成员明白企业的目标和自己工作的目标应该怎样实现，对企业绩效的好坏起到潜移默化的影响作用。

综合以上分析，我们做出以下假设。

H_5：震荡期高层梯队隐性能力对企业绩效具有显著的正向影响。

H_6：规范期高层梯队隐性能力对企业绩效具有显著的正向影响。

4.2.4　震荡期与规范期高层梯队传记性特征、价值观、隐性能力之间的关系

一个人在成长过程中要经历价值观的形成、能力的培养、获得成就的过程。因此，高管团队成员在企业的成长经历对其价值观及隐性能力的培养具有不可忽视的影响。

任期较长的高层管理团队倾向于更加保守的发展战略，在团队特征上表现出更加稳定的团队结构、更少的内部冲突和更有效的沟通等。这在其价值观上反映为更具有凝聚力和责任感，在隐性能力上反映为管理能力以及沟通能力的加强。教育背景优异的成员，不仅在凝聚力会普遍高于不够优秀的成员，而且其合作精神和诚信精神也更好，在隐性能力上就体现为优秀的学习和创新能力。技能和经验丰富的成员对团队的贡献较大，在团队中也会更具凝聚力，更善于与团队其他成员团结合作，并且，其管理能力、决策能力和沟通能力都会比技能和经验不够

丰富的成员更胜一筹。

价值观的正确与否对一个人的隐性能力也起着巨大的影响作用。一个优秀的人应当具有很强的凝聚力、高度的责任感，在团队中具有合作精神，并且是为人们所信任的。这对其管理能力以及沟通能力的培养起着十分重要的作用。一个人的价值观是激进的还是保守的，会对其决策能力产生影响，影响其创新能力的高低。价值观的是非判断和知识的取舍会决定其知识体系的构成，因而影响其学习能力和创新能力。因此，在对企业绩效的影响因素的分析评价中，我们应该注意到，高层梯队成员的价值观对其隐性能力是有影响作用的。

在震荡期与规范期的高管团队中，它们之间的联系也因是存在的，相比其他时期甚至更加突出。

综合以上分析，我们提出以下假设。

H_7：震荡期高层梯队传记性特征对价值观具有显著的正向影响。

H_8：震荡期高层梯队传记性特征对隐性能力具有显著的正向影响。

H_9：震荡期高层梯队价值观对隐性能力具有显著的正向影响。

H_{10}：规范期高层梯队传记性特征对价值观具有显著的正向影响。

H_{11}：规范期高层梯队传记性特征对隐性能力具有显著的正向影响。

H_{12}：规范期高层梯队价值观对隐性能力具有显著的正向影响。

综上所述，提出本章的理论研究假设的框架，如图 4-4 所示。

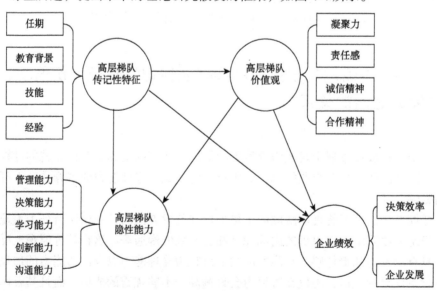

图 4-4　理论研究假设的框架

4.3　研究设计与方法

4.3.1　样本说明

本书以上海、浙江、江苏和安徽等地区的企业为主，将主要为各行业的企业高管人员作为调研对象。调研方式为实地调研、邮寄问卷和电子邮件三种方式。调查时间为 2013 年 4 月 1 日至 2013 年 6 月 25 日，共发放问卷 1 643 问卷，共回收问卷624 份。我们根据"3. 您所在单位领导群体处于：□震荡期 □规范期 □其他"题项，除去填写不合格以及选择"其他"选项的问卷，剩下有效问卷 436 份，将问卷分为震荡期的问卷与规范期的问卷两部分，分别为 210 份和 226 份，共包括 82 家企业。为方便研究，我们将震荡期的问卷称为 A 类问卷，规范期的问卷称为 B 类问卷。

4.3.2　变量的测量

（1）高层梯队传记性特征。传记特征主要包括高管团队成员的年龄、任期、教育背景以及技能、经验等。在震荡期与规范期高管团队的研究过程中，我们发现在这两个时期，年龄因素对企业绩效的影响已经越来越小，年轻有为的企业家也是层出不穷，年龄大的企业家的成就未必就丰硕，因此我们不采用年龄作为震荡期与规范期高层梯队传记性特征的描述变量。另外，用于研究震荡期与规范期的高层梯队传记特征值是均值，体现的是这两个时期高层管理团队特征的总体水平，所以，在震荡期与规范期的高管团队传记特征指标的选取上，我们采用任期、教育背景、技能和经验四个指标进行分析。

（2）高层梯队价值观。人在发挥决策能力时并非一直都是理性状态，在很大程度上还受个人偏好和习惯的影响；在面对冲突和变化的环境时，对工作的不同看法和热情也会影响个人的决策正确性。所以，可以发现，在企业复杂的环境下，震荡期与规范期的高管团队成员也因具有这个特点而依据自身的价值观做出不同的战略选择。另外，价值观在精神上指导人们的各项工作活动，它的重要性不仅在于它能影响人们对事情和问题的看法，而且还能影响他们处理事务的方式，团队从整体上所具有的价值观将会指导团队的决策与执行。所以，我们选取这个重要的因素作为研究指标。根据上文分析，在震荡期与规范期的高管团队中起主要作用的是凝聚力、责任感、诚信精神及合作精神。

（3）高层梯队隐性能力。高管团队的隐性能力特征反映的是高层管理者们不同的专业知识和专业能力的整体能力特征，对企业的战略决策和企业绩效起关键作用。高层梯队隐性能力因为具有本源性和基础性，所以是高管团队核心竞争力的基础，决定了企业经济发展的潜力。根据上文分析，在震荡期与规范期的高管团队中，管理能力、决策能力、学习能力、创新能力和沟通能力是主要的隐性能力。

综上所述，我们应该从高层梯队传记性特征、高层梯队价值观及高层梯队隐性能力三个方面综合考虑震荡期与规范期高管团队特征对企业绩效影响的主要驱动因素，如表 4-2 所示。具体各变量的测量题项见书后附录 2。

表 4-2 高管团队特征对企业绩效影响的主要驱动因素分析表

序号	驱动因素	衡量指标
1	高层梯队传记性特征	任期
		教育背景
		技能
		经验
2	高层梯队价值观	凝聚力
		责任感
		合作精神
		诚信精神
3	高层梯队隐性能力	管理能力
		决策能力
		学习能力
		创新能力
		沟通能力

对于企业绩效的研究，首先最重要的一点是要找到衡量企业绩效的变量，如企业决策效率、决策效果、企业员工作满意度和企业发展状况等。在全球经济政治环境复杂多变的情况下，高管团队的适应性、判断力和反应能力对企业的发展尤为重要。只有能够对快速变化的复杂环境迅速做出反应，并采取正确应对策略的高管团队，才能够抓住机遇，快速成长，因此，企业决策效率应该作为企业绩效的一个衡量指标。为了适应快速变化的复杂环境，高管团队还应该是一个与时俱进，不断发展变化的团队，以避免团队创新能力的缺失和团队知识结构的老化；团队的发展在不稳定中寻求均衡，且即使同一个高管团队成员，其认知风格、价值取向也不会保持静态，相反，其会随着时间变化而发展，故团队发展是团队绩效的又一个衡量指标。因此，我们选取企业的决策效率和企业发展作为企业绩效的衡量指标。

4.3.3　分析的方法

本章主要通过 SPSS 软件对问卷的信度和效度进行分析，然后用 AMOS 17.0 软件建立震荡期和规范期高层梯队隐性特征与企业绩效关系的结构方程模型，并进行分析。

4.4　假设检验

4.4.1　信度与效度分析

1. 问卷的信度分析

对问卷进行效度分析和信度分析是一个非常重要的环节，实证分析进行信度和效度分析后的结果才更加有说服力。因此，对于首先对 A 类问卷进行信度分析，主要选用 Cronbach's α 系数来验证。如果分析结果是 Cronbach's α 系数大于 0.7，我们可以认为信度是可以接受的，如果超出这个界限，我们将对该组指标和变量进行删除或修改。下面是由 SPSS 17.0 软件测量所得到的各个潜变量信度状况。

1）"高层梯队传记性特征"变量的信度分析

高层梯队传记性特征共有四个衡量指标，分别是任期、教育背景、技能及经验。在 SPSS 17.0 软件中分别设置为 X1、X2、X3、X4，选择 File→Open→Data 打开 A 类问卷数据，再选择 Analyze→Scale→Reliability Analysis，弹出信度分析主对话框，再将全部指标选入进行计算。计算结果如表 4-3 所示。

表 4-3　A 类问卷的"高层梯队传记性特征"可信度统计

Cronbach's α	项目个数
0.806	4

Cronbach's α 系数满足大于 0.7 的标准，说明该项变量的指标之间内部一致性具有较高的可信度，不需要修正该变量和指标。

2）"高层梯队价值观"变量的信度分析

高层梯队价值观共有四个衡量指标，分别是凝聚力、责任感、诚信精神和合作精神，分别记为 X5、X6、X7、X8。同上操作，计算结果如表 4-4 所示。

表 4-4　A 类问卷的"高层梯队价值观"可信度统计

Cronbach's α	项目个数
0.713	4

Cronbach's α 系数同样满足大于 0.7 的标准，说明该项变量的指标之间内部一致性具较高可信度，不需要修正该变量和指标。

3）"高层梯队隐性能力"变量的信度分析

高层梯队价值观隐性能力共有五个指标，分别是管理能力、决策能力、学习能力、创新能力及沟通能力，记为 X9、X10、X11、X12、X13。同上操作，计算结果如表 4-5 所示。

表 4-5　A 类问卷的"高层梯队隐性能力"可信度统计

Cronbach's α	项目个数
0.766	5

Cronbach's α 系数同样满足大于 0.7 的标准，说明该项变量的指标之间内部一致性具较高可信度，不需要修正该变量和指标。

4）"企业绩效"变量的信度分析

企业绩效共有两个指标，分别是企业决策效率和企业发展，记为 Y1、Y2。同上操作，计算结果如表 4-6 所示。

表 4-6　A 类问卷的"企业绩效"可信度统计

Cronbach's α	项目个数
0.702	2

Cronbach's α 系数同样满足大于 0.7 的标准，说明该项变量的指标之间内部一致性具较高可信度，不需要修正该变量和指标。

B 类问卷的信度分析方法和过程同 A 类问卷相同，由 SPSS 软件输出结果，经修正后，统计结果如表 4-7 所示。

表 4-7　B 类问卷各变量可信度统计

Cronbach's α	项目个数
0.755	4
0.737	4
0.857	5
0.742	2

各 Cronbach's α 系数经修正后满足大于 0.7 的标准。

2. 问卷的效度度分析

效度和信度有密切联系，也是被经常使用的。效度指的是研究得到的测量值和其真实值的接近程度。如果研究所得测量值的效度越高，那么说明测量结果就越能表示出测量对象的真实状况。在数据的因子分析之前需要做 KMO 检验及 Bartlett's 检验，以检测采集样本的充足性，检验变量间偏相关性的大小。A 类问卷的 KMO 检验和 Bartlett's 检验结果如表 4-8 所示。

表 4-8　A 类问卷的 Bartlett's 检验和 KMO 检验

KMO 检验值	0.858	
Bartlett's 检验	Approx.Chi-Square	5 949.643
	Sig.	0.000

由表 4-8 可知 KMO 检验测量值为 0.858，根据 KMO 检验的取值范围解释可知，实证研究中 A 类问卷各变量设置的测量问题都适宜进行因子分析。另外，Bartlett's 检验统计量测量值为 5 949.643，统计显著性 p 值为 0.000，小于 0.01，表明相关系数矩阵与单位矩阵差异性显著。

1）"高层梯队传记性特征"变量的效度分析

我们运用 SPSS 17.0 对测量项目进行因子分析得到的结果如表 4-9 所示。

表 4-9　高层梯队传记性特征的因子分析量表

题项	因子负荷	KMO 检验	Bartlett's 检验	p
X1	0.872			
X2	0.799	0.768	238.354	0.000
X3	0.786			
X4	0.818			

我们可以看出，KMO 检验值为 0.768，大于 0.7；Bartlett's 检验统计量测量值为 238.354；显著性概率 p 值为 0.000，小于 0.01，表明适合做因子分析。高层梯队传记性特征各个题项的因子负荷值都超过了 0.5 的标准，说明高层梯队传记性特征量表符合要求且具有很好的构建效度。

2）"高层梯队价值观"变量的效度分析

运用 SPSS 17.0 对测量项目进行因子分析得到的结果如表 4-10 所示。

表 4-10　高层梯队价值观的因子分析量表

题项	因子负荷	KMO 检验	Bartlett's 检验	p
X5	0.815			
X6	0.874	0.712	318.212	0.000
X7	0.872			
X8	0.829			

我们可以看出，KMO 检验值为 0.712，大于 0.7；Bartlett's 检验统计量测量值为 318.212；显著性概率 p 值为 0.000 小于 0.01，表明适合做因子分析。高层梯队价值观各个题项的因子负荷值都超过了 0.5 的标准，说明高层梯队传记性特征量表符合要求且具有很好的构建效度。

3）"高层梯队隐性能力"变量的效度分析

我们运用 SPSS 17.0 对测量项目进行因子分析得到的结果如表 4-11 所示。

表 4-11　高层梯队隐性能力的因子分析量表

题项	因子负荷	KMO 检验	Bartlett's 检验	p
X9	0.831			
X10	0.895			
X11	0.916	0.729	464.663	0.000
X12	0.837			
X13	0.756			

我们可以看出，KMO 检验值为 0.729，大于 0.7；Bartlett's 检验统计量测量值为 464.663；显著性概率 p 值为 0.000，小于 0.01，表明适合做因子分析。高层梯队隐性能力各个题项的因子负荷值都超过了 0.5 的标准，说明高层梯队传记性特征量表符合要求且具有很好的构建效度。

4）"企业绩效"变量的效度分析

我们运用 SPSS 17.0 对测量项目进行因子分析得到的结果如表 4-12 所示。

表 4-12　企业绩效的因子分析量表

题项	因子负荷	KMO 检验	Bartlett's 检验	p
Y1	0.834			
Y2	0.812	0.702	282.646	0.000

我们可以看出，KMO 检验值为 0.702，大于 0.7；Bartlett's 检验统计量测量值为 282.646；显著性概率 p 值为 0.000，小于 0.01，表明适合做因子分析。企业绩效各个题项的因子负荷值都超过了 0.5 的标准，说明高层梯队传记性特征量表符合要求且具有很好的构建效度。

同理，B 类问卷的 KMO 检验和 Bartlett's 检验的结果如表 4-13 所示。

表 4-13　B 类问卷的 Bartlett's 检验和 KMO 检验

KMO 检验值		0.829
Bartlett's 检验	Approx.Chi-Square	6 634.184
	Sig.	0.000

由表 4-13 可知，Bartlett's 检验统计量测量值为 6 634.184，统计显著性 p 值

为 0.000，小于 0.01，表明相关系数矩阵与单位矩阵差异性显著。另外，KMO 检验测量值为 0.829，根据表 KMO 检验的取值范围解释可知，实证研究中 B 类问卷的各变量设置的测量问题都适宜进行因子分析。

因此，我们采用主成分分析法对 15 个题项逐个进行因子分析，统计结果如表4-14 所示。

表 4-14　B 类问卷各变量的因子分析量表

测量变量	题项	因子负荷	KMO 检验	Bartlett's 检验	p
高层梯队传记性特征	X1	0.823	0.732	207.492	0.000
	X2	0.839			0.000
	X3	0.787			0.000
	X4	0.727			0.000
高层梯队价值观	X5	0.843	0.743	245.247	0.000
	X6	0.733			0.000
	X7	0.937			0.000
	X8	0.712			0.000
高层梯队隐性能力	X9	0.855	0.824	524.378	0.000
	X10	0.883			0.000
	X11	0.836			0.000
	X12	0.852			0.000
	X13	0.929			0.000
企业绩效	Y1	0.836	0.715	724.559	0.000
	Y2	0.836			0.000

从以上数据我们可以看出：各问项的因子负荷值都大于 0.5 的标准，说明 B 类问卷所采用的量表符合要求并且具有很好的构建效度。

4.4.2　变量的描述性统计

为了解震荡期与规范期高层梯队隐性特征对企业绩效影响的总体感知程度，我们通过 SPSS 17.0 分别对 A 类问卷与 B 类问卷各问项进行描述性统计分析，衡量样本数据的集中性与分散性，从而间接反映本次调查所得样本数据的质量高低。由 SPSS 17.0 输出的结果如表 4-15 和表 4-16 所示。

表 4-15　A 类问卷研究变量的 SPSS 软件输出结果

题项	X1	X2	X3	X4	X5	X6	X7	X8	X9	X10	X11	X12	X13	Y1	Y2
Valid	210	210	210	210	210	210	210	210	210	210	210	210	210	210	210
Missing	0	0	0	0	0	0	0	0	0	0	0	0	0	0	0
Mean	3.74	3.95	3.24	3.82	3.95	3.75	4.02	3.74	3.95	3.92	3.24	3.82	3.46	3.01	2.80
Median	4.00	4.00	3.00	4.00	5.00	4.00	4.00	4.00	5.00	4.00	3.00	4.00	3.00	3.00	3.00
Mode	5	5	3	5	5	5	5	5	5	5	3	5	3	2	2
Std. Deviation	1.124	1.195	1.320	1.151	1.367	1.144	1.147	1.152	1.340	1.145	1.320	1.151	1.234	1.329	1.372
Range	4	4	4	4	4	4	4	4	4	4	4	4	4	4	4
Minimum	1	1	1	1	1	1	1	1	1	1	1	1	1	1	1
Maximum	5	5	5	5	5	5	5	5	5	5	5	5	5	5	5
Sum	786	829	680	802	829	787	845	787	830	829	680	802	727	633	588

表 4-16　B 类问卷研究变量的 SPSS 软件输出结果

题项	X1	X2	X3	X4	X5	X6	X7	X8	X9	X10	X11	X12	X13	Y1	Y2
Valid	226	226	226	226	226	226	226	226	226	226	226	226	226	226	226
Missing	0	0	0	0	0	0	0	0	0	0	0	0	0	0	0
Mean	3.79	3.99	3.26	3.89	4.00	3.76	4.07	3.73	3.92	3.85	3.49	3.73	3.22	3.14	2.81
Median	4.00	4.00	3.00	4.00	5.00	4.00	5.00	4.00	4.00	4.00	4.00	4.00	3.00	3.00	3.00
Mode	5	5	3	5	5	5	5	5	5	5	5	5	3	2	2
Std. Deviation	1.114	1.164	1.285	1.122	1.348	1.146	1.149	1.133	1.201	1.140	1.216	1.101	1.294	1.281	1.356
Range	4	4	4	4	4	4	4	4	4	4	4	4	4	4	4
Minimum	1	1	1	1	1	1	1	1	1	1	1	1	1	1	1
Maximum	5	5	5	5	5	5	5	5	5	5	5	5	5	5	5
Sum	857	901	737	880	905	849	920	849	886	871	788	842	728	710	634

　　根据两类问卷的 SPSS 软件输出结果，我们进一步统计数据，得到更加清晰的描述性统计分析表，如表 4-17 和表 4-18 所示。

表 4-17　A 类问卷研究变量的描述性统计分析表

研究变量	题项	N	最小值	最大值	均值	标准差
高层梯队传记性特征	任期	210	1	5	3.74	1.124
	教育背景	210	1	5	3.95	1.195
	技能	210	1	5	3.24	1.320
	经验	210	1	5	3.82	1.151
高层梯队价值观	凝聚力	210	1	5	3.95	1.367
	责任感	210	1	5	3.75	1.144
	诚信精神	210	1	5	4.02	1.147
	合作精神	210	1	5	3.74	1.152

续表

研究变量	题项	N	最小值	最大值	均值	标准差
高层梯队隐性能力	管理能力	210	1	5	3.95	1.340
	决策能力	210	1	5	3.92	1.145
	学习能力	210	1	5	3.24	1.320
	创新能力	210	1	5	3.82	1.151
	沟通能力	210	1	5	3.46	1.234
企业绩效	企业决策效率	210	1	5	3.01	1.329
	企业发展	210	1	5	2.80	1.372

表 4-18　B 类问卷研究变量的描述性统计分析表

研究变量	题项	N	最小值	最大值	均值	标准差
高层梯队传记性特征	任期	226	1	5	3.79	1.114
	教育背景	226	1	5	3.99	1.164
	技能	226	1	5	3.26	1.285
	经验	226	1	5	3.89	1.122
高层梯队价值观	凝聚力	226	1	5	4.00	1.348
	责任感	226	1	5	3.76	1.146
	诚信精神	226	1	5	4.07	1.149
	合作精神	226	1	5	3.73	1.133
高层梯队隐性能力	管理能力	226	1	5	3.92	1.201
	决策能力	226	1	5	3.85	1.140
	学习能力	226	1	5	3.49	1.216
	创新能力	226	1	5	3.73	1.101
	沟通能力	226	1	5	3.22	1.294
企业绩效	企业决策效率	226	1	5	3.14	1.281
	企业发展	226	1	5	2.81	1.356

4.4.3　假设检验

1. 结构方程模型的拟合检验

为了验证测量模型的稳定性，分别利用两个样本数据运用极大似然法对构建的模型进行拟合检验，因此，我们需要首先了解模型的拟合标准以检验模型与观察数据的拟合程度。在运用结构方程模型进行分析时，常用的模型评价指标及其标准如下：

（1）卡方统计量。检验是最基本的评价指标。一般来说，值越小，表示模型拟合效果越好。

（2）df（卡方自由度比）。当 df 小于 2 时，我们认为模型的拟合效果良好。

（3）NFI、IFI、TLI 及 CFI 四个指标均以 0.9 为界限，当它们大于 0.9 时，我们可以认为模型拟合效果良好。

（4）RMSEA 介于 0 ~ 0.05 表示模型拟合非常好；RMSEA 介于 0.05 ~ 0.08 表示模型的闭合效果良好；RMSEA 介于 0.08 ~ 0.1 表示模型拟合效果尚能接受；但是如果 RMSEA 大于 0.1，那么模型拟合效果不佳，不能接受。

两次拟合检验的结果如表 4-19 及表 4-20 所示。

表 4-19　震荡期问卷的模型拟合检验结果

拟合指数		df	NFI	IFI	TLI	CFI	RMSEA	n
测量值	453.122	1.75	0.926	0.912	0.933	0.905	0.064	210

表 4-20　规范期问卷的模型拟合检验结果

拟合指数		df	NFI	IFI	TLI	CFI	RMSEA	n
测量值	327.683	1.88	0.945	0.922	0.915	0.917	0.071	226

我们可以看出模型由两个样本检验的结果中，其 df 的值均小于 2，NFI、IFI、TLI、CFI 拟合指数均大于 0.9，RMSEA 介于 0.05 ~ 0.08，说明两次检验模型的闭合效果均为良好。因此，可以认为模型的拟合效果良好，能够正确反映模型代表的变量之间的关系，该模型就是震荡期与规范期高层梯队隐性特征对企业绩效影响的结构方程模型。

2. 高层梯队震荡期结构方程模型效应分析

利用 A 类问卷数据，通过 AMOS 17.0 得到高层梯队震荡期的隐性特征与企业绩效关系的结构方程模型的路径系数，以及震荡期假设模型变量之间的标准路径系数，如表 4-21 所示。

表 4-21　震荡期模型的标准路径系数

路径关系	路径系数	S.E.	C.R.	p
企业绩效←高层梯队传记性特征	0.703	0.161	4.351	***
企业绩效←高层梯队价值观	0.326	0.796	1.773	***
企业绩效←高层梯队隐性能力	0.407	0.179	2.264	***
高层梯队价值观←高层梯队传记性特征	0.780	0.371	1.870	***
高层梯队隐性能力←高层梯队传记性特征	0.824	0.162	4.336	***
高层梯队隐性能力←高层梯队价值观	0.510	0.228	3.725	***

*** $p<0.001$

根据以上结果，可以分析得知在高管团队的震荡期：

（1）高层梯队传记性特征与企业绩效间的路径系数等于 0.703，p 值小于

0.001，说明它们之间的关系显著且正相关。

（2）高层梯队价值观与企业绩效间的路径系数等于 0.326，p 值小于 0.001，说明它们之间的关系显著且正相关。

（3）高层梯队隐性能力与企业绩效间的路径系数为 0.407，p 值小于 0.001，说明它们之间的关系显著且正相关。

（4）高层梯队传记性特征与高层梯队价值观间的路径系数等于 0.780，p 值小于 0.001，说明它们之间的关系显著且正相关。

（5）高层梯队传记性特征与高层梯队隐性能力间的路径系数等于 0.824，p 值小于 0.001，说明它们之间的关系显著且正相关。

（6）高层梯队价值观与高层梯队隐性能力间的路径系数等于 0.510，p 值小于 0.001，说明它们之间的关系显著且正相关。

以上标准系列路径表达的是各潜变量之间的直接效应，但是根据第 3 章的研究分析我们知道，高层梯队传记性特征会通过高层梯队价值观及高层梯队隐性能力对企业绩效产生间接影响，而高层梯队价值观也会通过高层梯队隐性能力对企业绩效产生间接影响。所以接下来需要分析各潜变量之间存在的间接效应。

潜变量间的间接效应可以从因变量出发，通过一个或多个中介变量，最后到结果变量的所有箭头上的路径系数乘积之和来表示。高层梯队传记性特征对高层梯队价值观的直接效应为 0.780，高层梯队价值观对企业绩效的直接效应为 0.326，那么高层梯队传记性特征通过高层梯队价值观对企业绩效的间接效应为 0.780×0.326≈0.254；高层梯队传记性特征通过高层梯队隐性能力对企业绩效的间接效应为 0.824×0.407≈0.335；高层梯队传记性特征通过高层梯队价值观和高层梯队隐性能力对企业绩效的间接效应为 0.780×0.510×0.407=0.162。所以，高层梯队传记性特征对企业绩效总的间接影响应为 0.254+0.335+0.162=0.751。高层梯队价值观通过高层梯队隐性能力对企业绩效的间接效应为 0.510×0.407≈0.208。

潜变量之间的总效应是它们的直接效应与间接效应之和，因此，我们根据以上潜变量之间的直接效应和间接效应，得出了震荡期高层梯队传记性特征、高层梯队价值观以及高层梯队隐性能力对企业绩效的总效应，如图 4-5 所示。

3. 高层梯队规范期结构方程模型效应分析

我们利用 B 类问卷数据，通过 AMOS 17.0 得到高层梯队规范期的隐性特征与企业绩效关系的结构方程模型的路径系数以及规范期假设模型变量之间的标准路径系数，如表 4-22 所示。

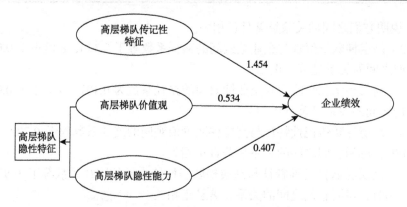

图 4-5　震荡期高层梯队隐性特征对企业绩效影响的总效应路径图

表 4-22　规范期模型的标准路径系数

路径关系	路径系数	S.E.	C.R.	p
企业绩效←高层梯队传记性特征	0.580	0.138	6.216	***
企业绩效←高层梯队价值观	0.803	0.179	2.247	***
企业绩效←高层梯队隐性能力	0.757	0.692	1.774	***
高层梯队价值观←高层梯队传记性特征	0.625	0.264	5.438	***
高层梯队隐性能力←高层梯队传记性特征	0.819	0.210	4.609	***
高层梯队隐性能力←高层梯队价值观	0.772	0.314	4.361	***

*** $p<0.001$

根据以上结果我们可以分析得知在高管团队的规范期：

（1）高层梯队传记性特征与企业绩效间有直接的相关关系，路径系数等于 0.580，p 值小于 0.001，达到显著水平。

（2）高层梯队价值观与企业绩效间有直接的相关关系，路径系数等于 0.803，p 值小于 0.001，达到显著水平。

（3）高层梯队隐性能力与企业绩效间有直接的相关关系，路径系数为 0.757，p 值小于 0.001，达到显著水平。

（4）高层梯队传记性特征与高层梯队价值观间有直接的相关关系，路径系数等于 0.625，p 值小于 0.001，达到显著水平。

（5）高层梯队传记性特征与高层梯队隐性能力间有直接的相关关系，路径系数等于 0.819，p 值小于 0.001，达到显著水平。

（6）高层梯队价值观与高层梯队隐性能力间有直接的相关关系，路径系数等于 0.772，p 值小于 0.001，达到显著水平。

以上标准系列路径表达的是各潜变量之间的直接效应，同样需要分析各潜变量之间存在的间接效应之后才能准确地表达出规范期高层梯队隐性特征对企业绩效的总效应。

根据表 4-22，高层梯队传记性特征对高层梯队价值观的直接效应为 0.625，高层梯队价值观对企业绩效的直接效应为 0.803，那么高层梯队传记性特征通过高层梯队价值观对企业绩效的间接效应为 0.625×0.803≈0.502；高层梯队传记性特征通过高层梯队隐性能力对企业绩效的间接效应为 0.819×0.757≈0.620；高层梯队传记性特征通过高层梯队价值观和高层梯队隐性能力对企业绩效的间接效应为 0.625×0.772×0.757≈0.365。所以，高层梯队传记性特征对企业绩效总的间接影响应为 0.502+0.620+0.365=1.487。高层梯队价值观通过高层梯队隐性能力对企业绩效的间接效应为 0.772×0.757≈0.584。

潜变量之间的总效应是它们的直接效应与间接效应之和，因此，我们根据以上潜变量之间的直接效应和间接效应，得出了规范期高层梯队传记性特征、高层梯队价值观以及高层梯队隐性能力对企业绩效的总效应，如图 4-6 所示。

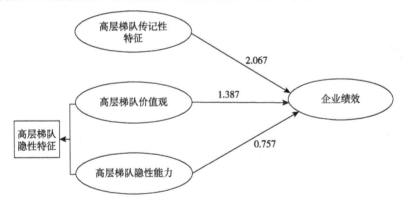

图 4-6　规范期高层梯队隐性特征对企业绩效影响的总效应路径图

4.4.4　假设检验结果汇总

由以上结构方程模型分析，我们可以得到最初的研究假设结果，高层梯队两个时期的分析汇总如表 4-23 及表 4-24 所示。

表 4-23　震荡期的模型研究假设结果汇总表

标号	研究假设	预计符号
H_1	震荡期高层梯队传记性特征对企业绩效具有显著的正向影响	支持
H_3	震荡期高层梯队价值观对企业绩效具有显著的正向影响	支持

标号	研究假设	预计符号
H_5	震荡期高层梯队隐性能力对企业绩效具有显著的正向影响	支持
H_7	震荡期高层梯队传记性特征对价值观具有显著的正向影响	支持
H_8	震荡期高层梯队传记性特征对隐性能力具有显著的正向影响	支持
H_9	震荡期高层梯队价值观对隐性能力具有显著的正向影响	支持

表 4-24 规范期的模型研究假设结果汇总表

标号	研究假设	预计符号
H_2	规范期高层梯队传记性特征对企业绩效具有显著的正向影响	支持
H_4	规范期高层梯队价值观对企业绩效具有显著的正向影响	支持
H_6	规范期高层梯队隐性能力对企业绩效具有显著的正向影响	支持
H_{10}	规范期高层梯队传记性特征对价值观具有显著的正向影响	支持
H_{11}	规范期高层梯队传记性特征对隐性能力具有显著的正向影响	支持
H_{12}	规范期高层梯队价值观对隐性能力具有显著的正向影响	支持

4.5 本章小结

首先，本章提出高层梯队特征的冰山模型并将特征按信息的易获取程度分为显性特征和隐性特征，依据两类特征在团队演化过程中分量的增减，构建团队成熟历程的高层梯队内部动态演进过程模型。其次，以震荡期和规范期为例，对高层梯队特征对企业绩效的影响进行理论分析并提出研究假设。再次，对本章的研究设计与方法进行说明，包括样本的说明、变量的测量和研究的方法等。最后，进行数据检验和结果分析，并对假设检验的结果进行汇总。

第5章　高层梯队联合特征——
断层的影响机制

5.1　高层梯队特征断层与决策绩效、企业绩效关系的概念模型

本章通过高层梯队的决策过程来研究高层梯队特征断层对企业结果（决策绩效、企业绩效）的影响，具体的概念模型如图 5-1 所示。

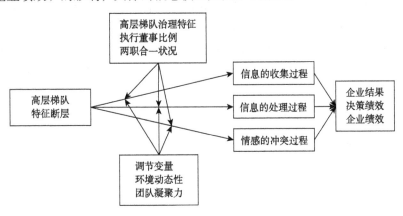

图 5-1　本章理论研究框架

图 5-1 的左边是高层梯队特征断层，包括人口特征（显性特征）断层、个性特征（隐性特征）断层、总体特征断层；图 5-1 的中间部分（含右边）分别为信息的收集过程、信息的处理过程和情感的冲突过程，这三类过程均受高层梯队特征断层的影响，并影响企业结果（决策绩效和企业绩效）；图 5-1 的上方与下方是两类重要的调节变量。

5.2　高层梯队特征断层与决策过程的关系分析

5.2.1　特征断层的分群作用分析

突破传统单个特征差异性的研究方法而建立起来的特征断层理论，基于人类特征的相似吸引性发现了特征重叠所引起的断层效应。由于特征断层的影响，团队产生亚团队的分群现象，但理论界对特征断层具体是如何引起团队分群的，且其作用机理如何，鲜见有详细的描述。

本书在荷兰学者 Flache 和 Mäs（2008）的数理分析的基础上，对特征断层的分群作用进行仿真模拟，以观察其分群效果。

如图 5-2 所示，本次模拟设计以四个特征形成断层的高层梯队，这四个特征分别标记为 $d1$、$d2$、$d3$、$d4$。假设每个特征均有两个状态，即 1 和 -1。在现实中，性别就符合此分类；若为专业，则可以分为文科和理工科，因而此分类能反映实际情况，假设合理。假设高层梯队成员为 20 个，之所以为 20 个，是为了便于断层强度的设计，若人数过少则难以足够覆盖如下几个有代表性的断层强度。而且团队成员数目并不阻碍团队分群效果的显现，反而使效果更加明显。

由于特征分布影响个体的态度，而态度是行为的先行指标，所以本书通过态度的变化来表示行为的变化。四个特征的值以 a_{id}^{fix} 表示，其中，i 表示第 i 个高层梯队，d 表示第 d 个特征，所以 $i=1,2,\cdots,20$，$d=1,2,3,4$，四个特征的初值由图 5-2 给出；a_{ik}^{flex} 表示高层梯队第 i 个高管对第 k 类事情的态度（行为）或看法，为了简便起见，k 取 1,2。由于 a_{ik}^{flex} 表示某高管的态度，本书认为高管对任一事情的态度符合标准正态分析，所以，a_{ik}^{flex} 的初值由 5 个随机正态分布值组成，且不同 k 值下的 a_{ik}^{flex} 独立给出。

由于人的态度或看法容易受别人的影响，任何一个高管都可以拿自己的观点与其他高管的观点进行比较，并综合观点之间的差距进行态度的更新。其他高管态度对自己态度的影响强度又取决于其他高管与自己所有特征的差异度及所有观点的差异度。这主要依据特征断层理论的观点，即高管各类特征乃至态度相近的人将走在一起并形成亚团队，亚团队内成员的信任度要高于亚团队外部的成员，所以特征及态度越相近，影响其特征更新的强度就越大。另外，本书认为，高层梯队整体的团队凝聚力影响对特征断层与态度的关系具有调节作用，即整体团队

i	fs=1				fs=0.8				fs=0.6				fs=0.4				fs=0.2			
	$d1$	$d2$	$d3$	$d4$	$d1$	$d2$	$d3$	$d4$	$d1$	$d2$	$d3$	$d4$	$d1$	$d2$	$d3$	$d4$	$d1$	$d2$	$d3$	$d4$
1	1	-1	-1	-1	1	1	1	1	1	1	1	1	1	1	1	1	1	1	1	1
2	-1	1	1	1	-1	-1	-1	1	-1	-1	-1	-1	-1	-1	-1	-1	-1	-1	-1	-1
3	1	-1	-1	-1	1	1	-1	-1	1	1	1	-1	1	1	1	1	1	1	1	1
4	-1	1	1	1	-1	-1	1	1	-1	-1	-1	1	-1	-1	-1	-1	-1	-1	-1	-1
5	1	-1	-1	-1	1	-1	-1	-1	1	-1	-1	-1	1	1	1	-1	1	1	1	-1
6	-1	1	1	1	-1	1	1	1	-1	1	1	1	-1	-1	-1	1	-1	-1	-1	1
7	1	-1	-1	-1	1	1	-1	-1	1	1	-1	-1	1	1	1	-1	1	1	1	-1
8	-1	1	1	1	-1	-1	1	1	-1	-1	1	1	-1	-1	-1	1	-1	-1	-1	1
9	1	-1	-1	-1	1	-1	1	-1	1	-1	1	-1	1	1	-1	-1	1	1	1	-1
10	-1	1	1	1	-1	1	-1	1	-1	1	-1	1	-1	-1	1	1	-1	-1	-1	1
11	1	-1	-1	-1	1	-1	1	-1	1	-1	1	-1	1	-1	-1	-1	1	1	-1	-1
12	-1	1	1	1	-1	1	-1	1	-1	1	-1	1	-1	1	1	1	-1	-1	1	1
13	1	-1	-1	-1	1	-1	1	-1	1	-1	1	-1	1	-1	-1	1	1	1	-1	-1
14	-1	1	1	1	-1	1	-1	1	-1	1	-1	1	-1	1	1	-1	-1	-1	1	1
15	1	-1	-1	-1	1	-1	1	-1	1	1	-1	-1	1	-1	-1	1	1	1	1	-1
16	-1	1	1	1	-1	1	-1	1	-1	-1	1	1	-1	1	1	-1	-1	-1	-1	1
17	1	-1	-1	-1	1	-1	1	-1	1	-1	1	-1	1	-1	1	-1	1	1	-1	-1
18	-1	1	1	1	-1	1	-1	1	-1	1	-1	1	-1	1	-1	1	-1	-1	1	1
19	1	-1	-1	-1	1	-1	-1	-1	1	-1	1	1	1	-1	1	1	1	-1	1	1
20	-1	1	1	1	-1	1	1	1	-1	1	1	-1	-1	1	1	1	-1	1	1	1

图 5-2　高层梯队特征初值表

凝聚力越大，高管跟随特征相似性而改变态度的程度便越低，而在更新态度时更加注重团队整体的观点，其中包括特征不相似者。将此想法用数理公式表达出来，则可得到

$$a_{ik,t+1}^{\text{flex}} = a_{ik,t}^{\text{flex}} + \frac{1}{2(N-1)} \sum_{i \neq j} w_{ij,t}(a_{jk,t}^{\text{flex}} - a_{ik,t}^{\text{flex}})g \tag{5-1}$$

其中，

$$w_{ij,t+1} = 1 - \frac{\sum_{d=1}^{D}\left|a_{jd,t}^{\text{fix}} - a_{id,t}^{\text{fix}}\right| + \sum_{k=1}^{K}\left|a_{jk,t}^{\text{flex}} - a_{ik,t}^{\text{flex}}\right|}{D+K} \tag{5-2}$$

其中，$w_{ij,t}$ 表示 t 时刻特征断层对态度的影响力；g 表示高层梯队的团队凝聚力，为观察 g 的作用效果，其取值固定为 0.2、0.4、0.6、0.8、1，且 g 越小表示团队凝聚力越大，对特征断层的分群作用抵消力越大。

由式（5-1）可得

$$\Delta a_{ik,t}^{\text{flex}} = \frac{1}{2(N-1)}\sum_{i\neq j}w_{ij}(a_{jk,t}^{\text{flex}} - a_{ik,t}^{\text{flex}})\qquad(5\text{-}3)$$

进而

$$a_{ik,t+1}^{\text{flex}} = \begin{cases} a_{ik,t}^{\text{flex}} + \Delta a_{ik,t}^{\text{flex}}(1-a_{ik,t}^{\text{flex}})g, & \Delta a_{ik,t}^{\text{flex}} > 0 \\ a_{ik,t}^{\text{flex}} + \Delta a_{ik,t}^{\text{flex}}(1+a_{ik,t}^{\text{flex}})g, & \Delta a_{ik,t}^{\text{flex}} \leq 0 \end{cases}\qquad(5\text{-}4)$$

为了区分初始特征的差异性与特征断层,首先将单个特征的差异性进行固定,如图 5-2 所示,每个特征两类值的比例是一致的,均为 10 个"1"和 10 个"-1"。

模型的特殊性可使用特征的相关性来考察断层的强度。如图 5-2 的 fs=1 所示,各高管在四类特征的相关性为-1 或 1,表示完成线性相关,即特征不是完全相反,就是完成相同,因此可以清晰地分出两个亚团队,一个亚团队里高管的特征分布均为"-1,1,1,1",另一个亚团队里所有高管的特征分布均为"1,-1,-1,-1",根据断层强度的定义可知,此断层强度最强,即为 1。相应 fs=0.8,强度下降 20%,所以相应地从该栏第二列开始,每一列与其他列均发生 20%的变化,原来值为 1 的,改为-1。其他栏亦依此规律进行改变,便可得到如图 5-2 所示的初值表。然后,利用随机正态分布给高管态度的初值赋值,把两类初值代入上述公式进行迭代运算,便可以模拟出特征断层对态度(行为)的分群作用。

图 5-3~图 5-5 为断层强度最高(即 fs=1),团队凝聚力为 0.2 时不同迭代次数 $a_{ik,t+1}^{\text{flex}}$ 在 k=1 与 k=2 的组合分布图。其中,图 5-3 的迭代次数为 1 次,图 5-4 的迭代次数为 50 次,图 5-5 的迭代次数为 350 次,由分布的变化可以看出,高层梯队态度在强断层的作用下,从开始的分散分布到最终的分群分布,最终按两类事件的两种态度分别收敛。

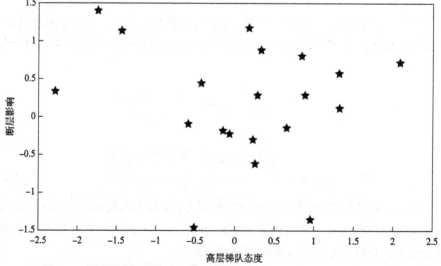

图 5-3　高层梯队断层影响下的态度分布图(fs=1,g=0.2,迭代 1 次)

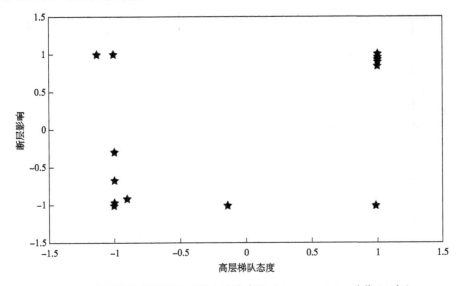

图 5-4　高层梯队断层影响下的态度分布图（fs=1，g=0.2，迭代 50 次）

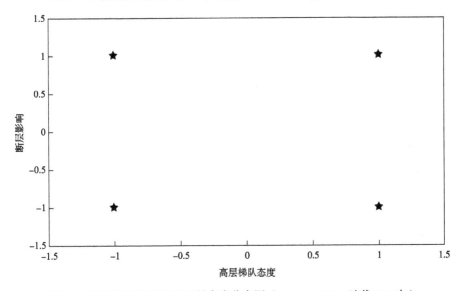

图 5-5　高层梯队断层影响下的态度分布图（fs=1，g=0.2，迭代 350 次）

　　与断层强度高的分群特点不同，在断层强度最低时迭代 350 次，高层梯队态度已出现较明显的分群，但相对于断层为 1 时的分群效果依然弱一些，如图 5-6所示。

　　可见，在同样的迭代次数下，断层强度较低时的分群效果要低于断层强度较高时的分群效果。如图 5-7 所示，在断层强度为 0 时，即使迭代 1 500 次，其分群效果仍不如断层强度为 1 时的效果。

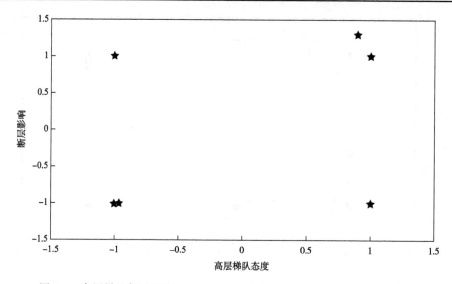

图 5-6　高层梯队断层影响下的态度分布图（fs=0.2，g=0.2，迭代 350 次）

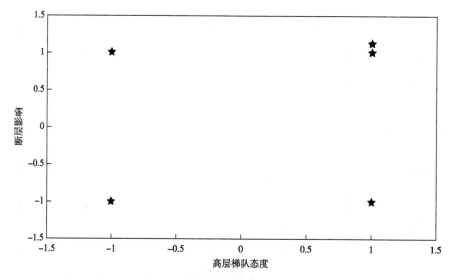

图 5-7　高层梯队断层影响下的态度分布图（fs=0，g=0.2，迭代 1 500 次）

　　为了观察团队凝聚力的影响效果，本书给出 fs=0，g=1，迭代 1 500 次时高层梯队断层影响下的态度分布图，如图 5-8 所示。

　　从式（5-3）上看团队凝聚力有一定的影响，但从图 5-8 上看，效果并不明显。

　　由上述各效果图可以看出，特征断层具有明显的分群作用，而且断层强度越大，分群效应越明显。

　　但这只是理论推想的结果，具体特征断层对决策行为及结果有哪些影响，还需要通过严谨的研究假设和实证检验才能下结论。

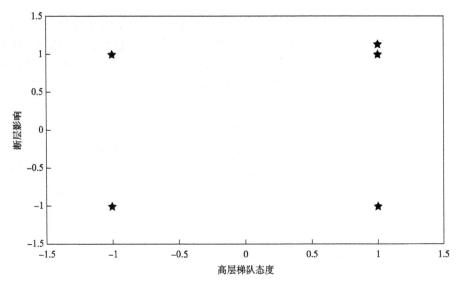

图 5-8　高层梯队断层影响下的态度分布图（fs=0，g=1，迭代 1 500 次）

5.2.2　人口特征断层与决策过程关系

由人口特征所形成的团队断层是过去研究的主流，但专门针对管理团队的研究并不多。Barkema 和 Shvyrkov（2007）研究发现年龄、任期和学历三类人口特征所形成的高层梯队（高管团队）断层的强度与企业投资选址创新性之间存在显著的负相关关系。可见，高层梯队人口特征断层会给产出变量带来一定的负面影响。

对于一般的团队，相比于弱断层，强断层往往较为稳定，从而增加亚团队内成员的安全感，使团队成员更认可亚团队而非整个团队，高层梯队同样如此。高层梯队的断层强度越高，团队就越容易分裂。团队的分裂将带来行为的碎裂，从而导致低水平甚至是零信息交换、联合决策与交流互动。Li 和 Hambrick（2005）研究了年龄、任期、性别和种族四类人口特征所形成的工作团队断层与合资企业绩效之间的关系。他们发现，工作团队断层会通过情感冲突和行为碎裂（disintegration）对企业绩效产生负面影响，如高层梯队成员互动减少，团队凝聚力下降，团队成员的人力资本难以得到有效的发挥与整合，降低决策的质量。同时，高层梯队的强断层还将使团队更加难以就决策方案达到一致，即使达成也需要花费大量的时间和精力进行协调，从而降低了决策的效率，增加了决策的成本。

特征的断层式分布导致团队分割为两个乃至多个亚团队。在中国，选择不同的亚团队经常被称为"站队伍"，同一队伍里的成员不仅有相似的特征，而且由此发展成相似的兴趣、相近的利益诉求和共同的目标。分属不同亚团队的成员开始有群体内外的意识，并认为自己所属的群体是优秀的、高效的，而其他群体则是差的、低效的（Tajfel, 1982）。在高层梯队的决策及平时的互动中，这种抑人扬己的行为势必将加剧不同亚团队成员之间的情感冲突。因此，提出如下假设。

H$_{1A}$：高层梯队人口特征断层强度越高，情感冲突水平越高。

团队内产生亚团队，一方面是特征断层影响所致，另一方面亦是团队成员的内在需要。因为在如此差异化的团队里，特征不同的人往往存在习惯、经历、观点等方面的不同，因而难以进行深入的交往。然而对一般人而言，交往是一种内在需求，缺乏人际交往将使人感觉孤独、无助，而与人交往并建立一种良好的关系，不仅可以使人找到情感倾诉的对象，还可以获得一份安全感。因此，亚团队是个体满足交往需求，获取安全感的地方。虽然如此，不同亚团队之间容易产生不良冲突，但在群体内部，亚团队的产生促进了团队内部成员之间的交流。

Li 和 Hambrick（2005）指出，一个群体内的两个亚团队为了表示对亚团队的依附，或者为了亚团队的存在，他们会努力为亚团队服务，表现较高的"亚团队公民行为"，无私为亚团队成员服务。因为自己所归附的亚团队一旦表现不如意，则自己将失去强大的"保护伞"，而自己又难以容入另一个和自己特征不合的团队，所以不安全感会急剧上升。因而，为了保全自己所在的亚团队，个体会为之出谋划策。在高层梯队决策中，各高管为了使自己所属的亚团队在决策中获取更多的利益、荣誉或其他好处，会积极收集信息、对信息进行分析。这种行为客观上促进了高层梯队内部的信息收集水平和信息处理水平。因而，提出如下假设。

H$_{1B}$：高层梯队人口特征断层强度越高，信息收集水平越高。

H$_{1C}$：高层梯队人口特征断层强度越高，信息处理水平越高。

5.2.3　个性特征断层与决策过程关系

团队成员的个体心理特征与组织产出变量之间的关系一直受到广泛的关注。Barry 和 Stewart（1997）发现外向性和团队对任务的专注程度线性负相关。Barrick 和 Mount（1991）发现团队成员责任感、适应性、利他性的平均值与团队绩效正相关，责任感、适应性和外向性的最低值和团队绩效正相关。同时，他们还发现团队成员个性心理特征的差异性与组织产出变量负相关，如责任感的差异性和团队绩效及团队内聚力负相关。为何团队个性心理特征的差异会对组织产出变量造成负面影响？Barron 和 Mount（1991）认为团队成员个性心理特征的差异往往造成心理（或感情）冲突，而且这种冲突往往是无意识的，一旦引起，通常很难消除。团队成员个性心理特征的差异越大，成员间的共性则越少，团队成员越难以合作，相互间的分歧、矛盾就越普遍。高层梯队个性心理特征断层依据个性心理特征分裂为两个或多个亚团队，如一个由高外向性和强责任感的成员组成，一个由低外向性和弱责任感的成员组成。对于每一个高层梯队成员而言，相比亚团队外部，亚团队内部个性心理特征存在较多相似，因而更加倾向于支持亚团队内成员的观点和保护亚团队利益。一旦在决策过程中团队成员之间存在分歧，就往往容易演化为亚团队之间的分歧，个别团队成员的冲突就会变成亚团队之间的冲突。因而，提出如下假设。

H_{2A}：高层梯队个性特征断层强度越高，情感冲突水平越高。

如上所述，为了保全亚团队、保护亚团队利益，亚团队内部成员将努力发挥自身的社会资本和人力资本，在决策中与其他亚团队针锋相对，不仅使整个高层梯队得到大量的决策信息，而且还可以获得较强的交锋观点，客观上提升了高层梯队的信息处理水平。因此，提出如下假设。

H_{2B}：高层梯队个性特征断层强度越高，信息收集水平越高。

H_{2C}：高层梯队个性特征断层强度越高，信息处理水平越高。

然而，对于高层梯队内的每一个成员，并不会单独地看待人口特征与个性特征，他们往往将两者结合起来以判定自己应当归属于哪一类团队，因此本书提出总体特征断层。总体特征断层扩充了特征的范围，在影响特征上与人口特征或个性特征断层的作用机制类似。因此，根据上述的分析，本书对总体特征断层提出如下假设。

H_{3A}：高层梯队总体特征断层强度越高，情感冲突水平越高。

H_{3B}：高层梯队总体特征断层强度越高，信息收集水平越高。

H_{3C}：高层梯队总体特征断层强度越高，信息处理水平越高。

另外，有关高层梯队治理特征、环境动态性与团队凝聚力调节作用的论述，以及有关高层梯队决策过程与企业结果的分析详见第 3 章。

5.3　高层梯队特征断层与企业结果的关系分析

本书认为高层梯队的特征断层将先作用于决策过程，之后影响决策绩效及组织绩效。因为决策过程非常复杂，由上述的假设可以看出，不同的特征指标对决策过程有不同的影响，其作用方向甚至可能是完全相反的。所以，很难对高层梯队特征断层与决策绩效、企业绩效的关系给出一个唯一的、确切的假设。由第 2 章的文献综述亦可看出，过去大量的研究均对此有不同的看法，有些学者实证发现高层梯队特征断层与决策绩效或组织绩效存在显著正相关关系，而有些学者则发现二者之间存在显著的负相关关系，乃至有学者没有发现显著的关系。所以，本书认为对高层梯队特征断层与绩效之间的关系很难给出一个确切的结论，它依赖于高层梯队内部互动的情况和其他调节变量的影响。因此，本书就正反两方面均提出假设，具体如下。

H_{4A}：高层梯队特征断层与企业结果存在显著的正相关关系。

H_{4B}：高层梯队特征断层与企业结果存在显著的负相关关系。

5.4　研究设计与方法

5.4.1　样本说明

本章有关高层梯队断层的问卷调查样本说明详见第 3 章。

5.4.2　变量的测量

1. 自变量：高层梯队理论特征断层

本章所研究的高层梯队规模在 3~10 人，参照大部分团队断层的研究，本章只考虑将团队分裂为两个亚团队的断层情况。Thatcher 等（2003）对此给出两方面的原因：一是，在小规模团队中，出现分裂为三个及以上亚团队的可能性不大；二是，如果考虑三个及以上的亚团队，计算的复杂程度将大大提高。将一个团队规模为 S 的团队分为两个亚团队共有 2^s-1 种分法，因此必须衡量每一种可能的分法所产生的团队断层强度（Fau_g），然后取其最大值作为团队断层强度的最终值（Fau）。Thatcher 等（2003）给出了每一种分法所产生的团队断层强度衡量公式，具体如下：

$$Fau_g = \left(\frac{\sum_{c=1}^{P} \sum_{j=1}^{2} n_j^g (\overline{x}_{\bullet cj} - \overline{x}_{\bullet c \bullet})^2}{\sum_{c=1}^{P} \sum_{j=1}^{2} \sum_{i=1}^{n_j^g} (x_{icj} - \overline{x}_{\bullet c \bullet})^2} \right) \quad g = 1, 2, \cdots, S \quad (5\text{-}5)$$

其中，x_{icj} 表示在第 j 个亚团队内的第 i 个成员在特征 c 上的值；$\overline{x}_{\bullet cj}$ 表示第 j 个亚

团队里特征 c 的平均值；$\bar{x}_{\bullet c \bullet}$ 表示高层梯队内特征 c 的平均值；n_j^g 表示在第 g 类分法中第 j 个亚团队的成员数量。

对于类别变量，如性别，本书参照 Thatcher 等（2003）的做法，使用虚拟变量来描述类别变量，而且对于分类为两类以上的类别变量，虚拟变量个数与类别个数相同，因为如果按一般的做法，即虚拟变量个数如果比类别个数少 1，那么变量间距离的衡量就会变得不公平。具体而言，在本节中，年龄分为五个年龄段，则每个年龄段可分别用（1,0,0,0,0），（0,1,0,0,0），（0,0,1,0,0），（0,0,0,1,0），（0,0,0,0,1）来表示，相互间的距离则用欧氏距离来衡量。若用五个虚拟变量（1,0,0,0），（0,1,0,0），（0,0,1,0），（0,0,0,1），（0,0,0,0），则（1,0,0,0）与（0,1,0,0）的欧氏距离为 $\sqrt{2}$，而（1,0,0,0）与（0,0,0,0）的欧氏距离为 1，这样便不符合类别变量距离无差别的特点，因而当存在 x 个分类时，需使用 x 个虚拟变量进行表示。另外，当 x 为 2 时（如性别），虽然可以用一个虚拟变量进行表示，但为了统一起见，同样采用两个虚拟变量。

由于本章所研究的人口特征等显性特征全为类别变量，所以可全用虚拟变量代替进行运算；而个性特征等隐性特征全为连续变量，可直接代入公式计算。

当把两类特征合并在一起进行运算时，特征中有类别变量和连续变量，为了使这两类变量能同时应用式（5-5），Thatcher 等（2003）提出对变量进行重新放缩（rescaling），即将类别变量与连续变量的衡量进行统一，具体做法是将类别变量间的距离统一为 1，对连续变量间的差距进行归一化，然后再使用公式（5-5）进行运算。

式（5-5）只是算出了一种亚团队分类方法下的 Fau_g 值，同时还有 2^s-2 种分类，需要将剩余的这些分类的 Fau_g 值均算出来，然后找出其最大值，即 $\text{Fau} = \max \text{Fau}_g$。

2. 因变量

本章的因变量有信息收集水平、信息处理水平、情感冲突、决策绩效和企业绩效等，详细说明见第 3 章。

3. 调节变量

本章的调节变量有环境的动态性和团队凝聚力等，详见第 3 章。

5.4.3　分析方法

本章的分析方法与第 3 章的分析方法一致，也是采用多层线性回归模型对各研究假设进行检验，分析的全过程均采用 SPSS 软件进行。

5.5　数据检验与结果分析

5.5.1　信度与效度分析

有关信度与效度的分析详见第 3 章。

5.5.2　假设检验

使用 SPSS 软件对样本数据进行基于普通最小二乘法的多元回归，使用的模型是层次线性回归模型。

1. 高层梯队特征断层与信息收集过程的关系

如表 5-1 所示，高层梯队人口特征断层与信息收集存在显著正相关关系，而且两职合一状况正向调节两者的关系。而对于个性特征断层，则只在两职合一状况的正向调节下，与信息收集过程存在正相关关系。总体特征断层则发现与信息收集存在正相关关系，两职合一状况亦正向调节两者之间的关系。

表 5-1　特征断层与信息收集过程的关系及调节作用分析

变量	变量符号	模型 1	模型 2	模型 3	模型 4
自变量	demfau	0.340^*	0.267^*	0.274^*	0.418^*
调节变量	dirrat×demfau		0.211		
	dual×demfau			0.110^{**}	
	envdyn×demfau				0.129
R^2		0.129	0.132	0.143	0.093
Δ调整的 R^2			0.008	0.023	−0.029
F 值		2.103^+	2.203^+	2.973^*	1.57

续表

变量	变量符号	模型 1	模型 2	模型 3	模型 4
自变量	Perfau	0.312	0.289*	0.330*	0.291*
调节变量	dirrat×perfau		0.035		
	dual×perfau			0.193**	
	envdyn×perfau				0.139
R^2		0.129	0.137	0.159	0.105
Δ 调整的 R^2			0.045	0.062	−0.014
F 值		2.004	2.549+	3.283*	0.987
自变量	totfau	0.271*	0.289*	0.330*	0.291*
调节变量	dirrat×totfau		0.127		
	dual×totfau			0.157**	
	envdyn×totfau				0.039
R^2		0.248	0.372	0.289	0.294
Δ 调整的 R^2			0.053	0.047	0.068
F 值		2.833*	3.438*	3.523*	3.602*

** $p<0.01$；* $p<0.05$；+ $p<0.1$

注：表中所列为标准化后的回归系数 β；Δ 调整的 R^2 是各模型与模型 1 的调整的 R^2 相比较而得出的

2. 高层梯队特征断层与信息处理过程的关系

表 5-2 给出了特征断层与信息处理过程的关系研究结果，结果表明人口特征断层在两职合一状况与环境动态性的正向调节下与信息处理过程存在正相关关系。个性特征断层与信息处理过程则未发现显著相关关系；总体特征断层在两职合一状况及环境动态性的正向调节下（其中环境动态性的调节系数不显著），与信息处理过程存在正相关关系。

表 5-2　特征断层与信息处理过程的关系及调节作用分析

变量	变量符号	模型 1	模型 2	模型 3	模型 4
自变量	demfau	0.217	0.382*	0.189*	0.105*
调节变量	dirrat×demfau		0.012		
	dual×demfau			0.320*	
	envdyn×demfau				0.139*
R^2		0.063	0.157	0.103	0.117
Δ 调整的 R^2			0.069	0.043	0.053
F 值		1.684	1.931	3.094*	3.470*

续表

变量	变量符号	模型 1	模型 2	模型 3	模型 4
自变量	perfau	0.294	0.174	0.301	0.154
调节变量	dirrat×perfau		0.139		
	dual×perfau			0.143	
	envdyn×perfau				0.092
R^2			0.073	0.129	0.083	0.069
△ 调整的 R^2			0.044	0.013	−0.002
F 值			0.703	1.023	0.931	0.635
自变量	totfau	0.148[+]	0.176[*]	0.345[*]	0.211[*]
调节变量	dirrat×totfau		0.143		
	dual×totfau			0.178[*]	
	envdyn×totfau				0.032
R^2		0.098	0.128	0.164	0.102
△ 调整的 R^2			0.043	0.038	0.004
F 值		1.182	2.197[+]	3.043[*]	1.57[*]

* $p<0.05$；+ $p<0.1$

注：表中所列为标准化后的回归系数 β；△ 调整的 R^2 是各模型与模型 1 的调整的 R^2 相比较而得出的

3. 高层梯队特征断层与情感冲突过程的关系

高层梯队特征断层与情感冲突过程的关系如表 5-3 所示。结果显示，在两职合一状况的负向调节下，高层梯队人口特征断层与情感冲突显著正相关；个性特征断层与情感冲突显著正相关，两职合一状况负向调节两者之间的关系；总体特征断层与情感冲突显著正相关，两职合一状况负向调节两者之间的关系，环境动态性正向调节两者之间的关系。

表 5-3　特征断层与情感冲突过程的关系及调节作用分析

变量	变量符号	模型 1	模型 2	模型 3	模型 4
自变量	demfau	0.298	0.203[*]	0.238[*]	0.219[*]
调节变量	dirrat×demfau		0.023		
	dual×demfau			−0.107[**]	
	envdyn×demfau				0.139
R^2		0.102	0.100	0.164	0.094
△ 调整的 R^2			0.048	0.078	−0.005
F 值		2.034[+]	2.127[+]	3.574[*]	1.493
自变量	perfau	0.149[*]	0.164[*]	0.113[*]	0.189[*]
调节变量	dirrat×perfau		0.139		
	dual×perfau			−0.057[**]	
	envdyn×perfau				0.048

续表

变量	变量符号	模型 1	模型 2	模型 3	模型 4
R^2		0.093	0.130	0.149	0.125
Δ 调整的 R^2			0.027	0.058	0.021
F 值		2.343$^+$	2.413$^+$	4.173*	1.649
自变量	totfau	0.220**	0.187*	0.190*	0.119*
调节变量	dirrat×totfau		0.038		
	dual×totfau			−0.180**	
	envdyn×totfau				0.267*
R^2		0.201	0.212	0.248	0.279
Δ 调整的 R^2			0.102	0.127	0.134
F 值		2.122*	1.783	3.839**	1.879*

** $p<0.01$；* $p<0.05$；+ $p<0.1$

注：表中所列为标准化后的回归系数 β；Δ 调整的 R^2 是各模型与模型 1 的调整的 R^2 相比较而得出的

4. 高层梯队特征断层与企业结果的关系

在特征断层与企业结果的关系中（表 5-4），只发现总特征断层与财务绩效及成长绩效正相关，其他特征断层与决策绩效的相关关系均不显著。

表 5-4　特征断层与企业结果的关系分析

变量	变量符号	决策绩效	财务绩效	成长绩效
控制变量	(Constant)	3.440***	3.399***	2.775***
	firsiz	−0.253	0.104	−0.287
	firage	0.482	0.362	0.604
自变量	demfau	0.194	0.118	0.547
	perfau	3.440	3.399	2.775
	totfau	−0.253	0.104*	−0.287*
R^2		0.121	0.730	0.094
调整的 R^2		0.060	0.568	−0.087
F 值		2.05$^+$	2.347*	0.522*

*** $p<0.001$；* $p<0.05$；+ $p<0.1$

注：表中所列为标准化后的回归系数 β

5.5.3　假设检验结果汇总

将假设检验结果进行归纳，得出表 5-5。

表 5-5　研究假设支持情况汇总

研究假设	检验结果
H_{1A}：高层梯队人口特征断层强度越高，情感冲突水平越高	支持[1]
H_{1B}：高层梯队人口特征断层强度越高，信息收集水平越高	支持
H_{1C}：高层梯队人口特征断层强度越高，信息处理水平越高	支持[1]
H_{2A}：高层梯队个性特征断层强度越高，情感冲突水平越高	支持
H_{2B}：高层梯队个性特征断层强度越高，信息收集水平越高	支持[1]
H_{2C}：高层梯队个性特征断层强度越高，信息处理水平越高	不支持
H_{3A}：高层梯队总体特征断层强度越高，情感冲突水平越高	支持
H_{3B}：高层梯队总体特征断层强度越高，信息收集水平越高	支持
H_{3C}：高层梯队总体特征断层强度越高，信息处理水平越高	支持
H_{4A}：高层梯队特征断层与企业结果存在显著的正相关关系	部分支持
H_{4B}：高层梯队特征断层与企业结果存在显著的负相关关系	部分支持

1）表示在调节变量的作用下，支持研究假设的结论

　　由于表 5-5 中有些假设过于概括，有些假设标"1）"及注明"部分支持"的，均需要进一步给出研究的具体发现，所以本书进行了汇总，如表 5-6 所示。

表 5-6　研究假设具体检验结果汇总

作用主体	关系描述	检验结果
人口特征断层与团队过程	人口特征断层与信息收集的关系	正相关
	两职合一对人口特征断层与信息收集关系的调节作用	正向调节
	在调节变量作用下，人口特征断层与信息处理的关系	正相关
	两职合一对人口特征断层与信息处理关系的调节作用	正向调节
	环境动态性对人口特征断层与信息处理关系的调节作用	正向调节
	在调节变量作用下，人口特征断层与情感冲突的关系	正相关
	两职合一对人口特征断层与情感冲突关系的调节作用	负向调节
个性特征断层与团队过程	在调节变量作用下，个性特征断层与信息收集的关系	正相关
	两职合一对个性特征断层与信息收集关系的调节作用	正向调节
	个性特征断层与情感冲突的关系	正相关
	两职合一对个性特征断层与情感冲突关系的调节作用	负向调节
总体特征断层与团队过程	总体特征断层与信息收集的关系	正相关
	两职合一对总体特征断层与信息收集关系的调节作用	正向调节
	总体特征断层与信息处理的关系	正相关
	两职合一对总体特征断层与信息处理关系的调节作用	正向调节
	总体特征断层与情感冲突的关体系	正相关
	两职合一对总体特征断层与情感冲突关系的调节作用	负向调节
	环境动态性对总体特征断层与信息处理关系的调节作用	正向调节

作用主体	关系描述	检验结果
团队过程 与绩效	信息收集与决策绩效的关系	正相关
	信息处理与决策绩效的关系	正相关
	信息处理与成长绩效的关系	正相关
特征与绩效	总体特征断层与财务绩效的关系	正相关
	总体特征断层与成长绩效的关系	负相关

5.6　本章小结

　　本章首先，提出高层梯队特征断层与决策绩效、企业绩效的理论构架；其次，对高层梯队特征断层对决策过程、决策绩效、企业绩效的影响进行理论分析，提出研究假设。再次，对本章的研究设计与方法进行说明，包括样本的说明、变量的测量和研究的方法等。最后，对数据检验和结果进行分析，并对假设检验的结果进行了汇总。

第6章 高层梯队冲突中团队自反性的影响机制

6.1 高层梯队冲突中团队自反性的理论框架

本章的研究目的在于引入团队自反性机制以提高高层梯队战略决策时发挥认知冲突的功能性作用,同时抵制情感冲突的非功能作用,为企业高管的管理实践提供指导。通过对高层梯队自反性维度结构及其关系进行研究,并由此延伸到另外两个问题的研究,即高层梯队自反性的影响因素和作用效果研究。本章研究的理论框架如图 6-1 所示。

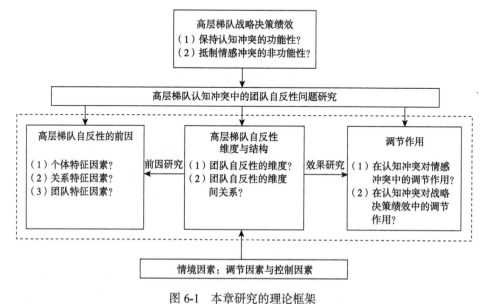

图 6-1　本章研究的理论框架

在图 6-1 的框架中，本章首先关注高层梯队认知冲突与情感冲突的作用效果，并由此提出高层梯队认知冲突、情感冲突与决策绩效关系的研究假设，基于此对高层梯队自反性维度及其结构关系进行考察，提出待检验的关于高层梯队自反性维度及其结构关系的系列研究假设。对于高层梯队自反性的前因研究，本书主要通过文献研究和调查访谈，考察来自高层梯队成员构成的特征因素、组织环境特征因素（信任水平）和工作程序因素（冲突管理模式）。对于高层梯队自反性的影响效应研究，本书将考察高层梯队自反性对认知冲突对情感冲突之间关系的调节作用，以及对高层梯队认知冲突与战略决策绩效之间关系的调节作用。本书对来自高层梯队认知冲突中团队自反性情境特征，如团队规模、行业特征、所有制类别和组织冗余等，也给予关注。

6.2　研究假设

6.2.1　高层梯队冲突与决策绩效

先前的研究支持这样的观点，即认知冲突对情感冲突产生影响。原因可能是高层梯队成员可能会视与工作相关的争论和不同意见为蓄意个人攻击行为，因而激发情感冲突。学者们研究发现，团队成员在争论中张冠李戴、使用犀利的语言，或者以伤人自尊、挑衅的行为证明自己的观点时，往往有害于成员间的人际关系。高层梯队成员的观点被其他成员怀疑和否定时，往往会视这种行为为不尊重自己。同时，相关的实证研究也发现，高度的认知冲突易产生情感冲突（Simons and Peterson，2000）。基于此，提出以下假设。

H_1：高层梯队认知冲突与情感冲突正向相关。

高层梯队认知冲突，具有功能性特征，以认知为导向，是从不同意见中实现共同目标的重要原因。研究发现战略决策中认知冲突是导致高质量决策的关键因素（Ward et al.，2007a，2007b）。认知冲突充分发挥了团队成员认知的异质性，从而获得充分的信息、对各种决策方案的利弊做出权衡。认知冲突还有利于对高层梯队成员认知基础的再构造过程。对立的观点与理念为高层梯队成员提供了一个内涵更深刻、广延和准确的认知平台，这样的平台可以引领成员进行创造性的思考并提出全新的意见。因此，认知冲突可以充分发挥高层梯队成员认知异质性的功效，提高战略决策质量。另外，认知冲突还有利于团队成员对战略决策的理解。认知冲突可以帮助团队成员更好地厘清与战略决策背景相关的问题，从而为团队成员提供战略决策的共同方向和力度的整体把握。通过不同成员的信息交互作用，认知冲突促进了团队成员对决策相关内容的进一步理解。由于高强度的认知冲突，高层梯队团队成员更能明白在将来的战略决策执行中所担负的职责、扮演的角色以及权力和资源分配的缘由。因此，团队成员对战略决策的理解使决策方案更容易得到正确的执行。决策因为存在负面影响而使之成为标靶的可能性，同时增加决策被有效执行，以及克服阻力的可能性。激烈的认知冲突促进了高层梯队团队成员勇于发表自己的立场，而这种可以强烈发表自己见解的机会与对战略决策情感上的接受程度是密切相关的，情感接受程度高也意味着团队成员对战略决策承诺高。此外，认知冲突有助于团队成员真正了解彼此之间的观点、立场和利益所在，即使最后形成的决策方案不能满足所有人的要求，也至少能够在保证企业整体利益的基础上照顾到尽可能多的团队成员的利益，从而提高了团队的平均承诺水平。基于此，提出以下假设。

H_2：高层梯队认知冲突与企业战略决策质量正向相关。

H_3：高层梯队认知冲突与企业战略决策理解正向相关。

H_4：高层梯队认知冲突与企业战略决策承诺正向相关。

上述假设基本上是以西方文化背景下的相关研究为基础而提出的，而对于认知冲突–情感冲突–决策绩效的研究，中国文化背景下的研究相对较少。从目前中国文化背景下的研究结论来看，认知冲突与决策绩效之间的正相关关系并不强烈，甚至在高信任水平的决策团队中存在负相关关系。相关研究学者认为，尽管中国文化背景下认知冲突对决策绩效的提升作用不够显著，甚至被认为不利于决策绩效，但是过少的认知冲突对于中国文化背景的企业管理者来说会产生更加不利的影响，因为认知冲突过少会抑制观点的产生，引发羊群效应，从而不利于提高群体的决策绩效。另外，中国属于集体主义文化，更重视和谐，维持良好的人际关系，因此更喜欢含蓄地表达不同的观点。除非发生了严重的对立，中国的团队内部一般不会因为观点分歧而出现争论得面红耳赤的情形。而团队内一旦产生关系冲突，就会带来负面效应。情感冲突妨碍了团队内部有效沟通问题，使团队关注的焦点偏离认知本身。出现关系冲突的团队是不和谐、低效率的，不仅会影响团队决策质量，而且团队成员对决策结果的满意度会下降。因此，有必要在充分发挥认知冲突功能性作用的同时抵制情感冲突的非功能性作用来提高高层梯队的战略决策绩效。图 6-2 为高层梯队认知冲突、情感冲突与决策绩效的关系模型。模型中的群体规范和冲突管理行为是调节变量。本书主要关注团队自反性行为对高层梯队认知冲突与战略决策绩效之间关系的调节作用。

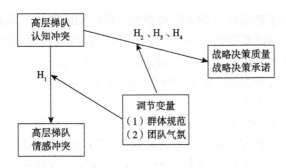

图 6-2　高层梯队冲突与战略决策绩效的关系模型

6.2.2　高层梯队情感自反性与认知自反性

根据第 2 章团队自反性理论的分析，将高层梯队自反性分为情感自反性与认知自反性两个维度。高层梯队情感自反性可能对认知自反性产生作用效果的理由如下。

尽管高层梯队认知自反性对团队效能有影响作用，但高层梯队情感自反性可以促进认知自反性，从而进一步提高团队情感。团队情感自反性被认为是团队社会功能的一个方面，是处理团队成员人际关系、加强团队成员合作，从而提高团队绩效的重要影响因素。高层梯队情感自反性不仅可以提高成员的满意度和团队可持续发展能力，而且还是维系与工作任务相关的团队认知自反性不可或缺的因素，因为情感自反性程度高的团队往往表现为更注重成员的幸福感。在组织中，团队成员间经常发生感情投资以及发展人际关系。这些人际间的关怀和互动往往是团队情感自反性增强的过程，同时也是成员归属感增强的过程。情感自反性高的团队在一定程度上有利于团队成员发表自己的想法，敢于公开交流，从而有利于提高认知自反性。情感自反性可促进少数派敢于发表不同意见，展示内心深处的真实想法，而不惧怕造成人际关系紧张，而这种少数派意见是促进认知自反性行为的重要因素。情感自反性高的团队更倾向于鼓励团队成员关注团队目标，这意味着团队情感自反性可使成员以工作任务为中心，专注于与工作任务相关的活动。

Carter 和 West（1998）的实证研究发现，情感自反性与团队成员的幸福感显著正向相关。West（1996）认为，高程度的情感自反性可增强团队成员的幸福感、满意度以及团队的可持续发展能力。Jehn（1995）研究发现，冲突有利于提高工作效率，但前提条件是团队成员能够敞开心扉地讨论问题。当一个团队具有高程度的情感自反性时，团队成员往往能够经常性地对彼此间如何有效合作的问题进行反思，从而有利于创造良好的人际关系和友好的团队氛围。从心理学上讲，心理安全是处理团队问题重要的先决条件之一。高程度的情感自反性为团队成员提供安全氛围，从而有利于团队成员主动公开发表不同的想法。因此，情感自反性能够促使团队成员公开交流、乐于分享彼此的经验教训，从而增强团队学习能力，进而提高团队认知自反性。

团队成员具有不同的知识结构特征，由此带来的认知冲突成为团队过程中不可避免的结果。大量研究发现，尽管太过激烈的认知冲突极易产生人际摩擦，从而对团队效能造成负面效应，但大部分学者认为认知冲突是复杂动荡环境下促进团队成员信息加工，提升创新效能的重要因素。团队认知自反性过程是成员观点交流，以及信息分享、认知冲突升级的过程。团队情感自反性的作用效果是指在认知冲突程度很高，成员间人际摩擦很激烈的情况下，仍然使团队成员专注于工作任务，并且有较高程度的认知自反性。从信息加工论上看，团队成员对别人行为的感知是影响信息解释方式的重要因素，因此情感自反性程度越高的团队，其成员就不太容易把有建设性的认知意见视为挑衅，从而有利于与工作任务相关的认知自反性行为的开展。团队情感自反性能够有效处理成员间人际冲突还可能在于减少了不良情绪行为（如犀利的语言、挑衅的行为动作和蓄意破坏），而良好的团队氛围有利于提高团队认知自反性水平。事实上，团队情感自反性对人际摩擦产生缓冲的影响作用。工作认知上的意见冲突极易导致人际关系紧张，然而，情感上的投资和自省在本质上会干预人际关系的进一步的恶化与转变。当团队情感自反性极低，团队成员更可能视不同的意见为个人攻击，在这种情况下，极易造成信息加工偏差，不接受其他成员的建设性意见，产生恶性循环，造成更严重的人际摩擦，从而降低团队认知自反性行为。而当团队情感自反性程度很高，成员更倾向于将不同的意见作为发自内心真诚的观点，而非带有幕后动机，或者蓄意的个人攻击行为。这也就意味着团队情感自反性，防止不良情绪升级，促进团队良好的工作氛围，从而有利于认知自反性的提高。基于此，提出以下假设。

H_5：高层梯队情感自反性对认知自反性具有显著正向影响作用。

6.2.3　高层梯队自反性前因：影响因素

1. 高层梯队构成特征与认知自反性

现有文献对高层梯队的研究大都根植于高层梯队理论（Hambrick and Mason，1984；Thoma et al.，1993；Carpenter et al.，2004；谢风华等，2008），该理论认为高层梯队的动态能力和有效运作过程能够创造性地解决问题，使团队能够充分利用多样化的经验和知识并做出高质量的决策。Lyon 和 Ferrier（2002）、Peterson 等（2003）和 Camelo-Ordaz 等（2005）认为，高层梯队构成特征（包括高层梯队成员年龄、教育水平、任期和职业背景）对高层梯队团队过程产生一定影响作用，特别是对高层梯队认知自反性行为产生影响作用。

以往研究发现教育水平越高越有利于团队创造性地解决问题，Smith 等（2005）认为，教育水平对企业的知识创造能够产生重要影响，而且教育水平是高层梯队知识存量（knowledge stock）的一项重要指标。Vinding 和 Kristensen（2000）通过实证研究发现，教育水平影响团队成员组织、分享、创造和吸收知识的能力。团队对过往决策绩效的评价与思考，以及采取行动措施，从而达到适应环境的能力，这些都不可避免地受高层梯队成员教育水平的影响。这种有足够的知识或者能力以达到适应环境的目的正是认知自反性理论的核心要义，因此，高层梯队成员教育水平对团队认知自反性产生重要影响。尽管还没有足够的实证数据支持团队成员教育水平和认知自反性之间的正向相关关系，但也有足够多的理论证据支持两种之间的正向影响关系，因为团队成员的教育水平确实提高关键性问题解决。基于此，提出以下假设。

H_6：高层梯队成员教育水平对认知自反性正向相关。

Finkelstein 和 Hambrick（1990）认为高层梯队异质性是指团队成员之间人口特征、认知观念、价值观以及经验的差异性。相对地，高层梯队同质性是指团队成员之间以上构成特征的相似性。现有研究表明，高层梯队成员年龄的异质性对组织绩效产生负向影响作用。处于同一年龄段的高层管理者往往具有相似的经历和相近的价值观与信仰，他们之间的关系更趋融合，交流更加频繁有效，合作也将更加顺利。年龄差异性大的高层管理者之间更容易产生非功能性冲突，难以达成一致性意见，同时难以有效沟通。West 等（1999）研究发现，团队成员年龄异质性与企业盈利水平负向相关。对任务目标无法达成共享心智模型的团队在战略决策时往往无法做到有效交流和协助。尽管关于年龄异质性与认知自反性之间的关系还缺乏相关的实证研究，但已有大量研究发现，团队成员年龄的异质性常常对团队成员的沟通与交流产生负向影响效应。基于此，提出以下假设。

H_7：高层梯队成员年龄异质性对认知自反性具有负向影响作用。

高层梯队成员任期异质性降低了团队成员凝聚力和信任水平，从而降低团队共同思考的能力。O'Reilly 等（1989）认为，高层梯队成员任期异质性对团队成员之间的人际关系和团队整合能力产生负向影响作用。但是，其他研究发现，高层梯队成员任期异质性导致团队绩效的增加（Katz，1982；O'Reilly and Flatt，1989）。同时，有足够的证据表明，高层梯队成员任期异质性降低了团队成员的自满情绪而提高了团队的效能。高层管理者进入高层梯队的时间不同，经历企业发展阶段和事件各异，造成他们对企业战略、外部环境和内部组织的解读不同，所以由不同团队任期成员组成的高层梯队具有多样化的信息收集途径和对信息的多层次解释，能够产生多种解决方案并根据内外部环境的变化对其进行全方位的评估与思考。高层梯队成员任期异质性增加了团队成员争论和挑战现有状况的动机，同时，高层梯队"空降兵"有利于团队增加新鲜的观点。由不同任期的成员组成的高层梯队，可以以不同的社会经验和组织经验为基础形成多样化的观点，这将有利于产生创造性的新知识，从而有利于团队认知自反性。基于此，提出以下假设。

H_8：高层梯队成员任期异质性对认知自反性具有正向影响作用。

Hambrick 和 D'Aveni（1992）研究发现，在复杂动荡的外部环境中，当企业面临多样化顾客群体的不同需要时，高层梯队成员职业背景的多样化显得尤为重要。越是规模大和经营多元化的企业，高层梯队越需要具备多样化专业背景的高层管理者。Bantel 和 Jackson（1989）通过对小型银行的实证研究发现，高层梯队成员在职业背景方面越是具有异质性，就越会产生多样化的信息，因而具有良好的团队效能。Jackson（1992）认为，团队成员职业背景的异质性有利于对过往绩效、组织内外部环境展开评估与思考，然而，在成员职业背景同质性的团队中，这种团队行为难以发生。高层梯队职业背景异质性越高越有利于团队成员展开争论，提供多样化的信息，并对认知相关信息进行思考与甄别，因此，高层梯队职业背景异质性程度越高越有利于团队对外部环境的识别能力，进而可以提高团队的认知自反性。基于此，提出以下假设。

H_9：高层梯队成员职业背景异质性对认知自反性具有正向影响作用。

2. 高层梯队信任与认知自反性

信任在许多领域中持续地被探讨研究，如经济学、社会学及社会心理学等。Cruz 和 Costa-Silva（2004）通过大量的文献分析发现，信任涉及大量的理论，如交易成本理论、社会交换理论、委托代理理论、企业资源观、系统理论及归因理论。不同领域研究的侧重点不尽相同。本书主要从风险角度来分析信任对认知自反性的影响。Mayer 等（1995）认为，信任源于人与人之间相互依靠、互相帮助，从而取得成果，避免强烈的挫败感的需要，信任不可避免地包含风险因素。Rousseau（2001）认为，信任是一种基于对他人意图和行为的预期而向他人暴露自己的弱点而让自己的利益和人际关系可能受到损害或者处于脆弱状态的意愿。Schoorman 等（2007）将信任定义为，在另一个体或组织不能被控制和监管时，主体愿意去承担受攻击风险的意愿。因而，信任的程度影响信任方愿意在双方关系中所承担的利益和人际风险的大小。

团队内成员间的信任是一种极其有价值的资源，对团队绩效产生显著的影响作用。Bradach 和 Eccles（1989）研究发现，信任能够对团队凝聚力产生强烈的正向影响作用。Amason 和 Mooney（1999）的研究显示，团队成员间的信任程度越高，团队成员越有可能愿意冒险，从而有利于激发出不同的意见与想法。Ruppel 和 Harrington（2000）研究发现，IT 经理间的信任程度直接对团队效能产生正向影响效应。Herzog（2001）研究显示，信任是人们能够在一起工作的重要原因。Clegg 等（2002）研究发现，信任与团队工作中的创新行为存在正相关关系，因为他们发现团队成员间的信任程度对创意的产生、创意的筛选、创意的执行有重要影响。Salamon 和 Robinson（2008）认为，集体感知信任（collective felt trust）水平对组织绩效产生正向影响作用。Lee 等（2010）研究发现，团队成员间的信任程度对知识分享和团队效能产生正向影响作用。Schaubroeck 等（2011）认为，认知信任和情感信任两个变量都对领导行为与团队绩效产生调节作用。Carmeli 等(2012)通过实证研究发现，团队信任和学习对 CEO 关系领导（relational leadership）与高层梯队战略决策质量之间关系产生正向影响效应。

　　Farrell 等（2004）通过实证研究发现，高层梯队成员间的信任对高层梯队领导方式与团队知识分享之间的关系起到调节作用。Schippers 等（2003）研究发现，信任促进了团队成员间展开对话、共享信息和知识交换等行为，因而对团队成员的认知自反性产生了正向影响作用。当个体感知团队群体成员具备良好的工作能力和彼此所呈现出的善意时，个体往往在团队自反性过程中更能够分享关键的信息，团队认知自反性需要团队成员在个体和集体层面进行深刻的自我剖析。当团队成员彼此信任对方时，他们通常会在团队自反性时更勇于承认错误、提出质疑以及积极参与讨论。当团队成员彼此之间的信任程度高时，团队成员更能够减少投机取巧、寻求自身利益最大化的行为以及非功能性冲突，因而更能够增加知识分享和开展深度认知自反性行为。O'Reilly 等（1987）认为，团队成员间高程度的信任水平导致成员增加对话与沟通，进而增加信息和知识的交换增加频率。Madhavan 和 Grover（1998）研究发现，信任是重要的团队过程变量，对团队知识创新产生重要影响。高程度的信任能够使团队成员保持坦诚相待，并导致中肯、全面、敏锐和关键信息交换，进而提高认知自反性水平。相反，低程度的信任会减少团队成员交流过程中的信息分享，缺乏信任会导致团队内部政治团队的出现，从而阻碍信息的分享，这将进一步导致认知自反性水平下降。

　　以往的研究一般把信任分为认知信任（cognition-based trust）、情感信任（affection-based trust）和制度信任（institution-based trust）三个维度。认知信任是个体基于感知他人的工作能力而愿意付诸信任程度。认知信任包括可信度、真正（integrity）、胜任力（competence）和责任感（responsibility）。人们评估认知信任是基于不同属性的，如职业、熟悉程度，认知信任减少了社会角色的复杂性，当团队成员能够按照承诺及时完成工作任务时，信任就会得到加强。当社会角色不再需要进一步搜寻关于信任对象信心的证据时，团队认知信任达到最高点。

从团队成员内部合作的角度出发，认知信任有利于减少团员间的监督行为和防御行为，有利于彼此间的合作和沟通，从而提高了团队的认知自反性。情感信任是个体基于情感关系和彼此关怀而愿意付诸信任程度。感情元素和被信任者的社会技巧对伙伴福利的关心是形成情感信任的基础。与认知信任不同，情感信任是基于亲密关系而形成的，如配偶、家庭成员、朋友、同事和合作伙伴等。在工作群体环境中，情感信任影响团队效能和团队成员间付诸合作和沟通的意愿，因而对团队自反性行为产生影响。制度信任是通过文化和社会的各种规范，或是制定明确的惩罚措施，形成如同约定俗成的力量，使团队成员通过信任这些规范，继而相信其他成员也会遵循这些规范，于是彼此的信任有了支持的力量，并据以保障双方的权力。在团队成员可能彼此并不熟悉，情感信任和认知信任则无从谈起时，而团队认知自反性行为确实发生了。在这种情况下，更多的是依赖于团队成员对团队行为规范和工作程序的信任程度，因为他们相信团队的惯常行为提供了制止或者降低风险的基本保障。Rousseau 等（1998）研究发现，相对于情感信任和认知信任，制度信任对团队成员的信息分享更重要。制度信任可以促进信息和知识的交换，因为团队成员相信团队可以有效规范成员的行为而避免自己处于风险境地，从而提高了团队认知自反性水平。因此，这三类信任可能均对认知自反性程度产生影响作用。基于此，提出以下假设。

H_{10}：高层梯队认知信任对认知自反性具有正向影响作用。

H_{11}：高层梯队情感信任对认知自反性具有正向影响作用。

H_{12}：高层梯队制度信任对认知自反性具有正向影响作用。

3. 高层梯队冲突管理与情感自反性

据美国管理学会进行的一项对中层和高管人员的调查，管理者平均要花费20%的时间处理冲突，另据调查，大多数成功的企业家认为管理者的必备素质与技能中，冲突管理排在决策、领导和沟通技能之前。由此可见，冲突管理已成为现代企业管理中一项不可忽视的重要内容，而冲突管理水平与绩效在企业各种类型冲突中，高层梯队冲突尤为重要，它直接影响企业的绩效。

冲突管理包括实施策略限制冲突负面效应和发挥冲突正面效应，以及提升团队效能（团队学习、组织公民行为、有效沟通和信息分享等）。冲突管理并不是彻底地消除冲突行为或者避免冲突行为，而是对冲突采取适当的管理方式以提高团队效能。团队中应保持适当的冲突，而且对冲突必须进行管理。冲突的过分压制则造成冲突的消减；冲突的不管理或者管理不当则造成冲突升级或无法控制的局面。Wageman（1995）认为当团队成员为如何有效、公平地分配工作量、闲暇时间、奖赏以及如何有效协助从而达到预期目标而展开争论时，往往促使团队成员对彼此间的关系进行思考。已有研究发现，如何有效进行冲突管理已成为提高团队绩效、实现团队目标，甚至关系到研发团队生命力的重要决定力量，对团队成员间的情感自反性、团队成员间互动行为产生重要的影响作用，进而对团队效能产生影响效应。

关于冲突管理方式在 20 世纪已产生了很多理论模型。Follett（1940）把团队成员人际间的冲突管理分为竞争、妥协和合作三种形式，并把回避和压迫作为团队冲突管理的有益补充形式。西方经典冲突管理理论大多建立在管理方格理论基础之上。该理论依据"关心人"和"关心生产"二维理论把冲突管理分为五种模式，即回避、安抚、胁迫、妥协和问题解决。Rahim（2002）依据"关心自己"和"关心他人"两个维度将冲突管理模式划分为五种，即合作、服从、竞争、回避和折中。五种冲突管理模式的"适当"与"不适当"情境如表 6-1 所示。

表 6-1　五种冲突管理模式的情境表

冲突管理模式	"适当"情境	"不适当"情境
合作	（1）复杂的非常规决策认知 （2）需要集结共同智慧以达成最佳解决方案 （3）需要足够承诺以便实施方案 （4）解决问题所需要的时间足够宽裕 （5）单方面的力量无法解决问题 （6）需要集合各方资源以解决共同问题	（1）决策认知非常简单 （2）需要快速地做出决策行动 （3）另一方不关心这项决策认知 （4）另一方没有足够解决问题的技能
服从	（1）您认为您的立场有可能错了 （2）这项决策认知对于另外一方更重要 （3）您愿意放弃某种权利以便在将来可以从另一方获得某种权利 （4）您处在劣势地位 （5）保持良好的关系非常重要	（1）复杂的非常规决策认知 （2）这项决策认知对您不重要 （3）冲突双方处于同等地位 （4）不需要快速地做出决策 （5）您的下属有良好的工作能力
竞争	（1）决策认知非常烦琐 （2）需要快速地做出决策 （3）出现了不受欢迎的行动 （4）需要压制过于自大的下属 （5）另一方做出的决策让您付出了巨大的代价 （6）下属没有足够结构的技能做好决策 （7）这项决策认知对您非常重要	（1）复杂的非常规决策认知 （2）这项决策认知对您不重要 （3）不需要快速地做出决策 （4）您的下属有良好的工作能力
回避	（1）决策认知非常烦琐 （2）直面不逃避可能产生不良结果 （3）冲突双方需要冷静	（1）这项决策认知对您非常重要 （2）做出有效的决策是您的责任 （3）冲突双方都不愿意拖延，问题必须得到解决 （4）需要集中精力解决问题
折中	（1）冲突方的目标是相互排斥的 （2）冲突方势均力敌 （3）冲突方无法达成一致性意见 （4）合作或竞争模式不是很有效 （5）问题过于复杂需要做出暂时性调整和处理	（1）有一方处于强势地位 （2）决策问题过于复杂需要共同努力

也有学者在 Rahim（2002）的研究基础上只关注其中几种冲突管理模式，如 Tjosvold 等（2004）根据中国文化情境只关注合作、竞争和回避三种冲突管理模式。本书根据调查访谈结果，采用 Tjosvold 等（2004）的三种冲突管理模式分类方法。

Follett（1940）认为，冲突是团队成员间的不协调活动造成的，使一方行动受到干扰或者阻碍从而导致了低效能，但通过合作型和竞争型两者冲突管理模式，冲突的非功能性可能降至最低。当团队成员采取合作性态度时，他们往往会把冲突视为需共同考虑和解决的问题，因为他们认为一方的成功可以促使另一方的成功。倾向于采取合作型冲突管理方式的团队成员能够互相交换信息以及敞开心扉地讨论彼此立场的差异性，从而有助于增强团队成员间的人际关系，促进情感自反性和冲突问题的解决。当团队成员通过这种互动方式并增强彼此的关系后，他们会有更加有信心来面对冲突和处理好彼此间的人际关系。

当团队成员采取竞争性态度时，他们往往认为冲突只有一种结果，即要么一方"赢"而另一方"输"。倾向于采取竞争型冲突管理方式的团队成员往往出于某种利益的考虑而坚持己见，不愿意做出让步，都希望对方对自己的意见言听计从。这种冲突管理行为往往不利于团队人际关系的培养，更容易导致人际间的摩擦，甚至相互攻击，从而不利于促进团队成员幸福感的培养（Tjosvold et al., 2004），对情感自反性和决策绩效产生负面效应。竞争型冲突管理方式导致团队成员缺乏交流和沟通，从而使团队成员对彼此间的冲突和人际关系处理缺乏信心，更进一步削弱团队情感自反性行为。

很多社会心理学家研究已经发现，无论是合作型冲突管理方式，还是竞争型冲突管理方式都将对冲突的动态演进和结果产生重要影响作用。尤其，大量的实证研究证实，团队采取合作型冲突管理方式或者竞争型冲突管理方式都对团队成员间的人际关系产生显著影响作用。Alper 等（2000）研究发现，合作型冲突管理方式或者竞争型冲突管理方式对团队成员间人际的影响作用还受限于组织情境因素。但是，国内外的学者普遍支持合作型冲突管理方式更有利于加强团队成员间的人际关系和组织公民行为，而竞争型冲突管理方式往往破坏团队成员间的人际关系和减少组织公民行为。基于此，提出以下假设。

H_{13}：高层梯队合作型冲突管理对情感自反性产生正向影响作用。

H_{14}：高层梯队竞争型冲突管理对情感自反性产生负向影响作用。

以往的研究表明，中国企业受集体主义文化的熏陶，更强调人与人之间关系的协调，因此，为了维系人际和谐他们往往采取回避型冲突管理方式而非合作型和竞争型冲突管理方式来处理彼此间的工作认知冲突。从跨文化研究的角度来看，中国文化情境下的企业高层梯队更加关注人际关系的和谐，相对欧美的企业高层管理原则，中国企业高级管理人士在沟通过程中说话交流往往比较委婉。除非发生真正意义上的严重对立，中国文化情境下的团队内部一般不会出现争论得面红耳赤的情形。而当团队内部一旦出现人际冲突，团员成员为避免在公共场合大家失去"面子"往往会采取回避型行为。回避型冲突管理方式暂时性地缓解人际间的紧张局面，但不利于实质性问题的解决。回避型行为妨碍了团队成员内部的有效沟通，使关注的焦点偏离，导致团队成员对彼此间的关系缺乏共识和思考，人际关系反而无法得到改善，更进一步削弱了团队成员间的情感自反性行为。基于此，提出以下假设。

H₁₅：高层梯队回避型冲突管理对情感自反性产生负向影响作用。

6.2.4　高层梯队冲突、自反性与决策绩效

团队情感自反性主要关注团队成员处理情感冲突的能力，彼此互相关爱、关注成员个人成长以及成员幸福感的程度。团队情感自反性被认为是团队社会功能的一方面，是处理团队成员人际关系，加强团队成员合作，从而提高团队绩效的重要影响因素。高程度的团队情感自反性可增强团队成员的幸福感、满意度及团队活力。当一个团队具有高程度的情感自反性时，团队成员往往能够经常性地对彼此间如何有效合作的问题进行思考，从而有利于创造良好的人际关系和友好的团队氛围。团队认知自反性被认为是促使团队成员共同对团队目标、策略和工作方法进行公开自反性，并做出快速反应，进而适应当前或预期内外部环境变化。图 6-3 为高层梯队冲突、自反性对决策绩效影响的理论框架。

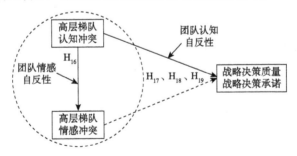

图 6-3　高层梯队冲突、自反性对决策绩效影响的理论框架

从信息论上看，团队成员对别人行为的感知是影响信息的解释方式。在组织中，团队成员间经常发生感情投资以及发展人际关系。这些人际间的关怀和互动往往是情感自反性增强的过程，也因此影响到团队成员对认知冲突中信息的解释方式。情感自反性程度越高，团队成员就不太容易把有建设性的认知冲突发展为情感冲突。情感自反性能够调节高层梯队认知冲突与情感冲突间关系的本质可能

在于减少了情绪不良行为，如犀利的语言、挑衅的行为动作和蓄意破坏。因此，高层梯队认知冲突与情感冲突间关系的强度也因团队成员间的情感自反性而有所减弱。事实上，情感自反性对情感冲突产生一个缓冲的影响作用。工作认知上的意见冲突极易导致情感冲突，然而，情感上的投资和自省在本质上会干预认知冲突向情感自反性转变。例如，当情感自反性极低，团队成员更可能视不同的意见为个人攻击，在这种情况下，极易造成信息加工偏差，不接受其他成员建设性意见，产生恶性循环，造成更严重的情感冲突。当情感自反性程度很高，团队成员更倾向于视不同的意见为发自内心真诚的观点，而非带有幕后动机，或者蓄意的个人攻击行为。而且，团队情感自反性高的团队在一定程度上有利于团队成员发表自己的想法，公开交流。de Dreu（2002）研究表明，情感自反性能促进少数派敢于发表不同意见，展示内心深处真实的想法，而不惧怕造成人际关系紧张问题。情感自反性高的团队更倾向于鼓励团队成员关注团队目标，同时，排斥情感上的伤害。基于此，提出以下假设。

H_{16}：高层梯队情感自反性对认知冲突与情感冲突之间的关系具有调节效应，即对情感自反性程度低的团队而言，它们之间成显著的正相关关系，而对情感自反性程度高而言，相关关系并不显著或成显著负相关。

尽管高层梯队认知冲突对决策绩效有正向影响，但认知自反性为这种关系进一步加强提供了可能，这种观点可以从必要多样性定律和信息加工理论找到依据。必要多样性定律强调给定状态的复杂性或多样性必须与所处环境的复杂性相匹配。高层梯队认知冲突为战略决策提供了必要的多样化信息，但不能解释多样化的信息加工后是否能够匹配环境的复杂性，而认知自反性为我们提供了这种线索。认知自反性被认为在面对任务复杂而外部环境动荡时，团队关注环境并根据环境变化做出反应，因此，有利于给多样化信息加工提供导向以便使战略决策结果能够匹配动荡的环境。认知自反性是团队主动信息加工方式，是团队在决策中产生动机去识别、讨论、减少错误和认知偏差的主要原因。团队认知自反性越高越有利于鼓励团队成员主动就企业内外部环境展开公开自反性和讨论，从而使决策内容更加完整、准确，为提高决策质量增加可能。团队认知自反性程度高的团队更倾向于集体对多样化的信息进行演绎、解释，而团队认知自反性程度低的团队往往在信息论证上不充分，自反性不彻底，深受启发式线索的影响，极易造成决策质量低等问题，成员也不能完全、准确地理解决策内容和相关安排。承诺往往与高层梯队成员参与战略决策制定的程度密切相关，而团队认知自反性是促进高层梯队成员自反性、参与战略决策制定的重要影响因素之一。多样化信息的情形下，不可能使所有高层梯队成员对战略决策结果都满意，高层梯队更多是寻求妥协和群体满意度最大化。另外，团队自反性与团队成员的决策满意度和承诺正相关。高层梯队认知自反性越高越有利于成员参与战略决策制定过程，从而提升决策满意度并增加承诺水平。基于此，提出以下假设。

H_{17}：高层梯队认知自反性对认知冲突与决策质量之间的关系具有调节效应，即对认知自反性程度高的团队而言，它们之间成显著的正相关关系，而对认知自反性程度低而言，相关关系并不显著或成显著负相关。

H_{18}：高层梯队认知自反性对认知冲突与决策理解之间的关系具有调节效应，即对认知自反性程度高的团队而言，它们之间成显著的正相关关系，而对认知自反性程度低而言，相关关系并不显著或成显著负相关。

H_{19}：高层梯队认知自反性对认知冲突与决策承诺之间的关系具有调节效应，即对认知自反性程度高的团队而言，它们之间成显著的正相关关系，而对认知自反性程度低的团队而言，相关关系并不显著或成显著负相关。

根据以上理论分析，本章总共提出了 8 类共计 18 个研究假设。其中，高层梯队认知冲突对情感冲突、战略决策绩效影响效应的假设包括 3 个，高层梯队团队自反性维度间关系的假设有 1 个，高层梯队构成特征对认知自反性影响效应的假设有 4 个，高层梯队信任对认知自反性影响效应的假设有 3 个，高层梯队冲突管理对情感自反性影响效应的假设有 3 个，高层梯队情感自性对认知冲突与情感冲突之间关系影响的假设有 1 个，高层梯队认知自性对认知冲突与决策绩效之间关系影响的假设有 3 个，具体归纳为如图 6-4 所示的整合研究概念模型。

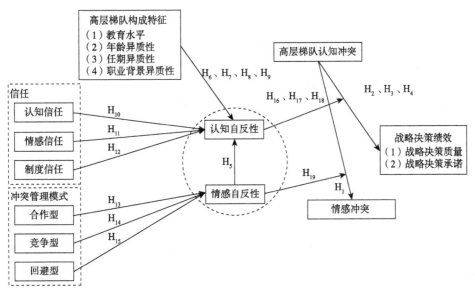

图 6-4　本章研究假设的概念模型

6.3　研究设计与方法

6.3.1　样本说明

本章的数据也采用问卷调查的方法，通过实地调研、邮寄问卷和电子邮件三种方式发放经过前测调查后修正的调查问卷，利用高层管理人员的亲身经历对变量测量题项进行评价，从而达到收集数据的目的。

选取上海、浙江、江苏和安徽等地区的高新技术开发区、经济开发区为目标企业，对企业高管人员发放调查问卷。调查时间为 2013 年 3 月 1 日至 2013 年 8 月 15 日。根据各高新区管理委员会提供的企业黄页，共选择 760 家企业作为目标对象企业。为了鼓励更多的高管人员参与该调查，以高新区管理委员会的名义发出了邀请信，介绍了该研究的重要意义，并保证了信息的保密性；接着打电话到每家公司确认是否愿意参加该项调查，如果愿意立刻安排调查时间。共发放问卷 1 643 份问卷，其中电子问卷 783 份、纸质问卷 860 份，218 家企业答应参与调查，在调查中我们再次强调了研究的性质和重要性，并根据 Smith 等的建议由 CEO 确定参与本次调研的高管团队成员。高管人员被要求针对公司领导班子最近一次商讨决策的情况答复相关问题，以此减少高管回忆上的偏差。电子邮件的方式，主要是将调查问卷的电子版本发送到被调查对象的电子邮箱，然后由被调查对象填答之后直接返回给调查者。纸质问卷的发放有两种模式：一是通过实地调研，调查者利用课题研究机会，进行走访调查，直接到企业与 CEO 及其指定的高管成员进行面对面的交流，陈述研究目的和问卷的填写方法，强调调查结果仅用于学术研究、保证数据的保密性等。被调查对象被要求当场填答问卷。二是邮寄问卷，每个被调查对象将收到纸质问卷，为表示礼貌，回邮信封和邮票随调查问卷一起发放，被调查对象回答完问卷后将邮件直接寄回。

本次调查最终回收电子问卷 156 份，回收纸质问卷 231 分，共计回收 387 份调查问卷，剔除数据填写不全和来自单个企业的调查问卷，共 361 份问卷有效，有效率约为 21.97%，分别来自 85 个企业，团队中人数最少为 2 人，最多为 7 人。

6.3.2 变量的测量

本章所涉及的变量大致可以划分为四个部分：①高层梯队自反性的前因，主要考察高层梯队构成特征、信任和冲突管理方式 3 个总的前因变量，共涉及 11 个研究假设；②高层梯队自反性的维度，主要考察认知自反性和情感自反性两个变量，共涉及 1 个研究假设；③高层梯队认知冲突、情感冲突效、战略决策质量、战略决策理解和战略决策承诺 5 个变量，共涉及 11 个研究假设；④控制变量主要采用团队规模和组织冗余两个变量，没有进入正式假设模型，但是对模型中主体变量间关系潜在影响的变量，具有一定的控制效应。研究变量如表 6-2 所示。具体每个变量的测量题项见书后附录 3。

表 6-2　研究变量汇总

类型	因子变量名称
高层梯队自反性前因	高层梯队构成特征：教育水平、年龄异质性、任期异质性和职业背景异质性
	信任：情感信任、认知信任和制度信任
	冲突管理模式：合作型、竞争型和回避型
高层梯队自反性	情感自反性和认知自反性
高层梯队冲突	认知冲突；情感冲突
战略决策绩效	战略决策质量、战略决策理解和战略决策承诺
控制变量	团队规模、所有制类别、所属行业和组织冗余

6.3.3 分析的方法

本章的分析方法与第 3 章、第 5 章的分析方法一致，也采用多层线性回归模型对各研究假设进行检验，分析的全过程均采用 SPSS 软件进行。

6.4　数据检验与结果分析

6.4.1 信度与效度分析

信度与效度是衡量问卷质量的主要指标。在实践数据处理中，本节主要以

Cronbach's α 和验证性因子分析法来检验测量量表的信度与效度。

1. 信任量表信度与效度分析

如表6-3所示，计算的情感信任（AT）、认知信任（TT）和制度信任（IT）的 Cronbach's α 系数分别为0.82、0.74和0.69，远大于0.50的阈值标准。

表6-3 信任量表的信度与效度分析（N=361）

变量		题项	因子负荷	α	复合信度 ρ
情感信任	AT1	贵公司领导班子能够自由分享想法、情感和期望，从而创造了一种良好的分享氛围	0.71		
	AT2	贵公司领导班子成员能够自由谈论工作中的困难，且其他成员愿意倾听	0.77		
	AT3	如果有成员调离，贵公司领导班子成员会出现失落感	0.75	0.82	0.85
	AT4	贵公司领导班子成员能够与其他成员分享工作和生活中的困难，而他们能够给予关心和建设性意见	0.76		
	AT5	贵公司领导班子成员为建立良好的工作关系，而努力地进行情感方面的投资	0.63		
认知信任	TT1	贵公司领导班子成员具有很高的专业水平和敬业精神	0.70		
	TT2	贵公司领导班子成员以往不好的工作业绩不会造成其他成员对其工作能力和努力水平的怀疑	0.67		
	TT3	贵公司领导班子成员认为可以依靠团队的力量而使工作认知变得更简单	0.69	0.74	0.85
	TT4	贵公司领导班子成员即使不是朋友关系也能够做到彼此信任和互相尊重	0.66		
	TT5	贵公司领导班子成员认为彼此值得信任而能够做到真诚互动	0.75		
	TT6	贵公司领导班子成员在工作认知中是认真负责，值得依赖	0.67		
制度信任	IT1	贵公司领导班子能够公平公正地对待每个成员的观点	0.70		
	IT2	贵公司领导班子不仅考虑团队的利益，更多以企公司的整体利益为重	0.69		
	IT3	贵公司领导班子的工作方针非常有利领导整个企业	0.66	0.69	0.80
	IT4	贵公司领导班子能够做到言行一致	0.59		
	IT5	贵公司领导班子有足够能力做出最优决策	0.55		
	IT6	贵公司领导班子有公正公正的工作程序	0.78		

验证性因子分析结果表明，因子负荷均大于0.60，远大于0.50的阈值标准，说明题项与潜变量间有足够的线性等价关系，满足单一维度的条件。情感信任、认知信任和制度信任的复合信度分别为0.85、0.85和0.80，均高于0.50或者0.60的阈值标准。

情感信任、认知信任和制度信任的 Cronbach's α 系数、因子负荷和复合信度的计算结果表明测量量表都具有较高的信度水平，内部一致性良好。

如表 6-4 所示，信任测量量表的验证性因子分析结果显示，情感信任、认知信任和制度信任三因子模型的 χ^2 / df、RMSEA、GFI、CFI 和 NNFI 等各项拟合指标均达到或者接近预定的标准，表明信任测量量表的三因子模型得到了很好的数据支持，具有良好的聚合效度和结构效度。基本模型（3 因子模型）比其他嵌套关系的拟合效果都要好，表明情感信任、认知信任和制度信任三个变量具有良好的判别效度，设置合理。

表 6-4　信任的测量模型比较（ N=361 ）

模型	因子	χ^2	df	$\Delta\chi^2$	RMSEA	GFI	CFI	NNFI
基本模型	3 因子：情感信任；认知信任；制度信任	447.36	101		0.09	0.87	0.91	0.89
模型 1	2 因子：情感信任；认知信任+制度信任	671.63	103	224.27**	0.13	0.81	0.86	0.84
模型 2	2 因子：情感信任+认知信任；制度信任	1 555.91	103	1 108.55**	0.20	0.65	0.61	0.55
模型 3	2 因子：情感信任+制度信任；认知信任	686.22	103	238.86**	0.13	0.81	0.86	0.83
模型 4	1 因子：情感信任+认知信任+制度信任	1 776.05	104	1328.69**	0.21	0.62	0.56	0.49

** p<0.01

收敛信度使用平均萃取变异量 AVE 来测量，见表 6-5。情感信任的 AVE 为 0.53，而认知信任的 AVE 为 0.48 和制度信任的 AVE 为 0.45，但是已非常接近 0.50 的阈值标准，这表明冲突管理的测量题项具有一定的聚合效度。

表 6-5　信任的 AVE 和相关系数（ N=361 ）

变量	情感信任	认知信任	制度信任
情感信任	0.53		
认知信任	0.29	0.48	
制度信任	0.17	0.21	0.45

注：①对角线为（AVE）$^{1/2}$；②对角线以下为相关系数

判别效度可进一步地通过比较 AVE 的平方根值和因子间相关系数的大小来判断因子间的判别程度，以及是否能够独立存在。若 AVE 的平方根值远大于相关系数，表明测量模型有良好的判别效度。表 6-5 的对角线数据是 AVE 的平方根值，通过比较可以发现，情感信任、认知信任和制度信任的 AVE 平方根值均明显高于两者间的相关系数，说明团队冲突由合作型、竞争型和回避型三个独立变量测量的合理性。

2. 冲突管理量表信度与效度分析

如表 6-6 所示，计算合作型（COO）、竞争型（COM）和回避型（AVO）的 Cronbach's α 系数分别为 0.79、0.81 和 0.73，远大于 0.50 的阈值标准。

表 6-6　冲突管理量表的信度与效度分析（N=361）

变量	题项	因子负荷	α	复合信度 ρ
	COO1　贵公司领导班子对待成员间的冲突采取"我们是一个整体"的态度	0.61		
	COO2　贵公司领导班子面对成员间的冲突时，寻求对群体最为有利的解决方法	0.69		
合作型	COO3　贵公司领导班子认为成员间的冲突是双方所造成，需共同面对	0.76	0.79	0.82
	COO4　贵公司领导班子认为工作的目的是要做到各方都满意	0.67		
	COO5　贵公司领导班子认为应综合各方立场，以期做出有效的决策	0.74		
	COM1　贵公司领导班子成员都要求其他成员同意其立场	0.68		
	COM2　贵公司领导班子成员都想其他成员做出妥协，而他们自己却不想让步	0.65		
竞争型	COM3　贵公司领导班子成员把彼此间的冲突视为一方赢而另一方输的竞赛	0.72	0.81	0.83
	COM4　贵公司领导班子成员都为一己私欲而过分强调自己的立场	0.62		
	AVO1　贵公司领导班子倾向于采取回避的方法来消除彼此间的分歧	0.70		
回避型	AVO2　贵公司领导班子为寻求内部和谐而避免公开讨论问题的症结	0.65	0.72	0.75
	AVO 3　贵公司领导班子经常回避讨论内部有分歧的问题	0.78		

验证性因子分析结果表明，因子负荷均大于 0.60，远大于 0.50 的阈值标准，说明题项与潜变量间有足够的线性等价关系，满足单一维度的条件。计算合作型、竞争型和回避型的复合信度分别为 0.82、0.83 和 0.75，均高于 0.50 或者 0.60 的阈值标准。

合作型、竞争型和回避型的 Cronbach's α 系数、因子负荷和复合信度的计算结果表明测量量表都具有较高的信度水平，内部一致性良好。

如表 6-7 所示，冲突管理量表的验证性因子分析结果显示，合作型、竞争型和回避型三因子模型的 χ^2 / df、RMSEA、GFI、CFI 和 NNFI 等各项拟合指标均达到或者接近预定的标准，表明冲突管理量表的三因子模型得到了很好的数据支持，具有良好的聚合效度和结构效度。基本模型（3 因子模型）比其他嵌套关系的拟合效果都要好，表明合作型、竞争型和回避型这三个变量具有良好的判别效度，设置合理。

表 6-7　冲突管理的测量模型比较（N=361）

模型	因子	χ^2	df	$\Delta\chi^2$	RMSEA	GFI	CFI	NNFI
基本模型	3 因子：合作型；竞争型；回避型	175.26	51		0.08	0.92	0.95	0.93
模型 1	2 因子：合作型；竞争型+回避型	347.13	53	171.87**	0.12	0.86	0.89	0.96
模型 2	2 因子：合作型+回避型；竞争型	362.64	53	250.74**	0.13	0.86	0.88	0.85
模型 3	2 因子：合作型+竞争型；回避型	514.39	53	339.13**	0.16	0.81	0.84	0.80
模型 4	1 因子：合作型+竞争型+回避型	703.13	54	527.89**	0.18	0.75	0.77	0.72

** $p<0.01$

收敛效度使用平均萃取变异量 AVE 来测量。如表 6-8 所示，竞争型的 AVE 为 0.51，回避型的 AVE 为 0.51，而合作型的 AVE 为 0.48，但是已非常接近 0.50 的阈值标准，这表明冲突管理的测量题项具有一定的聚合效度。

表 6-8　冲突管理的 AVE 和相关系数（N=361）

变量	合作型	竞争型	回避型
合作型	0.48		
竞争型	0.11	0.54	
回避型	0.07	0.13	0.51

注：①对角线为（AVE）$^{1/2}$；②对角线以下为相关系数

判别效度可进一步通过比较 AVE 的平方根值和因子间相关系数的大小来判断因子间的判别程度，是否能够独立存在。若 AVE 的平方根值远大于相关系数，表明测量模型有良好的判别效度。表 6-8 的对角线数据是 AVE 的平方根值，通过比较可以发现，合作型、竞争型和回避型的 AVE 平方根值均明显高于两者间的相关系数，说明团队冲突中合作型、竞争型和回避型这三个独立变量测量的合理性。

3. 高层梯队自反性量表信度与效度分析

如表 6-9 所示，计算情感自反性（AR）和认知自性（CR）的 Cronbach's α 系数分别为 0.89 和 0.83，远大于 0.50 的阈值标准。

表 6-9　高层梯队自反性量表的信度与效度分析（ N=361 ）

变量		题项	因子负荷	α	复合信度 ρ
情感自反性	AR1	领导班子成员遇到困难时，其他成员愿意提供帮助	0.68	0.89	0.87
	AR2	商讨工作中，出现情感上的不快时，领导班子倾向于不支持	0.77		
	AR3	领导班子成员出现人际关系冲突时，领导班子能够有效化解	0.75		
	AR4	领导班子成员间出现情感上的不快时，能够不影响工作配合	0.76		
	AR5	当遇到工作中的难题时，领导班子能够共同面对	0.83		
认知自反性	CR1	领导班子经常在一起就团队目标进行审视	0.70	0.83	0.85
	CR2	领导班子定期商讨如何能够有效合作	0.67		
	CR3	领导班子经常在一起讨论完成工作的方法	0.69		
	CR4	领导班子能够共同就环境的变化而适时调整目标	0.66		
	CR5	领导班子能够就有效沟通问题而公开讨论	0.79		
	CR6	领导班子能够对以往的经验和教训进行集体反思与讨论	0.68		

验证性因子分析结果表明，因子负荷均大于 0.60，远大于 0.50 的阈值标准，说明题项与潜变量间有足够的线性等价关系，满足单一维度的条件。计算的情感自反性与认知自性的复合信度分别为 0.87 和 0.85，均高于 0.50 或者 0.60 的阈值标准。

情感自反性和认知自性的 Cronbach's α 系数、因子负荷和复合信度的计算结果表明测量量表都具有较高的信度水平，内部一致性良好。

如表 6-10 所示，高层梯队自反性量表的验证性因子分析结果显示，情感自反性与认知自反性两因子模型的 χ^2 / df 、RMSEA、GFI、CFI 和 NNFI 等各项拟合指标均达到或者接近预定的标准，表明团队自反性的两因子模型得到了很好的数据支持，具有良好的聚合效度和结构效度。基本模型（2 因子模型）比其他嵌套关系的拟合效果都要好。这表明，情感自反性与认知自反性两个变量具有良好的判别效度，设置合理。

表 6-10　高层梯队自反性的测量模型比较（ N=361 ）

模型	因子	χ^2	df	$\Delta\chi^2$	RMSEA	GFI	CFI	NNFI
基本模型	2 因子：情感自反性；认知自反性	182.48	43		0.06	0.92	0.96	0.94
模型 1	1 因子：情感自反性+认知自反性	1 218.98	44	1 036.50**	0.27	0.62	0.60	0.50

** p<0.01

收敛效度使用平均萃取变异量 AVE 来测量。如表 6-11 所示，情感自反性的 AVE 为 0.58，而认知自反性的 AVE 为 0.49，但是已非常接近 0.50 的阈值标准，这表明团队自反性的测量题项具有一定的聚合效度。

表 6-11　高层梯队自反性的 AVE 和相关系数（N=361）

变量	情感自反性	认知自反性
情感自反性	0.58	
认知自反性	0.21	0.49

注：①对角线为（AVE）^1/2；②对角线以下为相关系数

判别效度可进一步通过比较 AVE 的平方根值和因子间相关系数的大小来判断因子间的判别程度，以及是否能够独立存在。若 AVE 的平方根值远大于相关系数，表明测量模型有良好的判别效度。表 6-11 的对角线数据是 AVE 的平方根值，通过比较可以发现，情感自反性和认知自反性的 AVE 平方根值均明显高于两者间的相关系数，说明了团队自反性中情感自反性和认知自反性两个独立变量测量的合理性。

4. 高层梯队冲突量表信度与效度分析

如表 6-12 所示，计算认知冲突（CC）和情感冲突（AC）的 Cronbach's α 系数分别为 0.76 和 0.81，远大于 0.50 的阈值标准。

表 6-12　高层梯队冲突量表的信度与效度分析（N=361）

变量	题项	因子负荷	α	复合信度 ρ
认知冲突	CC1　贵公司领导班子在商讨工作中，由于观点不一致极易导致意见冲突	0.70		
	CC2　对于观点不一致的想法，贵公司领导班子出现很大程度的意见冲突	0.69	0.76	0.74
	CC3　贵公司领导班子在须通过的有关决策内容方面存在很大意见差异	0.69		
情感冲突	AC1　贵公司领导班子商讨决策时，成员间出现情感上不快	0.67		
	AC2　贵公司领导班子做决策时，存在个人间的摩擦	0.75		
	AC3　贵公司领导班子商讨问题时，因为个人性格差异引起很大的矛盾	0.76	0.81	0.83
	AC4　贵公司领导班子商讨问题时，因为意见不一导致关系紧张	0.76		

验证性因子分析结果表明，因子负荷均大于 0.60，远大于 0.50 的阈值标准，说明测量题项与变量间有足够的线性等价关系，满足单一维度的条件。计算的认

知冲突和情感冲突的复合信度分别为 0.74 与 0.83，均高于 0.50 或者 0.60 的阈值标准。

认知冲突和情感冲突的 Cronbach's α 系数、因子负荷和复合信度的计算结果表明测量量表都具有较高的信度水平，内部一致性良好。

如表 6-13 所示，团队冲突测量量表的验证性因子分析结果显示，认知冲突与情感冲突两因子模型的 χ^2/df、RMSEA、GFI、CFI 和 NNFI 等各项拟合指标均达到或者接近预定的标准，表明团队冲突的两因子模型得到了很好的数据支持，具有良好的聚合效度和结构效度。基本模型（2 因子模型）比其他嵌套关系的拟合效果都要好。这个表明，认知冲突与情感冲突这两个变量具有良好的判别效度，设置合理。

表 6-13　高层梯队冲突的测量模型比较（N=361）

模型	因子	χ^2	df	$\Delta\chi^2$	RMSEA	GFI	CFI	NNFI
基本模型	2 因子：认知冲突；情感冲突	65.77	13		0.07	0.95	0.95	0.92
模型 1	1 因子：认知冲突+情感冲突	231.00	14	165.33**	0.21	0.85	0.82	0.72

** p<0.01

收敛效度使用平均萃取变异量 AVE 来测量。如表 6-14 所示，情感冲突的 AVE 为 0.54，而认知冲突的 AVE 为 0.48，但是已非常接近 0.50 的阈值标准，这表明团队冲突的测量题项具有一定的聚合效度。

表 6-14　高层梯队冲突的 AVE 和相关系数（N=361）

变量	认知冲突	情感冲突
认知冲突	0.48	
情感冲突	0.23	0.54

注：①对角线为（AVE）$^{1/2}$；②对角线以下为相关系数

判别效度可进一步通过比较 AVE 的平方根值和因子间相关系数的大小来判断因子间的判别程度，以及是否能够独立存在。若 AVE 的平方根值远大于相关系数，表明测量模型有良好的判别效度。表 6-14 的对角线数据是 AVE 的平方根值，通过比较可以发现，认知冲突和情感冲突的 AVE 平方根值均明显高于两者间的相关系数，说明团队冲突中认知冲突和情感冲突两个独立变量测量的合理性。

5. 决策绩效量表信度与效度分析

如表 6-15 所示，计算决策质量（DQ）与决策承诺（DC）的 Cronbach's α 系

数分别为 0.72 和 0.82，远大于 0.50 的阈值标准。

表 6-15　决策绩效量表的信度与效度分析（N=361）

变量		题项	因子负荷	α	复合信度 ρ
决策质量	DQ1	您觉得这项决策的质量非常高	0.78		
	DQ2	您觉得这项决策的质量远远超过原始预期	0.79	0.72	0.79
	DQ3	您觉得这项决策非常有利于提高公司绩效	0.65		
决策承诺	DC1	您非常愿意看到这个决策被实施	0.80		
	DC2	您会因为这个决策而更加能力工作	0.89	0.82	0.84
	DC3	相对其他决策方案，您对这项决策满意程度最大	0.69		

验证性因子分析结果表明，因子负荷均大于 0.60，远大于 0.50 的阈值标准，说明测量题项与变量间有足够的线性等价关系，满足单一维度的条件。计算可知，决策质量与决策承诺的复合信度分别为 0.79 和 0.84，均高于 0.50 或者 0.60 的阈值标准。

决策质量与决策承诺的 Cronbach's α 系数、因子负荷和复合信度计算结果表明测量量表都具有较高的信度水平，内部一致性良好。

如表 6-16 所示，决策质量量表的验证性因子分析结果显示，决策质量和决策承诺两因子模型的 χ^2 / df、RMSEA、GFI、CFI 和 NNFI 等各项拟合指标均达到或者接近预定的标准，表明决策绩效的两因子模型得到了很好的数据支持，具有良好的聚合效度和结构效度。基本模型（2 因子模型）比其他嵌套关系的拟合效果都要好。这表明，决策质量和决策承诺两个变量具有良好的判别效度，设置合理。

表 6-16　决策绩效的测量模型比较（N=361）

模型	因子	χ^2	df	$\Delta\chi^2$	RMSEA	GFI	CFI	NNFI
基本模型	2 因子：决策质量；决策承诺	47.05	8		0.12	0.96	0.96	0.92
模型 1	1 因子：决策质量+决策承诺	185.29	9	138.24**	0.23	0.85	0.75	0.58

**$p<0.01$

收敛效度使用平均萃取变异量 AVE 来测量。如表 6-17 所示，决策质量与决策承诺性的 AVE 分别为 0.55 和 0.64，这表明决策绩效的测量题项具有一定的聚合效度。

表 6-17　决策绩效的 AVE 和相关系数（ N=361 ）

变量	决策质量	决策承诺
决策质量	0.55	
决策承诺	0.32	0.64

注：①对角线为（AVE）$^{1/2}$；②对角线以下为相关系数

判别效度可进一步通过比较 AVE 的平方根值和因子间相关系数的大小来判断因子间的判别程度，以及是否能够独立存在。若 AVE 的平方根值远大于相关系数，表明测量模型有良好的判别效度。表 6-17 的对角线数据是 AVE 的平方根值，通过比较可以发现，决策质量和决策承诺的 AVE 平方根值均明显高于两者间的相关系数，说明决策绩效由决策质量和决策承诺性两个独立变量测量的合理性。

6. 组织冗余量表信度分析

如表 6-18 所示，计算组织冗余（OS）的 Cronbach's α 系数为 0.82，远大于 0.50 的阈值标准。

表 6-18　组织冗余量表的信度与效度分析（ N=361 ）

变量		题项	因子负荷	α	复合信度 ρ	AVE
组织 冗余	OS1	贵公司内部各个部门的资源共享程度很高	0.83			
	OS2	贵公司常常能发现现有资源的新用途	0.76	0.82	0.80	0.58
	OS3	贵公司常常能从内部发现一些新的资源或资源组合	0.68			

因子分析结果表明，因子负荷均大于 0.60，远大于 0.50 的阈值标准，说明测量题项与变量间有足够的线性等价关系，满足单一维度的条件。计算组织冗余的复合信度为 0.80，高于 0.50 或者 0.60 的阈值标准。

组织冗余的 Cronbach's α 系数、因子负荷和复合信度计算结果表明测量量表都具有较高的信度水平，内部一致性良好。

收敛效度使用平均萃取变异量 AVE 来测量。如表 6-18 所示，组织冗余的 AVE 为 0.58，这表明组织冗余的测量题项具有一定的聚合效度。

6.4.2　变量的描述性统计

表 6-19 为本章所涉及变量的描述性统计，包括均值、标准差、最大值、最小值、偏态和峰态。从各个测量题项的描述性统计来看，变量的测量题项大多服从或者近似服从正态分布的条件。

表 6-19　测量项目描述性统计表

变量	题项	样本量	最小值	最大值	均值	标准差	偏态	峰态
高层梯队构成特征	教育水平	361	2.00	5.00	3.30	0.86	0.35	−0.41
	年龄	361	1.00	5.00	3.19	0.86	0.05	−0.21
	任期	361	1.00	5.00	3.51	1.04	−0.26	−0.47
情感信任	AT1	361	1.00	5.00	3.64	1.20	0.43	−0.51
	AT2	361	1.00	5.00	3.64	1.20	0.43	−0.51
	AT3	361	1.00	4.00	4.67	0.85	1.15	0.58
	AT4	361	1.00	5.00	3.67	1.13	0.26	−0.71
	AT5	361	1.00	6.00	4.30	1.13	0.70	0.43
认知信任	CT1	361	1.00	7.00	4.57	1.59	0.00	−1.00
	CT2	361	1.00	7.00	4.19	1.66	0.11	−0.80
	CT3	361	1.00	6.00	4.65	1.41	0.23	−1.12
	CT4	361	2.00	7.00	5.72	1.45	−0.03	−1.05
	CT5	361	2.00	7.00	5.43	1.57	0.16	−1.09
	CT6	361	1.00	7.00	5.30	1.69	−0.18	−0.91
制度信任	IT1	361	2.00	6.00	3.94	1.17	1.07	0.20
	IT2	361	1.00	5.00	4.93	1.18	1.08	0.20
	IT3	361	1.00	6.00	3.97	1.29	0.43	−0.32
	IT4	361	1.00	6.00	4.52	1.22	0.40	−0.40
	IT5	361	1.00	6.00	3.77	1.34	0.33	−0.50
	IT6	361	1.00	7.00	3.93	1.19	0.04	−0.28
合作型	COO1	361	2.00	7.00	4.97	1.11	−0.21	−0.51
	COO2	361	2.00	6.00	4.28	1.19	−0.34	−0.79
	COO3	361	3.00	7.00	5.28	1.19	−0.34	−0.79
	COO4	361	1.00	7.00	4.65	1.34	−0.43	−0.34
	COO5	361	2.00	7.00	5.38	1.35	−0.39	−0.75
竞争型	COM1	361	1.00	6.00	2.38	1.35	−0.39	−0.75
	COM2	361	1.00	7.00	2.52	1.56	0.01	−0.75
	COM3	361	1.00	6.00	2.23	1.27	0.34	−0.28
	COM4	361	1.00	7.00	2.72	1.44	−0.40	−0.41
回避型	AVO1	361	1.00	6.00	3.74	1.41	−0.30	−0.69
	AVO 2	361	1.00	6.00	3.74	1.41	−0.30	−0.69
	AVO 3	361	3.00	7.00	5.30	1.40	−0.30	−1.17
情感自反性	AR1	361	2.00	7.00	5.25	1.37	−0.43	−0.81
	AR2	361	2.00	7.00	5.14	1.61	−0.57	−0.80
	AR3	361	2.00	6.00	5.33	1.39	−0.35	−1.11
	AR4	361	2.00	6.00	5.32	1.40	−0.33	−1.16
	AR5	361	2.00	7.00	5.20	1.32	0.24	−0.93
认知自反性	CR1	361	2.00	6.00	4.43	1.22	0.41	−0.98
	CR2	361	2.00	6.00	4.77	1.00	0.13	−0.69
	CR3	361	1.00	7.00	5.14	1.54	0.15	−0.85
	CR4	361	2.00	7.00	5.30	1.32	0.28	−0.70
	CR5	361	2.00	7.00	5.06	1.42	−0.14	−1.13
	CR6	361	2.00	7.00	4.99	1.22	−0.52	−0.07

变量	题项	样本量	最小值	最大值	均值	标准差	偏态	峰态
认知 冲突	CC1	361	1.00	7.00	4.55	1.23	−0.34	−0.05
	CC2	361	2.00	7.00	4.86	1.10	0.02	−0.23
	CC3	361	2.00	7.00	4.78	1.30	−0.16	−0.77
情感 冲突	AC1	361	2.00	7.00	4.86	1.26	−0.08	−0.90
	AC2	361	2.00	7.00	5.13	1.29	−0.50	−0.40
	AC3	361	2.00	7.00	5.17	1.43	−0.35	−0.92
	AC4	361	2.00	7.00	4.65	1.53	−0.04	−1.00
决策 质量	DQ1	361	2.00	7.00	4.46	1.40	−0.09	−0.91
	DQ2	361	2.00	7.00	4.35	1.41	0.22	−0.82
	DQ3	361	1.00	7.00	4.55	1.65	−0.13	−1.01
决策 承诺	DC1	361	2.00	7.00	4.99	1.44	−0.07	−1.04
	DC2	361	1.00	7.00	4.09	1.59	0.17	−0.88
	DC3	361	3.00	7.00	6.09	0.94	−0.84	0.41
组织 冗余	OS1	361	4.00	7.00	5.84	0.99	−0.32	−1.01
	OS2	361	5.00	7.00	6.52	0.68	−1.10	0.00
	OS3	361	2.00	5.00	3.30	0.86	0.35	−0.41

6.4.3　假设检验

1. 高层梯队冲突对决策绩效的影响作用

高层梯队冲突对决策绩效影响作用的检验包括以下几点：①检验高层梯队认知冲突对情感冲突的影响作用，即 H_1；②检验高层梯队认知冲突对决策质量的影响作用，即 H_2；③检验高层梯队认知冲突对决策承诺的影响作用，即 H_3；④检验高层梯队认知冲突对决策理解的影响作用，即 H_4。

为检验 H_1，采用强迫进入法，分两步进行回归分析：第一步，将控制变量（团队规模、所有制类别、所属行业和组织冗余）和被解释变量（情感冲突）进入回归模型（M1）；第二步，将控制变量（团队规模、所有制类别、所属行业和组织冗余）、自变量（认知冲突）和被解释变量（情感冲突）代入回归模型（M2）。

多层线性回归分析的结果，见表 6-20 所示。M1 和 M2 的分析结果表明，团队规模、所有制类别、所属行业和组织冗余对高层梯队情感冲突不具备显著影响作用。在 M2 中，高层梯队认知冲突对情感冲突具有显著正向影响作用（ $\beta = 0.29$ ， $p < 0.05$ ）。同时 M2 具有较高的显著性水平（ $F = 1.71$ ），所有预测变量至少能够解释情感冲突 10% 的变化，比 M1 在解释情感冲突变化上增加 7%（ $\Delta F = 5.74, p < 0.05$ ）。以上回归分析表明，M2 比 M1 在解释情感冲突上具有说服力。

表 6-20　高层梯队认知冲突与情感冲突关系的回归分析（*N*=85）

变量	情感冲突	
	M1	M2
	β 系数（*t* 值，*p* 值）	*β* 系数（*t* 值，*p* 值）
团队规模	0.06（0.82，0.41）	0.02（0.23，0.82）
所有制类别	0.05（0.72，0.47）	0.08（0.91，0.36）
所属行业	−0.03（−0.70，0.48）	−0.03（−0.81，0.49）
组织冗余	−0.09（1.07，0.19）	0.11（1.21，0.20）
认知冲突		0.29（2.40，0.02）
R^2	0.03	0.10
调整的 R^2	−0.02	0.04
F 值	0.66	1.71
ΔR^2	0.03	0.07
ΔF 值	0.66	5.74*
常数项	0.00（0.01，0.99）	0.00（0.00，0.99）

* $p<0.05$

因此，相对于 M1，M2 为情感冲突的最佳预测模型，H_1 得到支持。

为检验研究假设 H_2，采用强迫进入法，分两步进行回归分析：第一步，将控制变量（团队规模、所有制类别、所属行业和组织冗余）和被解释变量（决策质量）进入回归模型（M3）；第二步，将控制变量（团队规模、所有制类别、所属行业和组织冗余）、自变量（认知冲突）和被解释变量（决策质量）进入回归模型（M4）。

多层线性回归分析的结果，如表 6-21 所示。M3 和 M4 的分析结果表明，团队规模、所有制类别、所属行业和组织冗余对决策质量不具备显著影响作用。在 M4 中，高层梯队认知冲突对决策质量具有显著正向影响作用，非标准化回归系数为 0.26（$p<0.05$）。同时 M4 具有较高的显著性水平（$F=1.94$），所有预测变量至少能够解释决策质量 11% 的变化，比 M3 在解释决策质量变化上增加 6%（$\Delta F=5.15,p<0.05$）。以上回归分析表明，M4 比 M3 在解释决策质量上具有说服力。

表 6-21　高层梯队认知冲突与决策质量关系的回归分析（*N*=85）

变量	决策质量	
	M3	M4
	β 系数（*t* 值，*p* 值）	*β* 系数（*t* 值，*p* 值）
团队规模	0.11（1.67，0.10）	0.07（1.10，0.27）
所有制类别	−0.06（−0.93，0.36）	−0.05（−0.78，0.43）
所属行业	0.03（0.74，0.46）	0.02（0.67，0.50）
组织冗余	−0.06（−0.69，0.49）	−0.04（−0.51，0.61）
认知冲突		0.26（2.27，0.03）

续表

变量	决策质量	
	M3	M4
	β 系数（t 值，p 值）	β 系数（t 值，p 值）
R^2	0.05	0.11
调整的 R^2	0.00	0.05
F 值	1.08	1.94
ΔR^2	0.05	0.06
ΔF 值	1.08	5.15*
常数项	0.00（0.00，0.99）	0.00（0.00，0.99）

*$p<0.05$（双尾）

因此，相对于 M3，M4 为决策质量的最佳预测模型，H_2 得到支持。

为检验 H_3，采用强迫进入法，分两步进行回归分析：第一步，将控制变量（团队规模、所有制类别、所属行业和组织冗余）和被解释变量（决策承诺）进入回归模型（M5）；第二步，将控制变量（团队规模、所有制类别、所属行业和组织冗余）、自变量（认知冲突）和被解释变量（决策承诺）进入回归模型（M6）。

多层线性回归分析的结果，如表 6-22 所示。M5 和 M6 的分析结果表明，团队规模、所有制类别、所属行业和组织冗余对决策承诺影响不显著。在 M6 中，高层梯队认知冲突对决策承诺具有显著正向影响作用，非标准化回归系数为 0.33（$p<0.05$）。同时 M6 具有较高的显著性水平（$F=1.62$），所有预测变量至少能够解释决策质量 9%的变化，比 M5 在解释决策质量变化上增加 6%（$\Delta F=5.21,p<0.05$）。以上回归分析表明，M6 比 M5 在解释决策承诺上具有说服力。

表 6-22　高层梯队认知冲突与决策承诺关系的回归分析（$N=85$）

变量	决策承诺	
	M5	M6
	β 系数（t 值，p 值）	β 系数（t 值，p 值）
团队规模	0.07（0.85，0.40）	0.02（0.27，0.78）
所有制类别	0.06（0.65，0.52）	0.07（0.82，0.41）
所属行业	0.02（0.42，0.67）	0.02（0.35，0.73）
组织冗余	−0.12（−1.17，0.25）	−0.10（−0.99，0.32）
认知冲突		0.33（2.28，0.03）
R^2	0.03	0.09
调整的 R^2	−0.02	0.04
F 值	0.69	1.62
ΔR^2	0.03	0.06
ΔF 值	0.69	5.21*
常数项	0.00（−0.00，0.99）	0.00（−0.00，0.99）

*$p<0.05$（双尾）

因此，相对于 M5，M6 为决策承诺的最佳预测模型，H_3 得到支持。

为检验 H_4，采用强迫进入法，分两步进行回归分析：第一步，将控制变量（团队规模、所有制类别、所属行业和组织冗余）和被解释变量（决策理解）进入回归模型（M7）；第二步，将控制变量（团队规模、所有制类别、所属行业和组织冗余）、自变量（认知冲突）和被解释变量（决策理解）进入回归模型（M8）。

多层线性回归分析的结果，如表 6-23 所示。M7 和 M8 的分析结果表明，团队规模、所有制类别、所属行业和组织冗余对决策理解不具备不显著影响作用。在 M8 中，高层梯队认知冲突对决策理解具有显著正向影响作用，非标准化回归系数为 0.27（$p < 0.05$）。同时 M8 具有较高的显著性水平（$F = 2.41, p < 0.05$），所有预测变量至少能够解释决策理解 13% 的变化，比 M9 在解释决策理解变化上增加 7%（$\Delta F = 6.76, p < 0.05$）。以上回归分析表明，M8 的比 M7 在解释决策理解上具有说服力。

因此，相对于 M7，M8 为决策理解的最佳预测模型，H_4 得到支持。

表 6-23　高层梯队认知冲突与决策理解关系的回归分析（$N=85$）

变量	决策理解	
	M7	M8
	β 系数（t 值，p 值）	β 系数（t 值，p 值）
团队规模	0.05（0.82，0.41）	0.01（0.18，0.86）
所有制类别	-0.11（-1.77，0.08）	-0.10（-1.64，0.11）
所属行业	0.05（1.31，0.19）	0.04（1.26，0.21）
组织冗余	-0.02（-0.24，0.82）	-0.00（-0.02，0.99）
认知冲突		0.27（2.60，0.01）
R^2	0.06	0.13
调整的 R^2	0.01	0.08
F 值	1.23	2.41*
ΔR^2	0.06	0.07
ΔF 值	1.23	6.76*
常数项	0.00（0.05，0.96）	0.00（0.05，0.96）

*$p < 0.05$（双尾）

2. 高层梯队情感自反性对认知自反性的影响作用

为检验 H_5，采用强迫进入法，分两步进行回归分析：第一步，将控制变量（团队规模、所有制类别、所属行业和组织冗余）和被解释变量（认知自反性）进入回归模型（M9）；第二步，将控制变量（团队规模、所有制类别、所属行业和组织冗余）、自变量（情感自反性）和被解释变量（认知自反性）进入回归模型（M10）。

多层线性回归分析的结果，如表 6-24 所示。M9 和 M10 的分析结果表明，团队规模、所有制类别、所属行业和组织冗余对认知自反性不具备不显著影响作用。在 M10 中，高层梯队情感自反性对认知自反性具有显著正向影响作用，非标准化回归系数为 0.24（$p < 0.05$）。同时 M10 具有较高的显著性水平（$F = 1.53$），所有预测变量至少能够解释认知自反性 9%的变化，比 M10 在解释决策理解变化上增加 3%（$\Delta F = 4.22, p < 0.05$）。以上回归分析表明，M10 的比 M22 在解释认知自反性上具有说服力。

表 6-24　高层梯队情感自反性与认知自反性关系的回归分析（N=85）

变量	认知自反性	
	M9	M10
	β 系数（t 值，p 值）	β 系数（t 值，p 值）
团队规模		−0.01（−0.11，0.91）
所有制类别	0.09（0.78，0.17）	0.06（0.53，0.60）
所属行业	0.11（1.37，0.13）	−0.03（−0.05，0.96）
组织冗余	0.03（0.51，0.61）	−0.09（−0.76，0.06）
情感自反性	0.05（0.43，0.67）	0.24（2.06，0.04）
R^2	0.06	0.09
调整的 R^2	0.02	0.03
F 值	1.36	1.53
ΔR^2	0.06	0.03
ΔF 值	1.36	4.22*
常数项	0.04（0.31，0.76）	0.06（0.46，0.65）

*p<0.05（双尾）

因此，相对于 M9，M10 为认知自反性的最佳预测模型，H_5 得到支持。

3. 高层梯队构成特征对认知自反性的影响作用

高层梯队构成特征对认知自反性影响作用的检验包括以下内容：①检验高层梯队成员平均教育水平对认知自反性的影响作用，即 H_6；②检验高层梯队成员年龄异质性对认知自反性的影响作用，即 H_7；③检验高层梯队成员任期异质性对认知自反性的影响作用，即 H_8；④检验高层梯队成员教育背景异质性对认知自反性之的影响作用，即 H_9。

为检验研究假设 H_6、H_7、H_8 和 H_9，采用强迫进入法，分五步进行回归分析：第一步，将控制变量（团队规模、所有制类别、所属行业和组织冗余）和被解释变量（认知自反性）进入回归模型（M11）；第二步，将控制变量（团队规模、所有制类别、所属行业和组织冗余）、自变量（高层梯队平均教育水平）和被解释变量（认知自反性）进入回归模型（M12）；第三步，将控制变量（团队规模、所有制类别、所属行业和组织冗余）、自变量（教育水平和年龄异质性）和被解释变量（认知自反性）进入回归模型（M13）；第四步，将控制变量（团队规模、所有制类别、所属行业和组织冗余）、自变量（教育水平、年龄异质性和任期异质性）和被解释变量（认知自反性）进入回归模型（M14）；第五步，将控制变量（团队规模、所有制类别、所属行业和组织冗余）、自变量（教育水平、年龄异质性、任期异质性和教育背景异质性）和被解释变量（认知自反性）进入回归模型（M15）。

多层线性回归分析的结果，如表 6-25 所示。M11、M12、M13、M14 和 M15 的分析结果表明，团队规模、所有制类别、所属行业和组织冗余对认知自反性不具备显著影响作用。M12 的分析结果表明，高层梯队成员平均教育水平与认知自反性之间成显著正向相关关系，非标准化回归系数达到 0.23，所有预测变量至少能够解释认知自反性 8% 的变化，且具有较高的显著性水平（$F = 1.46$）。M13 的分析结果表明，高层梯队成员平均教育水平对认知自反性产生正向影响作用（$\beta = 0.22$），而高层梯队成员年龄异质性对认知自反性产生显著负向影响作用（$\beta = -0.21, p < 0.05$），所有预测变量至少能够解释认知自反性 11% 的变化，比 M12 在解释认知自反性变化上增加 3%（$\Delta F = 1.46$），因此 M13 比 M12 在解释认知自反性上更具有说服力。M14 的分析结果表明，高层梯队成员平均教育水平对认知自反性产生正向影响作（$\beta = 0.21$），高层梯队成员年龄异质性对认知自反性产生显著负向影响作用（$\beta = -0.21$），以及高层梯队成员任期异质性对认知自反性产生显著正向影响作用（$\beta = 0.20, p < 0.05$），所有预测变量至少能够解释认知自反性 15% 的变化，比 M13 在解释认知自反性变化上增加 4%（$\Delta F = 2.31$），因此 M14 比 M13 在解释认知自反性上更具有说服力。M15 的分析结果表明，高层梯队成员平均教育水平对认知自反性产生正向影响作（$\beta = 0.19, p < 0.05$），高层梯队成员年龄异质性对认知自反性产生显著负向影响作用（$\beta = -0.26, p < 0.01$），高层梯队成员任期异质性对认知自反性产生显著正向影响作用（$\beta = 0.15, p < 0.05$），以及高层梯队成员职业背景异质性对认知自反性产生显著正向影响作用（$\beta = 0.31, p < 0.001$），所有预测变量至少能够解释认知自反性 19% 的变化，比 M14 在解释认知自反性变化上增加 4%（$\Delta F = 4.21, p < 0.05$），因此 M15 比 M14 在解释认知自反性上更具有说服力。

表 6-25　高层梯队构成特征与认知自反性关系的回归分析（$N=85$）

变量	认知自反性				
	M11	M12	M13	M14	M15
	β 系数	β 系数	β 系数	β 系数	β 系数
	（t 值，p 值）	（t 值，p 值）	（t 值，p 值）	（t 值，p 值）	（t 值，p 值）
团队规模	0.09（0.78, 0.17）	0.10（0.28, 0.78）	0.10（0.95, 0.35）	0.10（0.94, 0.35）	0.09（0.90, 0.37）
所有制类别	0.11（1.37, 0.13）	0.07（1.30, 0.20）	0.11（1.33, 0.19）	0.09（1.35, 0.18）	0.02（0.39, 0.16）
所属行业	0.03（0.51, 0.61）	0.03（0.50, 0.60）	0.03（0.51, 0.61）	0.03（0.46, 0.65）	0.02（0.29, 0.77）
组织冗余	0.05（0.43, 0.67）	0.02（0.14, 0.89）	0.03（0.21, 0.83）	0.02（0.18, 0.86）	0.03（0.25, 0.80）
教育水平		0.23（1.16, 0.15）	0.22（1.12, 0.16）	0.21（1.11, 0.11）	0.19（1.15, 0.04）
年龄异质性			−0.22（−0.32, 0.05）	−0.21（−0.29, 0.07）	−0.26（−0.37, 0.00）

续表

变量	认知自反性				
	M11	M12	M13	M14	M15
	β 系数 （ t 值，p 值）	β 系数 （ t 值，p 值）	β 系数 （ t 值，p 值）	β 系数 （ t 值，p 值）	β 系数 （ t 值，p 值）
任期异质性				0.20（0.32，0.05）	0.15（0.21，0.03）
职业背景异质性					0.31（0.46，0.000）
R^2	0.06	0.08	0.11	0.15	0.19
调整的 R^2	0.02	0.02	0.04	0.07	0.13
F 值	1.36	1.46	1.14	1.98	2.08
ΔR^2	0.06	0.02	0.03	0.04	0.04
ΔF 值	1.36	1.23	1.45	2.31	4.21*
常数项	0.04（0.31，0.76）	0.03（0.28，0.78）	0.00（0.18，0.76）	0.03（0.27，0.78）	0.03（0.26，0.80）

*$p<0.05$（双尾）

因此，相对 M11、M12、M13 和 M14、M15 为认知自反性的最佳预测模型，H_6、H_7、H_8 和 H_9 均得到支持。

4. 高层梯队信任对认知自反性的影响作用

高层梯队信任对认知自反性的影响作用的检验包括以下几点：①检验高层梯队情感信任对认知自反性的影响作用，即 H_{10}；②检验高层梯队认知信任对认知自反性的影响作用，即 H_{11}；③检验高层梯队制度信任与认知自反性的相关关系，即 H_{12}。

为检验 H_{10}、H_{11} 和 H_{12}，采用强迫进入法，分四步进行回归分析：第一步，控制变量（团队规模、所有制类别、所属行业和组织冗余）和被解释变量（认知自反性）进入回归模型（M16）；第二步，将控制变量（团队规模、所有制类别、所属行业和组织冗余）、自变量（高层梯队情感信任）和被解释变量（认知自反性）进入回归模型（M17）；第三步，将控制变量（团队规模、所有制类别、所属行业和组织冗余）、自变量（情感信任和认知信任）和被解释变量（认知自反性）进入回归模型（M18）；第四步，将控制变量（团队规模、所有制类别、所属行业和组织冗余）、自变量（情感信任、认知信任和制度信任）和被解释变量（认知自反性）进入回归模型（M19）。

多层线性回归分析的结果，如表 6-26 所示。M16、M17、M18 和 M19 的分析结果表明，团队规模、所有制类别、所属行业和组织冗余对认知自反性不具备显著影响作用。M17 的分析结果表明，高层梯队情感信任与认知自反性之间成显著正向相关关系，非标准化回归系数达到 0.31（ $p<0.05$ ），所有预测变量至少能够解释认知自反性 10% 的变化，且具有较高的显著性水平（ $F=1.69$ ）。M18 的分析结果表明，高层梯队情感信任对认知自反性产生正向影响作

（ $\beta = 0.28, p < 0.05$ ），而高层梯队认知信任也对认知自反性产生显著正向影响作用（ $\beta = 0.23$ ），所有预测变量至少能够解释认知自反性 14% 的变化，比 M17 在解释认知自反性变化上增加 4%（ $\Delta F = 3.45$ ），因此 M18 比 M17 在解释认知自反性上更具有说服力。M19 的分析结果表明，高层梯队情感信任对认知自反性产生正向影响作（ $\beta = 0.28, p < 0.05$ ），高层梯队认知信任对认知自反性产生显著正向影响作用（ $\beta = 0.24$ ），以及高层梯队制度信任对认知自反性产生显著正向影响作用（ $\beta = 0.17$ ），所有预测变量至少能够解释认知自反性 16% 的变化，比 M18 在解释认知自反性变化上增加 2%（ $\Delta F = 1.69$ ），因此 M19 比 M18 在解释认知自反性上更具有说服力。

表 6-26　高层梯队信任与认知自反性关系的回归分析（ $N=85$ ）

变量	认知自反性			
	M16	M17	M18	M19
	β 系数 （ t 值， p 值）	β 系数 （ t 值， p 值）	β 系数 （ t 值， p 值）	β 系数 （ t 值， p 值）
团队规模	0.09（0.78, 0.17）	−0.02（−0.19, 0.85）	−0.01（−0.06, 0.95）	−0.03（−0.27, 0.79）
所有制类别	0.11（.1.37, 0.13）	0.07（0.62, 0.53）	0.04（0.37, 0.71）	0.07（0.62, 0.54）
所属行业	0.03（.0.51, 0.61）	−0.01（−0.14, 0.89）	−0.02（−0.32, 0.75）	−0.05（−0.73, 0.47）
组织冗余	0.05（.0.43, 0.67）	−0.09（−0.08, 0.56）	−0.09（−1.91, 0.06）	−0.11（−1.56, 0.12）
情感信任		0.31（2.24, 0.03）	0.28（2.07, 0.04）	0.28（2.07, 0.04）
认知信任			0.23（1.86, 0.07）	0.24（1.95, 0.06）
制度信任				0.17（1.30, 0.20）
R^2	0.06	0.10	0.14	0.16
调整的 R^2	0.02	0.04	0.07	0.08
F 值	1.36	1.69	2.03	2.00
ΔR^2	0.06	0.04	0.04	0.02
ΔF 值	1.36	4.99*	3.45	1.69
常数项	0.04（0.31, 0.76）	0.06（0.46, 0.64）	0.06（0.48, 0.64）	0.06（0.48, 0.63）

*$p<0.05$（双尾）

因此，相对 M16、M17 和 M18、M19 为认知自反性的最佳预测模型，H_{10}、H_{11} 和 H_{12} 均得到支持。

5. 高层梯队冲突管理对情感自反性的影响作用

高层梯队冲突管理对认知自反性的影响作用的检验包括以下几点：①检验高层梯队合作型冲突管理对情感自反性的影响作用，即 H_{13}；②检验高层梯队竞争型冲突管理对情感自反性的影响作用，即 H_{14}；③检验高层梯队回避型冲突管理与情感自反性的影响作用，即 H_{15}。

为检验研究假设 H_{13}、H_{14} 和 H_{15}，采用强迫进入法，分四步进行回归分析：

第一步，将控制变量（团队规模、所有制类别、所属行业和组织冗余）和被解释变量（认知自反性）进入回归模型（M20）；第二步，将控制变量（团队规模、所有制类别、所属行业和组织冗余）、自变量（合作型）和被解释变量（情感自反性）进入回归模型（M21）；第三步，将控制变量（团队规模、所有制类别、所属行业和组织冗余）、自变量（合作型和竞争型）和被解释变量（情感自反性）进入回归模型（M22）；第四步，将控制变量（团队规模、所有制类别、所属行业和组织冗余）、自变量（合作型、竞争型和回避型）和被解释变量（情感自反性）进入回归模型（M23）。

多层线性回归分析的结果，如表 6-27 所示。M20、M21、M22 和 M23 的分析结果表明，团队规模、所有制类别、所属行业和组织冗余对情感自反性不具备显著影响作用。M21 的分析结果表明，高层梯队合作型冲突管理与情感自反性之间成显著正向相关关系，非标准化回归系数达到 0.34（$p < 0.01$），所有预测变量至少能够解释情感自反性10%的变化，且具有较高的显著性水平（$F = 1.82$）。M22 的分析结果表明，高层梯队合作型冲突管理对情感自反性产生正向影响作（$\beta = 0.33, p < 0.01$），而高层梯队竞争型冲突管理也对情感自反性产生显著负向影响作用（$\beta = -0.29$），所有预测变量至少能够解释情感自反性 16%的变化，比 M22 在解释情感自反性变化上增加 6%（$\Delta F = 5.53, p < 0.05$），因此 M22 比 M21 在解释情感自反性上更具有说服力。M23 的分析结果表明，高层梯队合作型冲突管理对情感自反性产生正向影响作（$\beta = 0.28, p < 0.05$），高层梯队竞争型冲突管理对情感自反性产生显著负向影响作用（$\beta = -0.34, p < 0.05$），以及高层梯队回避型冲突管理对情感自反性产生显著负向影响作用（$\beta = -0.17$），所有预测变量至少能够解释认知自反性 19%的变化，比 M23 在解释情感自反性变化上增加 3%（$\Delta F = 2.22$），因此 M23 比 M22 在解释情感自反性上更具有说服力。

表 6-27　高层梯队冲突管理与情感自反性关系的回归分析（N=85）

变量	情感自反性			
	M20	M21	M22	M23
	β 系数 （t值，p值）	β 系数 （t值，p值）	β 系数 （t值，p值）	β 系数 （t值，p值）
团队规模	−0.08（−0.79，0.43）	−0.08（−0.77，0.44）	−0.02（−0.16，0.88）	−0.05（−0.45，0.65）
所有制类别	0.02（0.19，0.85）	−0.04（−0.04，0.97）	−0.07（−0.67，0.50）	−0.05（−0.51，0.62）
所属行业	−0.02（−0.30，0.77）	−0.03（−0.47，0.64）	−0.02（−0.28，0.78）	−0.03（−0.48，0.64）
组织冗余	0.08（0.66，0.51）	0.06（0.54，0.59）	0.04（0.33，0.74）	0.05（0.38，0.70）
合作型		0.34（2.81，0.01）	0.33（2.83，0.01）	0.28（2.21，0.03）
竞争型			−0.29（−2.35，0.21）	−0.34（−2.65，0.01）
回避型				−0.17（−1.49，0.14）
R^2	0.01	0.10	0.16	0.19

变量	情感自反性			
	M20	M21	M22	M23
	β 系数 （t 值，p 值）	β 系数 （t 值，p 值）	β 系数 （t 值，p 值）	β 系数 （t 值，p 值）
调整的 R^2	−0.04	0.05	0.10	0.12
F 值	0.28	1.82	2.53	2.52
ΔR^2	0.01	0.09	0.06	0.03
ΔF 值	0.28	7.88**	5.53*	2.22
常数项	0.00（0.03，0.98）	0.00（0.04，0.97）	0.00（0.03，0.97）	0.03（0.03，0.98）

*** $p<0.001$（双尾）

因此，相对于 M20、M21 和 M22，M23 为情感自反性的最佳预测模型，H_{13}、H_{14} 和 H_{15} 均得到支持。

6. 高层梯队自反性对冲突与决策绩效间关系的调节

高层梯队自反性对冲突与决策绩效之间关系调节作用的检验包括以下几点：①检验高层梯队情感自反性对认知冲突与情感冲突之间关系的调节作用，即 H_{16}；②高层梯队认知自反性对认知冲突与决策质量之间关系的调节作用，即 H_{17}；③高层梯队认知自反性对认知冲突与决策承诺之间关系的调节作用，即 H_{18}；④高层梯队认知自反性对认知冲突与决策理解之间关系的调节作用，即 H_{19}。

为检验 H_{16}，采用强迫进入法，分两步进行回归分析：第一步，将控制变量（团队规模、所有制类别、所属行业和组织冗余）、自变量（高层梯队认知冲突和情感自反性）和被解释变量（情感冲突）进入回归模型（M24）；第二步，将控制变量（团队规模、所有制类别、所属行业和组织冗余）、自变量（高层梯队认知冲突和情感自反性）、乘积项（认知冲突×情感自反性）和被解释变量（情感冲突）进入回归模型（M25）。若 M25 为最佳回归模型，则根据 Aiken 和 West（1991）的方法，将解释变量与调节变量均值分别加减一个标准差，形成解释变量与调节变量的"高"与"低"组合，代入非标准化系数所构成的回归方程，得出四个端点后，可画出调节效应图。

如表 6-28 所示，M25 中高层梯队认知冲突与情感自反性乘积项的非标准化系数为−0.24（$p<0.05$），说明高层梯队情感自反性对认知冲突与情感冲突之间具有显著正向调节作用，同时 M25 有较高的显著性水平（$F=4.26, p<0.001$），所有预测变量至少能够解释情感冲突 28%的变化，比 M24 在解释情感冲突变化上增加6%（$\Delta F=6.17, p<0.05$）。因此，相对于 M24，M25 为情感冲突的最佳预测模型。图 6-5 为高层梯队情感自反性对认知冲突与情感冲突之间关系的调节效应图，进一步说明了高层梯队情感自反性调节认知冲突与情感冲突之间关系的程度。在

低情感自反性条件下，高层梯队认知冲突对情感冲突有显著的正向影响（斜率 $b=0.47, t=3.07, p<0.01$ ）；而在高情感自反性条件下，高层梯队认知冲突对情感冲突的影响并不显著（ $b=-0.00, t=-0.01, p=0.99$ ）。因此，H_{16} 得到支持。

表 6-28　高层梯队情感自反性对认知冲突与情感冲突间关系的调节分析（ N=85 ）

变量	情感冲突	
	M24	M25
	β 系数（ t 值，p 值）	β 系数（ t 值，p 值）
团队规模	0.01（0.10, 0.92）	−0.01（−0.06, 0.95）
所有制类别	0.07（1.01, 0.32）	0.05（0.72, 0.48）
所属行业	−0.04（−0.97, 0.34）	−0.03（−0.90, 0.37）
组织冗余	0.13（1.61, 0.11）	0.11（1.44, 0.15）
认知冲突	0.22（1.91, 0.06）	0.23（1.08, 0.04）
情感自反性	−0.25（−3.53, 0.00）	−0.27（−3.85, 0.00）
认知冲突×情感自反性		−0.24（−2.49, 0.02）
R^2	0.22	0.28
调整的 R^2	0.16	0.21
F 值	3.70**	4.26***
ΔR^2	0.22	0.06
ΔF 值	3.70**	6.17*
常数项	0.00（0.01, 0.99）	−0.03（−0.43, 0.67）

***p<0.001（双尾）；**p<0.01（双尾）；*p<0.05（双尾）

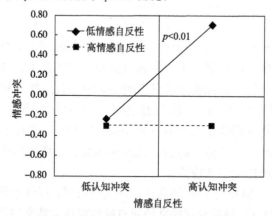

图 6-5　高层梯队情感自反性对认知冲突与情感冲突间关系的调节

为检验 H_{17}，采用强迫进入法，分三步进行回归分析：第一步，将控制变量（团队规模、所有制类别、所属行业和组织冗余）、自变量（高层梯队认知冲突和认知自反性）和被解释变量（决策质量）进入回归模型（M26）；第二步，将控制变量（团队规模、所有制类别、所属行业和组织冗余）、自变量（高层梯队认知冲突和认知自反性）、乘积项（认知冲突×认知自反性）和被解释变量（决策质量）进入回归模型（M27）。若 M27 为最佳回归模型，则根据 Aiken 和 West（1991）的方法，将解释变量与调节变量均值分别加减一个标准差，形成解释变量与调节变量的"高"与"低"组合，代入非标准化系数所构成的回归方程，得出四个端点后，可画出调节效应图。

如表 6-29 所示，在包含乘积项的情况下，M27 比 M26 在解释决策质量变化上增加了 22%（ $\Delta F = 29.14, p < 0.001$ ）。M27 中高层梯队认知冲突与认知自反性乘积项的非标准化系数达到 0.55($p < 0.01$)，说明高层梯队认知自反性可调节认知冲突对决策质量之间的关系，同时 M27 有较高的显著性水平（ $F = 7.73, p < 0.001$ ），所有预测变量至少能够解释决策质量 41% 的变化，比 M26 在解释决策质量变化上增加 22%（ $\Delta F = 29.14, p < 0.001$ ）。因此，相对 M26，M27 为决策质量的最佳预测模型。图 6-6 为高层梯队认知自反性对认知冲突与决策质量之间关系的调节效应，进一步表明了，高层梯队认知自反性调节认知冲突与决策质量之间关系的程度。在低认知自反性条件下，高层梯队认知冲突对决策质量有显著负向影响（ $b = -0.22, t = -1.66, p = 0.10$ ），但在高认知自反性条件下，高层梯队认知冲突对决策质量有强烈的正向影响作用（ $b = 0.88, t = 6.00, p < 0.001$ ）。因此，H17 得到支持。

表 6-29　高层梯队认知自反性对认知冲突与决策质量间关系的调节分析（ N=85 ）

变量	决策质量	
	M26	M27
	β 系数（ t 值， p 值）	β 系数（ t 值， p 值）
团队规模	0.08（1.20，0.23）	0.11（1.94，0.06）
所有制类别	−0.06（−0.10，0.33）	−0.07（−1.32，0.19）
所属行业	0.03（0.73，0.47）	0.02（0.74，0.46）
组织冗余	0.00（−0.00，0.10）	0.02（0.34，0.74）
认知冲突	0.27（2.50，0.02）	0.33（3.47，0.00）
认知自反性	0.18（2.80，0.01）	0.14（2.41，0.02）
认知冲突×认知自反性		0.55（5.40，0.00）
R^2	0.19	0.41
调整的 R^2	0.13	0.36
F 值	3.06*	7.73***
ΔR^2	0.19	0.22
ΔF 值	3.06*	29.14***
常数项	−0.01（−0.14，0.89）	−0.01（−0.16，0.88）

*** p<0.001（双尾）；* p<0.05（双尾）

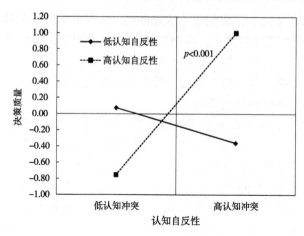

图 6-6　高层梯队认知自反性对认知冲突与决策质量间关系的调节

为检验 H_{18}，采用强迫进入法，分两步进行回归分析：第一步，将控制变量（团队规模、所有制类别、所属行业和组织冗余）、自变量（高层梯队认知冲突和认知自反性）和被解释变量（决策承诺）进入回归模型（M28）；第二步，将控制变量（团队规模、所有制类别、所属行业和组织冗余）、自变量（高层梯队认知冲突和认知自反性）、乘积项（认知冲突×认知自反性）和被解释变量（决策承诺）进入回归模型（M29）。若 M29 为最佳回归模型，则根据 Aiken 和 West（1991）的方法，可将解释变量与调节变量均值分别加减一个标准差，形成解释变量与调节变量的"高"与"低"组合，代入非标准化系数所构成的回归方程，得出四个端点后，可画出调节效应图。

如表 6-30 所示，M29 中高层梯队认知冲突与认知自反性乘积项的非标准化系数为 0.46（$p < 0.01$），说明高层梯队认知自反性对认知冲突与决策承诺之间具有显著正向调节作用，同时 M29 有较高的显著性水平（$F = 5.13, p < 0.001$），所有预测变量至少能够解释决策承诺 32% 的变化，比 M29 在解释决策承诺变化上增加 10%（$\Delta F = 11.47, p < 0.01$）。因此，相对于 M28，M29 为决策承诺的最佳预测模型。图 6-7 为高层梯队认知自反性对认知冲突与决策承诺之间关系的调节效应图，进一步说明了高层梯队认知自反性调节认知冲突与决策承诺之间关系的程度。在低认知自反性条件下，高层梯队认知冲突对决策承诺的影响并不显著（斜率 $b = -0.06, t = -0.36, p = 0.72$）；而在高认知自反性条件下，高层梯队认知冲突对决策承诺有显著的正向影响（$b = -0.85, t = 4.38, p < 0.001$）。因此，$H_{18}$ 得到支持。

表 6-30　高层梯队认知自反性对认知冲突与决策承诺间关系的调节分析（N=85）

变量	决策承诺	
	M28	M29
	β 系数（t 值，p 值）	β 系数（t 值，p 值）
团队规模	0.03（0.37，0.72）	0.05（0.73，0.47）
所有制类别	0.05（0.67，0.51）	0.05（0.61，0.55）
所属行业	0.02（0.41，0.68）	0.02（0.37，0.72）
组织冗余	−0.04（−0.39，0.70）	−0.02（−0.20，0.84）
认知冲突	0.35（2.60，0.01）	0.40（3.12，0.00）
认知自反性	0.27（3.50，0.00）	0.24（3.17，0.00）
认知冲突×认知自反性		0.46（3.39，0.00）
R^2	0.22	0.32
Δ调整的 R^2	0.16	0.26
F 值	3.59**	5.13***
ΔR^2	0.22	0.10
ΔF 值	3.59**	11.47**
常数项	−0.02（−0.19，0.85）	0.00（0.01，0.99）

** $p<0.01$（双尾）

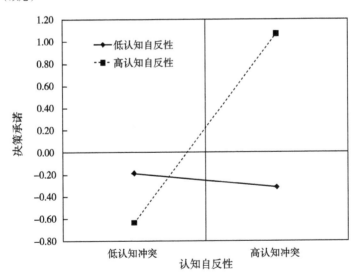

图 6-7　高层梯队认知自反性对认知冲突与决策承诺间关系的调节

　　为检验研究假设 H_{19}，采用强迫进入法，分三步进行回归分析：第一步，将控制变量（团队规模、所有制类别、所属行业和组织冗余）、自变量（高层梯队认知冲突和认知自反性）和被解释变量（决策理解）进入回归模型（M30）；第二步，将控制变量（团队规模、所有制类别、所属行业和组织冗余）、自变量、解释变量与调节变量均值分别加减一个标准差，形成解释变量与调节变量的"高"与"低"组合，代入非标准化系数所构成的回归方程，层梯队认知冲突和认知自反性）、乘积项（认知冲突×认知自反性）和被解释变量（决策理解）进入回归模型（M31）。若 M31 为最佳回归模型，则根据 Aiken 和 West（1991）得出四个端点后，可画出调节效应图。

如表 6-31 所示，在包含乘积项的情况下，M31 中高层梯队认知冲突与认知自反性乘积项的非标准化系数达到 0.51（ $p < 0.01$ ），说明高层梯队认知自反性可调节认知冲突对决策理解之间的关系，同时 M31 有较高的显著性水平（ $F = 27.18$, $p < 0.001$ ），所有预测变量至少能够解释决策理解 37%的变化，比 M30 在解释决策理解变化上增加 22%（ $\Delta F = 27.18, p < 0.001$ ）。因此，相对于 M30，M31 为决策理解的最佳预测模型。图 6-8 为高层梯队认知自反性对认知冲突与决策理解之间关系的调节效应图，进一步表明了高层梯队认知自反性调节认知冲突与决策理解之间关系的程度。在低认知自反性条件下，高层梯队认知冲突对决策理解有显著负向影响（ $b = -0.18$, $t = -1.41, p = 0.16$ ），但在高认知自反性条件下，高层梯队认知冲突对决策理解有强烈的正向影响作用（ $b = 0.83, t = 5.97, p < 0.001$ ）。因此，H_{19} 得到支持。

表 6-31　高层梯队认知自反性对认知冲突与决策理解间关系的调节分析（ $N=85$ ）

变量	决策理解	
	M30	M31
	β 系数（ t 值， p 值）	β 系数（ t 值， p 值）
团队规模	0.01（0.21，0.84）	0.04（0.76，0.45）
所有制类别	−0.11（−1.71，0.09）	−0.11（−2.14，0.04）
所属行业	0.04（1.28，0.21）	0.04（1.36，0.18）
组织冗余	0.02（0.21，0.84）	0.04（0.56，0.57）
认知冲突	0.28（2.66，0.01）	0.33（3.61，0.00）
认知自反性	0.07（1.19，0.24）	0.03（0.57，0.57）
认知冲突×认知自反性		0.51（5.21，0.00）
R^2	0.15	0.37
调整的 R^2	0.08	0.31
F 值	2.26*	6.47***
ΔR^2	0.15	0.22
ΔF 值	2.26*	27.18***
常数项	0.00（−0.01，0.99）	0.00（−0.00，0.99）

*** $p<0.001$（双尾）；* $p<0.05$（双尾）

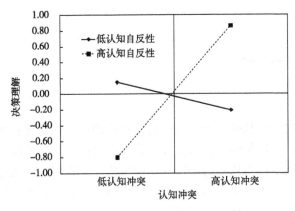

图 6-8　高层梯队认知自反性对认知冲突与决策理解间关系的调节

6.4.4　假设检验结果汇总

对本章共提出的 19 个假设的检验分析结果表明，19 个假设都获得了样本数据的支持。假设检验结果归纳总结表如表 6-32 所示。

表 6-32　研究假设检验结果归纳总结表

序号	假设描述	检验结果
H_1	高层梯队认知冲突与情感冲突正向相关	支持
H_2	高层梯队认知冲突与企业战略决策质量正向相关	支持
H_3	高层梯队认知冲突与企业战略决策理解正向相关	支持
H_4	高层梯队认知冲突与企业战略决策承诺正向相关	支持
H_5	高层梯队情感自反性与认知自反性正向相关	支持
H_6	高层梯队成员平均教育水平对认知自反性正向相关	支持
H_7	高层梯队成员年龄异质性对认知自反性具有负向影响作用	支持
H_8	高层梯队成员任期异质性对认知自反性具有正向影响作用	支持
H_9	高层梯队成员职能背景异质性对认知自反性具有正向影响作用	支持
H_{10}	高层梯队认知信任对认知自反性具有正向影响作用	支持
H_{11}	高层梯队情感信任对认知自反性具有正向影响作用	支持
H_{12}	高层梯队制度信任对认知自反性具有正向影响作用	支持
H_{13}	高层梯队合作型冲突管理对情感自反性产生正向影响作用	支持
H_{14}	高层梯队竞争型冲突管理对情感自反性产生负向影响作用	支持
H_{15}	高层梯队回避型冲突管理对情感自反性产生负向影响作用	支持
H_{16}	高层梯队情感自反性对认知冲突与情感冲突之间的关系具有调节作用	支持
H_{17}	高层梯队认知自反性对认知冲突与决策质量之间的关系具有调节作用	支持
H_{18}	高层梯队认知自反性对认知冲突与决策理解之间的关系具有调节作用	支持
H_{19}	高层梯队认知自反性对认知冲突与决策承诺之间的关系具有调节作用	支持

6.5　本章小结

　　本章首先提出高层梯队冲突中团队自反性的理论研究框架；其次对高层梯队冲突与决策绩效、高层梯队情感自反性与认知自反性、高层梯队构成特征与认知自反性、高层梯队信任与认知自反性、高层梯队冲突管理与情感自反性、高层梯队冲突、自反性与决策绩效进行理论分析，提出研究假设；再次对本章的研究设计与方法进行说明，包括样本的说明，变量的测量，研究的方法等；最后是数据检验和结果分析，并对假设检验的结果进行了汇总。

第 7 章　结论与展望

7.1　研究结论与讨论

7.1.1　研究结论

1. 高层梯队特征对董事会与高层梯队互动的影响机制

1）人口特征组成差异性与团队过程

（1）高层梯队年龄差异性与情感冲突过程之间具有负相关的关系。

（2）教育程度差异性与情感冲突过程之间具有正相关的关系。

（3）执行董事比例对专业背景差异性与情感冲突之间具有负向调节作用。

（4）两职合一对专业背景差异性与情感冲突之间具有负向调节作用。

（5）两职合一对公司任期差异性与情感冲突之间具有正向调节作用。

（6）在调节变量作用下，公司任期差异性与情感冲突之间具有负相关关系。

2）个性心理特征组成差异性与团队过程

（1）执行董事比例对强外向性比例与情感冲突之间具有正向调节作用。

（2）执行董事比例对外向性的差异性与情感冲突之间具有正向调节作用。

（3）在调节变量作用下，强外向性比例与情感冲突之间具有负相关关系。

（4）在调节变量作用下，外向性的差异性与情感冲突之间具有负相关关系。

3）垂直对差异性与团队过程

（1）教育程度的垂直对差异性与信息收集之间具有正相关关系。

（2）教育程度的垂直对差异性与信息处理之间具有正相关关系。

4）团队过程与企业结果

（1）信息收集与决策绩效之间具有正相关关系。

（2）信息处理与决策绩效之间具有正相关关系。

（3）信息处理与成长绩效之间具有正相关关系。

5）特征与绩效

只有教育特征垂直对差异性与财务绩效之间具有正相关的关系，其他特征与决策绩效、企业绩效之间没有显著的相关性。

2.高层梯队特征断层的影响机制

1）人口特征断层与团队过程

（1）人口特征断层与信息收集之间具有正相关关系。

（2）两职合一对人口特征断层与信息收集关系之间具有正向调节作用。

（3）在调节变量作用下，人口特征断层与信息处理之间具有正相关关系。

（4）两职合一对人口特征断层与信息处理关系之间具有正向调节作用。

（5）环境动态性对人口特征断层与信息处理关系之间具有正向调节作用。

（6）在调节变量作用下，人口特征断层与情感冲突之间具有正相关关系。

（7）两职合一对人口特征断层与情感冲突之间具有负向调节作用。

2）个性特征断层与团队过程

（1）在调节变量作用下，个性特征断层与信息收集之间具有正相关关系。

（2）两职合一对个性特征断层与信息收集之间具有正向调节作用。

（3）个性特征断层与情感冲突之间具有正相关关系。

（4）两职合一对个性特征断层与情感冲突之间具有负向调节作用。

3）总特征断层与团队过程

（1）总特征断层与信息收集之间具有正相关关系。

（2）两职合一对总特征断层与信息收集之间具有正向调节作用。

（3）总特征断层与信息处理之间具有正相关关系。

（4）两职合一对总特征断层与信息处理之间具有正向调节作用。

（5）总特征断层与情感冲突之间具有正相关关系。

（6）两职合一对总特征断层与信息处理之间具有负向调节作用。

（7）环境动态性对总体特征断层与信息处理之间具有正向调节作用。

4）特征与绩效

（1）总体特征断层与财务绩效之间具有正相关关系。

（2）总体特征断层与成长绩效之间具有负相关关系。

3. 高层梯队隐性特征的内部动态过程的影响机制

1）震荡期高层梯队特征对企业绩效的影响

（1）震荡期高层梯队传记性特征对企业绩效具有显著的正向影响。

（2）震荡期高层梯队价值观对企业绩效具有显著的正向影响。

（3）震荡期高层梯队隐性能力对企业绩效具有显著的正向影响。

（4）震荡期高层梯队传记性特征对价值观具有显著的正向影响。

（5）震荡期高层梯队传记性特征对隐性能力具有显著的正向影响。

（6）震荡期高层梯队价值观对隐性能力具有显著的正向影响。

2）规范期高层梯队特征对企业绩效的影响

（1）规范期高层梯队传记性特征对企业绩效具有显著的正向影响。

（2）规范期高层梯队价值观对企业绩效具有显著的正向影响。

（3）规范期高层梯队隐性能力对企业绩效具有显著的正向影响。

（4）规范期高层梯队传记性特征对价值观具有显著的正向影响。

（5）规范期高层梯队传记性特征对隐性能力具有显著的正向影响。

（6）规范期高层梯队价值观对隐性能力具有显著的正向影响。

4. 高层梯队冲突中团队自反性的影响机制

1）高层梯队冲突的影响

（1）高层梯队认知冲突对决策质量、决策承诺和决策理解均有积极的预测作用。

（2）高层梯队认知冲突对情感冲突也具有正向预测作用。

2）高层梯队团队自反性之间的影响

高层梯队自反性包括情感自反性和认知自反性两个维度，其中，高层梯队情感自反性对认知自反性具有积极的预测作用。

3）高层梯队冲突管理模式的影响

（1）高层梯队冲突管理的合作型冲突管理维度对情感自反性具有积极预测作用。

（2）竞争型冲突管理维度和回避型冲突管理维度对情感自反性具有消极的预测作用。

4）高层梯队的信任的影响

高层梯队信任的情感信任维度、认知信任维度和制度信任维度均对认知自反性具有积极的预测作用。

5）高层梯队特征与团队自反性

（1）高层梯队构成特征的成员平均教育水平维度、任期异质性维度和职业背景异质性维度对认知自反性具有积极的预测作用。

（2）高层梯队成员年龄异质性维度对认知自反性具有消极的预测作用。

6）团队自反性的调节作用

（1）高层梯队情感自反性对认知冲突与情感冲突之间的关系具有显著的调节

作用，即对情感自反性程度低的团队而言，它们之间成显著的正相关关系，而对情感自反性程度高而言，相关关系并不显著或成显著负相关。

（2）高层梯队认知自反性对认知冲突与决策质量之间的关系具有显著的调节作用，即对认知自反性程度高的团队而言，它们之间成显著的正相关关系，而对认知自反性程度低而言，相关关系并不显著或成显著负相关。

（3）高层梯队认知自反性对认知冲突与决策承诺之间的关系具有显著的调节作用，即对认知自反性程度高的团队而言，它们之间成显著的正相关关系，而对认知自反性程度低而言，相关关系并不显著或成显著负相关。

（4）高层梯队认知自反性对认知冲突与决策理解之间的关系具有显著的调节效应，即对认知自反性程度高的团队而言，它们之间成显著的正相关关系，而对认知自反性程度低而言，相关关系并不显著或成显著负相关。

7.1.2　结果讨论

1. 高层梯队特征组成的差异性与战略决策过程

研究结果表明，教育程度的差异性与情感冲突存在正相关关系的假设得到支持，而在两职合一变量的正向调节下，任期的差异性与情感冲突呈负相关关系，即相对于非两职合一情况，在两职合一的情况下任期的差异性与情感冲突的负相关关系更强。而研究发现年龄的差异性与情感冲突过程显著负相关，此结论与研究假设相反，表明增加年龄差异度，有利于降低高层梯队内情感冲突水平。其他特征组成差异性与情感冲突的关系均未发现显著，所有特征组成差异性与信息收集及处理的关系亦不显著。

教育程度的差异性。研究发现高层梯队教育程度差异性与信息收集及处理不显著相关，而与情感冲突显著正相关。结论完全支持研究假设，诚如假设所言，对于认知性过程，教育程度与个体的人力资本乃至社会资本存在较大的相关关系，因而提高认知水平需要提高团队的整体人力资本水平而非强调差异性。而对情感过程而言，教育程度的差异会对其产生作用。因为教育程度作为一种地位和能力的象征，教育程度的差异代表着地位和能力的差异，受教育程度高者可能会看不起受教育程度低的人、不轻易接受甚至反感教育程度低的人；教育程度低者则可能认为学历只是一纸文凭，而反感教育程度高者的高傲表现。即使教育程度高者没有表现出高傲，但教育程度低者为了弥补学历低而带来的缺陷，而会选择贬低别人来提升自己。所以，教育程度差异性越大，越不利于团队成员间的沟通，越容易产生情感冲突。

关于年龄与公司任期，与研究假设不一样，两者的差异性均发现与情感冲突呈负相关关系。这可能由于在高层梯队中，一般均是由年龄较大或公司任期较长的人组成，若年龄差异性较大，则表明在高层梯队中，有些高管特别是年轻高管。年纪虽然较小，却能当上高管，从另一方面说明其某方面能力非常突出，通过这来弥补年龄或资历上的不足。

值得一提的是对团队凝聚力调节作用的研究结果。研究结果发现，团队凝聚力与各自变量的交互项均与三大团队过程存在较强的多重共线性现象。这与一些研究的发现并不一致，这可能源于团队凝聚力与决策过程的同源报告误差。因为团队凝聚力与决策过程在自陈报告中给报告者一种错觉均是评价团队效能的指标，而且在问卷设计时为了减弱问卷判定者对填写目的的猜测而将其放在一起未加以区分，使得团队凝聚力的调查结果变为与决策过程取值较为类似，从而导致多重共线性问题。

2. 高层梯队特征垂直对的差异性与战略决策过程

关于垂直对差异性的研究较少，与团队过程关系的研究基本还没有见到，所以本次垂直对差异性的研究是一个重要的发现。研究发现，教育程度的垂直对差异性与信息收集及信息处理均存在正相关关系。这一发现从一定程度上证明了权力与政治在高层梯队中的重要影响力。其他高管一直觊觎着 CEO 的位子，在 CEO 教育程度较低时，其他高管会利用自身学历的优势来加强自己的地位和表现自身的能力，尤其当 CEO 为非董事长时，其很有可能因能力较低而被其他高管取代。即使 CEO 兼任董事长，当其能力较为强时，董事长亦可能"退位让贤"，以获取"伯乐相马"的收益，他只要保留对 CEO 的人事任免大权，便可以控制 CEO 为自己获取利益。所以，这也说明了为什么两职合一在此关系上的调节作用并不明显。另外，当 CEO 的学历处于弱势时，CEO 亦努力弥补学历上带来的不足，而努力使自己的其他能力超越其他高管。因此，高层梯队内部形成相互竞赛的局面，从而有利于提升决策的信息收集与处理水平。可见，权力、地位是高管们的重要动力来源，政治的争斗和利益的考量在权力、利益高度汇集的高层梯队内扮演着重要的角色。

年龄和公司任期的垂直对差异与认知过程及情感过程均不显著。对于西方国家的高管，情况往往是特征的不同便容易引起认知和情感的冲突，但对于中国的高管，如果特征的不同并不对实质的利益构成负面影响，他会选择尽量避免冲突。同时，在中国，对高管地位影响最大的因素之一便是年龄，年龄小的 CEO 更被看做有前途、有能力，他们的突出特点便是学历高、能力强，因此人们对年龄与学历的看法不一样。学历越高代表越有能力，而当上 CEO 的年龄越小，代表越有能力。因而，当 CEO 的年纪比高管轻或公司任期比高管短，这时与 CEO 进行挑战并不"划算"，没有实质利益的驱动，无论是认知冲突还是情感冲突都将不明显。

3. 高层梯队特征断层与战略决策过程

相较于单个特征差异性对战略决策过程的作用显著性，特征断层的显著情况要好得多。从研究结果来看，人口特征断层与信息收集呈正相关关系，而在调节变量的作用下，亦发现人口特征断层与信息处理及情感冲突呈正相关关系。个性特征断层的显著情况要较差一些。研究只发现个性特征断层与情感冲突存在正相关，而对信息收集的影响上，则在两职合一变量的调节下才出现显著。总特征断层的显著情况最好，总特征断层与战略决策过程的关系均符合研究假设，并且关系均显著。这表明，根据人口特征等显性特征所形成的断层的显著性要高于个性特征等隐性特征所形成的断层，总体特征所形成的断层显著性要高于部分特征所形成的断层显著性。

过去的研究大都集中于人口特征所形成的断层，而忽略了深层次特征的影响。本书的研究表明，深层次特征亦是断层的重要组成因素。这表明，个体不仅根据容易观察的人口特征进行归属分类，而且还根据个性特征进行归类。但个性特征所构成断层作用机制的显著性不如人口特征，可能的原因在于人口特征更加明显，而且特征之间的差异随时间的变化较小，即使变化亦较为明显。而个性特征可能会随时间的变化而发生改变，而且改变往往不明显。这使得个体常常难以确定其他个体的准确个性。因此，单纯由个性重叠所形成的断层的显著性将较人口特征断层弱。

在利用特征断层时，还要注意调节变量在其中的作用。研究发现，两职合一对特征断层具有较广泛的调节效应——除个性特征断层与信息处理的关系外，两职合一均调节断层与决策过程的关系，而且对断层与信息收集和断层与信息处理两个关系呈正向调节，而对断层与情感冲突呈负向调节。也就是说，当 CEO 兼任董事长时，断层的良性效应将得到发挥，而负性效应将得到抑制。这表明，当 CEO 权力增加时，他将有能力控制高层梯队内的断层，通过发挥不同亚群体竞争效应而提升信息的收集水平与处理水平；同时通过调和不同亚群体之间的情感冲突，而降低由此带来的负面效果。可见，CEO 的权力与领导力在利用断层上扮演着非常重要的角色。

研究还发现环境的动态性对断层机制的影响。当环境动态性较高时，高层梯队特征断层与信息处理的关系更高。这表明，外部环境越激烈、越不稳定，断层在信息处理方面的优势便发挥能发挥出来。原因可能在于外部环境的不确定性越强，不同亚群体可能将此看做越好的机会，借助外部的变化还掌握决策的主动权来为自身谋利益。所以，环境越不确定，对信息的处理要求也越高，又由于高层梯队的积极响应，信息处理水平便越高。

4. 高层梯队特征、战略决策过程与企业结果

对高层梯队特征与企业结果（决策绩效与企业绩效），发现教育特征垂直对与财务绩效正相关，总体特征断层与财务绩效正相关以及总体特征断层与成长绩效负相关，其他关系并不显著。而决策过程与决策绩效的关系则发现如下显著相关关系：信息收集及信息处理与决策绩效正相关，信息处理与成长绩效正相关，其他关系亦不显著。

可见，特征与决策绩效的关系并非是单一的、直接的、简单的关系，而是根据不同的特征和不同的战略决策过程而变化。过往研究者们一直致力于寻找高层梯队特征与组织结果之间的关系，以通过特征来了解绩效、预测绩效和优化团队结构以提升绩效。然而，本书的研究表明，寻找特征与绩效之间关系的愿望是好的，但却非常冒险。由于特征作用于绩效等组织结果的链条较长，其间经过相当复杂的团队过程变量，而且不同特征在不同情境下对团队过程的影响又不一样，因此，特征与组织结果的关系极不稳定，相反，将思路进行转换，从特征与绩效之间的团队过程入手，剖析复杂互动过程的内在机理，研究特征与团队过程及团队过程与绩效之间的关系，乃至于研究绩效对特征的反馈作用，将有利于走出研究的困境。

本书的研究对打开高层梯队决策互动过程这个"黑匣子"进行了一次有益的尝试。不同于以往的冲突理论，本书着眼于特征动力学机制背后的社会资本、人力资本和心理资本的作用，相应地提出信息收集过程、信息处理过程和情感冲突过程三类决策互动过程，并以此为切入点研究高层梯队特征与决策绩效的关系。研究结果表明，特征的垂直对差异性与特征的断层此三大过程各有不同程度的相关性，说明特征差异性将有利于激发高层梯队的社会资本、人力资本和心理资本，从而有利于团队的决策绩效及组织的决策绩效。

本书的研究揭示了在中国背景下，权力、公司政治等要素在高层梯队决策中扮演的重要角色。作为利益高度汇集点，高层梯队内部各利益主体互相博弈，在保证生存和追求发展中寻找平衡点。CEO 与其他高管特征上的差异性不同，便可能推动不同的高管行为分布。每个高管都在根据自身各类型属性与其他高管的差异，以保护和增加自己利益为目标，在决策及日常互动中选择不同的行为组合。在中国，由于集体主义文化的影响，表面风平浪静的局面背后可能是暗流汹涌的斗争。本性使然的"拉帮结派"，是为了在特征差异所带来的不安中寻找安全，通过特征的相似迅速形成保证自己安全的势力群体。高层梯队内部竞争越激烈，寻找和加入亚团队的需求就越大。这一方面促进了信息的收集与处理，另一方面又对 CEO 的管理提出挑战。作为 CEO 需从自己的权力现状出发，来通过影响其

他高管的"抱团"竞争行为将高管纳入可控制的范围内，从而提升企业绩效和巩固自身的地位。

因此，团队过程的视角为管理者们提供了明晰高管特征与高管行为和高管绩效的有效途径，为高层梯队内各利益主体优化自己行为提供有益的参考。团队过程视角将"特征—绩效"的传统研究扩展到"特征—过程—绩效"的三位一体研究，从过去结构优化的思路转变为结构优化、过程优化和绩效优化"三驾马车"并驾齐驱的道路上来。

5. 高层梯队隐性特征的内部动态过程的影响机制

通过之前的数据分析我们可以看出，本文采用的计量尺度有较高的可靠性和有效性，震荡期与规范期的高层梯队各潜变量之间均有着比较明显的相互影响关系，研究假设得到了支持，而且模型和数据的拟合程度较高，说明在这两个时期运用构建的结构方程模型来分析高层梯队隐性特征对企业绩效的影响是合适的。

在震荡期，高层梯队传记性特征、隐性特征均对企业绩效有显著的影响，影响效应的路径系数分别为 1.454 和 0.941（价值观与隐性能力分别占 0.534 与 0.407）。可见在这个时期，高层梯队传记性特征相较隐性特征，对企业绩效的影响更加显著。原因是，在震荡期，高层梯队内部冲突强烈，团队成员对于团队对它们的约束仍然处于抵制状态。我们知道，人的隐性特征是需要依靠人的主观意识来发挥，当他们处于抵制状态，就明显地影响了他们作为重要团队资源发挥人力资本能力的效力，无法真正高效地为团队做贡献；团队领导层次还不分明，冲突强烈，管理能力等隐性能力也受到一定阻碍。另外，传记性特征是显性的特征，固有在人的行动中，并不会因为主观意识而产生巨大的改变，因此在这个时期对于企业绩效的影响相对隐性特征会更为显著。另外，价值观与隐性能力的影响比较平衡，究其原因，是因为隐性能力是受价值观影响的，是基于价值观而产生出来的各种能力。例如，一个人应当具有很强的凝聚力，高度的责任感，在团队中具有合作精神，并且是为人们所信任的，那么其管理能力以及沟通能力也一定十分优秀；一个人的价值观是激进的还是保守的，会对其决策能力产生影响，影响其创新能力的高低；价值观的是非判断和知识的取舍会决定其知识体系的构成，因而影响其学习能力和创新能力。

在规范期，高层梯队传记性特征、隐性特征也均对企业绩效有显著的影响，影响效应的路径系数分别为 2.067 和 2.144（价值观与隐性能力分别占 1.387 与 0.757）。可见在这个时期，高层梯队传记性特征与隐性特征对企业绩效影响都是非常强烈的，其隐性特征的影响甚至更加强烈。与震荡期相比，隐性特征的影响产生了巨大变化。原因是，在规范期，高层梯队内部人员之间已经开始形成亲们的关系，团队具有很强的凝聚力，责任感和合作精神，团队结构已经逐渐稳定，团队成员目标一致，冲突较少，这就使得人的主观意识可以更好地将隐性特征表现出来，充分发挥其人力资本的效力，促使团队能够高效地运作；团队领导层次分明，也使管理能力等更容易发挥到适当地地方，提高了团队的整体效率。另一方面，传记性特征是显性的特征，固有在人的行动中，并不会因为主观意识而产生巨大的改变，因此在这个时期相对于隐性特征对企业绩效的影响就会比较弱，但是仍然具有不可忽视的作用。因此，处于规范期中的高层梯队是更加有利于隐性特征发挥作用的，可以促使良好的隐性特征对企业绩效产生巨大的推动作用。

6. 高层梯队冲突中团队自反性的影响机制

1）高层梯队冲突与决策绩效之间的关系

假设研究 H_1、H_2 和 H_3 的验证结果表明，高层梯队认知冲突对决策质量、决策承诺和决策理解均具有强烈的正向影响作用。关于认知冲突与决策绩效之间的关系，国内外大多数学者均认为是显著正相关关系。但是也有部分研究者认为认知冲突与决策绩效之间关系不显著或者存在显著负向影响关系。尽管如此，过少的认知冲突对于中国管理者来说可能更加不利。认知冲突过少会不利于新观点的产生，引发羊群效应，从而造成最终绩效不高。本书的研究验证了，中国文化背景下高层梯队认知冲突的功能性一面，即认知冲突是以工作和任务为导向，这对团队任务的有效解决非常有必要。高层梯队认知冲突促使成员的不同观点与意见可以得到充分的论证与交换，从而提高了成员对决策方案相关背景的理解，并对决策方案产生全新的观点和看法。高层梯队认知冲突不仅有利于提高决策质量，还能够使得最终决策结果得到成员的理解和支持，并保证能够顺利地被实施，因此对战略决策绩效的各个维度均有显著正向影响。

关于认知冲突对情感冲突的影响作用，本书通过长三角地区的 85 个高层梯队数据的实证研究和调查访谈结果发现，高层梯队认知冲突对情感冲突具有显著的正向影响作用。中国文化的团队一般以"维持人际关系和谐"为宗旨，即使发生观点和意见的分歧，也会选择"忍让"、"给面子"、"示弱"和"妥协"以维护关系和谐。但是，不"争论"，不"攻击"，不"贬低"，采取"忍让""给面子"、"示弱"和"妥协"等人际技巧并不意味着，团队成员对不认同的观点不产生排斥心理，不感到难以容忍，不产生消极和对立情绪，不采取"阳奉阴违"和"私下暗斗"等行为，而这些隐性的、消极的行为也是情感冲突的一项重要内容。高程度的认知冲突即使与情感冲突没有显著相关关系，但也不至于出现显著负向相关关系。此外，中国改革开放已经 30 多年，中国企业除了体现中国文化的特征外，还吸纳西方文化的优秀管理思想和理念。面对激烈的竞争环境，中国文化背景下高层领导班子肩负着对企业命运负责的使命感，除了表达含蓄外，也会对自己的观点和立场据理力争，并对反对意见采取攻击和贬低行为，爆发明显的语言和肢体冲突，中国企业高层类似的案例并不少见。

对于高层梯队情感冲突与战略决策绩效变量的负面作用，本书并未做假设研究。但是，通向对情感冲突与战略决策绩效变量的相关性分析表明，高层梯队情感冲突与决策质量、决策理解和决策承诺之间存在显著的负向相关关系，这与以往的研究得出了一致的结论。本书认为，高层梯队情感冲突具有非功能性，导致消极行为。高层梯队成员之间良好的氛围是团队能长期保持高水平决策绩效的关键。如果在决策过程中，成员之间出现情感上的摩擦和不快，或对团队整体产生了负面情绪时，这种基于人际关系的冲突会降低他们对决策过程的参与程度，削弱决策有效性，尤其是决策承诺以及情感的接受性，从而对现有决策能否有效执行会产生重要影响，从以上研究可以证实，高层梯队认知冲突是一把双刃剑。一方面，高层梯队认知冲突对战略决策绩效产生正影响作用；另一方面，高层梯队认知冲突易产生情感冲突，从而破坏战略绩效。

2）高层梯队情感自反性与认知自反性之间的关系

过往对团队自反性的相关研究主要关注与工作任务相关的认知自反性，并产生了一系列的实证研究成果，却忽略了团队成员互动过程中大量的情感信息以及人际关系的处理技巧，而这些因素对于提高团队效能往往是必不可少的。因此，本研究将团队自反性分为与任务相关的认知自反性和与团队氛围相关的情感自反性两个维度，并通过理论分析和调查访谈结果确定了高层梯队情感自反性与认知自反性之间关系的假设研究。通过实证数据的验证结果表明，高层梯队情感自反性对认知自反性具有显著的正向影响作用，非标准化系数达到 0.24（ $p < 0.05$ ）。对于高层梯队情感自反性对认知自反性的影响作用，研究发现，高层梯队情感自反性有助于处理冲突，加强成员间的互助合作行为，创造和谐、健康的团队氛围，从而有利于与工作任务相关的认知自反性的提高。

3）高层梯队自反性的前因：影响因素

对于高层梯队自反性的前因研究中，本研究主要通过理论文献研究和调查访谈，考察了来自高层梯队成员构成特征、信任水平和冲突管理三个变量。

（1）高层梯队构成特征对认知反性的影响。

关于高层梯队构成特征与团队效能之间关系的研究结果并不稳定，学者们得出结论并不一致，甚至出现相反的观点，出现了"组织特征"的"黑匣子"问题。研究结论往往很难界定高层梯队构成特征对团队效能的作用，但是如果把高层梯队构成特征与团队过程结合在一起，就可以很好研究高层梯队构成特征对团队效能的影响机理，这就是第二代高阶理论所强调的内容。本研究就是遵循这一理论特点，考察了高层梯队构成特征通过对认知自反性的影响，进而影响到团队效能的作用过程。H_6、H_7、H_8 和 H_9 的验证结果证明了，高层梯队成员教育水平、年龄异质性、任期异质性以及职业背景异质性对认知自反性产生了不同影响。

H_6、H_8 和 H_9 的验证结果表明，高层梯队成员教育水平、任期异质性和职业背景异质性对认知自反性产生显著的正向影响作用。首先，H_6 的验证结果显示，高层梯队成员教育水平越高越有利于提高团队成员认知自反性水平。其次，关于高层梯队成员任期异质性与团队效能之间关系的研究出现了不同的观点。H_8 的验证结果表明，高层梯队成员任期异质性有利于提高团队认知自反性水平。高层梯队成员任期异质性可以为团队增加各种各样的信息，可以以不同的以社会经验和组织经验为基础从而形成多样化观点，这将有利于创造性的新知识，从而有利于团队认知自反性。最后，H_9 的验证结果显示，相对高层梯队成员教育水平和任期异质性，高层梯队成员职业背景异质性与认知自反性的相关系数最高，说明高层梯队成员职业背景异质性越高越有利于提高团队成员认知自反性水平。本研究认为，高层梯队成员在职业背景方面越是具有异质性，就越会产生多样化的信息，因而具有良好的团队效能，越有利于对过往绩效、组织内外部环境展开评估与思考，并有利于团队成员展开争论，提供多样化的信息，并对认知相关信息进行思考与甄别。

H_7 的验证结果表明，高层梯队成员年龄异质性对认知自反性产生显著的负向影响作用。本研究认为，处于同一年龄段的高层管理者往往具有相似的经历和相近的价值观与信仰，他们之间的关系更趋融合，交流更为频繁有效，合作也将更为顺利，年龄差异性大的高层管理者之间更容易产生非功能性冲突，难以达成一致性意见和有效沟通，因此，对团队认知自反性产生负面影响作用。本研究结论并不意味着，团队应该避免团队成员的年龄异质性。相反地，高层梯队年龄异质性可以为团队提供多维视角，为提高创新绩效和激烈争论等创造可能性，并不能就此完全否认高层梯队成员年龄异质性可能给团队带来的作用。

（2）高层梯队信任对认知自反性的影响。

H_{10}、H_{11} 和 H_{12} 的验证结果表明，高层梯队信任的三个维度均对认知自反性产生显著正向影响作用，但影响程度并不一致。从直接影响的非标准化系数来看，认知信任对认知自反性的影响，略为大于情感信任和制度信任，其大于认知自反性的影响非标准化系数达到 0.28（$p < 0.05$），情感信任的影响程度次之，对认知自反性的影响系数为 0.24（$p = 0.06$），制度信任的影响作用相对较弱，非标准化系数为 0.17（$p = 0.20$）。这一研究结果显示，对于高层梯队信任，影响团队自反性的维度主要还是来自于个体的理性认知，以及团队成员互相间的情感联系，对于制度的依赖相对较小。

高层梯队信任的三个维度的研究结果表明，高层梯队信任变量，对于认知自反性的变异解释，具有重要的作用。当高层梯队成员信任程度越高，团队成员越有可能对工作任务展开真诚的讨论与反思。本书的研究的结果表明，高层梯队团队成员对彼此间的能力、情感及团队制度上的信任可以导致团队成员勇于对错误和败绩展开讨论，并对其进行调整与修正。

（3）高层梯队冲突管理对情感自反性的影响。

假设研究 H_{13}、H_{14} 和 H_{15} 的验证结果表明，高层梯队冲突管理的三个维度中，高层梯队竞争型冲突管理和回避型冲突管理对情感自反性具有强烈的负向预测作用，而高层梯队合作型冲突管理则对情感自反性具有显著的正向影响作用。

首先，高层梯队竞争型冲突管理对情感自反性具有显著的负向影响作用，非标准化系数达到 -0.34（$p < 0.05$）。当团队成员采取竞争型态度时，他们往往认为冲突只有一种结果，即要么一方"赢"而另一方"输"。倾向于采取竞争型冲突管理方式的团队成员往往出于某种利益的考虑而坚持己见，不愿意做出让步，都希望对方对自己的意见言听计行。这种冲突管理行为往往不利于团队人际关系的培养，更容易导致人际间的摩擦，甚至相互攻击，从而不利于促进团队成员的幸福感的培养，对情感自反性产生负面影响。竞争型冲突管理方式导致团队成员缺乏交流和沟通，从而使得团队成员对彼此间的冲突和人际关系处理缺乏信心，更进一步削弱团队情感自反性行为。

其次，高层梯队回避型冲突管理对情感自反性具有显著的负向影响作用，非标准化系数达到 -0.17（$p = 0.14$）。本研究认为，回避型冲突管理方式暂时性地缓解人际间的紧张局面，但不利于实质性问题的解决。回避型行为妨碍了团队成员内部的有效沟通，使得关注的焦点偏离，导致团队成员对彼此间的关系缺乏共识和思考，人际关系反而无法得到改善，更进一步削弱了团队成员间的情感自反性行为。

最后，高层梯队合作型冲突管理对情感自反性具有显著的正向影响作用，非标准化系数达到 0.28（$p < 0.05$）。因此，本书认为，当发出工作任务相关或者人际关系的摩擦时，中国的企业高层梯队成员应更适合采取合作型冲突管理方式来面对实质问题。当团队成员采取合作态度处理冲突时，会关注共同问题的解决，能够彼此聆听和理解对方的观点，不会担心社会面子等关系问题，往往会将冲突归因为是工作任务方面的，而不是人际关系方面的，因此有利于加强团队成员间的人际关系，提高情感自反性水平，从而有助于解决成员间的冲突问题。

4）高层梯队自反性对冲突与决策绩效间关系的影响

（1）高层梯队情感自反性对认知冲突与情感冲突间关系的影响。

H_{16} 的验证结果表明，高层梯队情感自反性对认知冲突与情感冲突之间关系都具有显著的负向调节作用，乘积项的非标准化系数为 -0.24（$p < 0.05$），即对情感自反性程度高的团队而言，它们之间成显著的正相关关系（斜率 $b = 0.47$，$t = 3.07$，$p < 0.01$），而对情感自反性程度低而言，相关关系并不显著

或成显著负相关（$b=-0.00$，$t=-0.01$，$p=0.99$）。由于团队情感自反是是团队社会功能的一面，是处理团队成员人际关系，加强团队成员合作，因此可以削减高层梯队认知冲突转化情感冲突的可能性。调节效应结果分析表明，高层梯队情感自反性对认知冲突与情感冲突之间起到一个缓冲剂的作用。

本书认为，尽管与工作任务相关的争论可能导致情感冲突，但是团队成员之间的感情投资却可以能够干预认知冲突向情感冲突转化的可能性。关键点是，高程度的情感自反性很可能降低了会损害彼此间感情的行为。例如，犀利的语言，攻击性的行为等。同时，研究结果表明，高层梯队认知冲突与情感冲突之间的正向影响关系因为有高程度的情感自反性而显著减低。

（2）高层梯队认知自反性对认知冲突与决策绩效间关系的影响。

H_{17}、H_{18}和H_{19}的验证结果表明，高层梯队认知自反性对认知冲突与决策绩效的三位维度之间关系都具有显著的正向调节作用。具体地，高层梯队认知自反性对认知冲突与决策质量之间关系都具有显著的正向调节作用，乘积项的非标准化系数为0.55（$p<0.01$），在低认知自反性条件下，高层梯队认知冲突对决策质量有显著负向影响（$b=-0.22$，$t=-1.66$，$p=0.10$），但在高认知自反性条件下，高层梯队认知冲突对决策质量有强烈的正向影响作用（$b=-0.006$，$t=-0.36$，$p=0.72$）；高层梯队认知自反性对认知冲突与决策承诺之间关系都具有显著的正向调节作用，乘积项的非标准化系数为0.46（$p<0.01$）在低认知自反性条件下，高层梯队认知冲突对决策承诺的影响并不显著（斜率$b=-0.06$，$t=-0.36$，$p=0.72$）；而在高认知自反性条件下，高层梯队认知冲突对决策承诺有显著的正向影响（$b=-0.85$，$t=4.38$，$p<0.001$）；高层梯队认知自反性对认知冲突与决策理解之间关系都具有显著的正向调节作用，乘积项的非标准化系数为0.51（$p<0.01$），在低认知自反性条件下，高层梯队认知冲突对决策理解有显著负向影响（$b=-0.18$，$t=-1.41$，$p=0.16$），但在高认知自反性条件下，高层梯队认知冲突对决策理解有强烈的正向影响作用（$b=0.83$，$t=5.97$，$p<0.001$）。

本书的实证数据支持高层梯队认知自反性对认知冲突与决策绩效之间的互动作用机制。尽管高层梯队认知冲突与决策绩效的三个维度之间也存在显著的正向影响作用，但是当团队自反性作为调节变量进入模型之后，高层梯队认知冲突与决策绩效三个维度之间的正向影响关系得到了进一步加强。因此，高层梯队认知自反性行为提高了认知冲突的功能性绩效，而高层梯队情感自反性行为却降低了认知冲突的非功能性绩效，两个维度从总体上保证了高层梯队认知冲突对决策绩效的正向影响作用。

7.2　管理启示

7.2.1　优化高层梯队特征结构

　　高层梯队特征对决策过程及绩效的影响是一个多层面、多构成的复杂作用过程。从单个特征的差异性到多个特征的断层，从所有高管特征间的差异性到 CEO 与其他高管间的垂直对差异性，均对决策过程及绩效有不同程度的影响。特征构成是个体信息的载体，是其他个体借以认识此个体，并据此形塑与此个体的沟通模式及交往方式。在高层梯队决策中，良好的决策绩效依赖于决策过程的良好互动，因而高层梯队内各成员间的沟通与交往直接影响决策过程的优劣。特征构成具有一种动力机制，通过启动社会心理过程（如社会归类过程、相似吸引过程、社会认同过程等）及权力政治过程，影响每一个高管在决策中的行为模式。特征构成对团队过程的动力可能来源于高管间单个特征的差异性，如教育程度差异性对情感冲突的正向影响，也有可能来源于 CEO 与其他高管的垂直对差异性，如本书也发现教育程度垂直对差异性对信息收集过程和信息处理过程的影响，还有可能来源于多重特征所形成的断层，如本书发现总特征断层对信息收集与处理过程的影响。因而，在考虑高层梯队结构的优化时，除了考虑各组成特征——从人口特征的性别、年龄、教育到个性特征的适应性、外向性等——的差异性外，还需要考虑其他高管与 CEO 的匹配性以及由于多重特征构成所引起的高层梯队内部分割问题。

　　在考虑结构优化时，还需要注意各类调节因素的影响，它们将加强（正向调节）或减缓（负向调节）特征结构与决策过程及绩效的关系。其中，首要考虑的便是治理特征。治理特征，作为高层梯队区别于一般高层梯队的因素，一直被高层梯队的研究所忽视。研究发现，它对特征结构与决策过程的关系具有显著的调节作用。CEO 兼任董事长的两职合一将加强 CEO 的权力，从而有利于强化 CEO 对其他高管的管理；执行董事的比例，一方面有利于为高层梯队带来董事会所拥有的人力资本、社会资本；另一方面也因利益出发点与一般高管不同，而弱化高层梯队特征的影响。另外一种重要的调节因素是环境因素。如果环境的变化较快，竞争较为激烈，可能会促使高层梯队将更多的注意力投放到应对环境的变化上，信息的收集与处理水平将因此得到加强，而情感冲突将减弱。对于团队凝聚力，虽然本书的研究为多重共线性问题，而没能验证团队凝聚力对特征结构与决策过程关系的调节作用，但本书认为加强团队凝聚力的建设，将有利于强化特征结构的正面效果，而弱化负面效果。一个具有足够向心力的团队，成员将更多从团队利益出发，而减少与其他成员相互之间的不良冲突。同时，团队的凝聚力高还有可能影响团队成员对特征差异性的感知，即差异性客观存在，但在高管的主观世界里却并不存在，这将减弱由主观特征差异性所带来的情感冲突。另外信念影响感知，一个良好的团队管理首先在于信念管理。在团队凝聚力强的高层梯队中，高管的信念都在于维护团队的一致和高效，而不是相互钩心斗角，因而对特征差异性的感知将比较弱，由差异性的主观感知所形成的负向情感冲突便会减弱，而客观差异性所形成的正向认知作用将得以保留。

7.2.2　优化高层梯队决策过程

　　过去的研究一直想找出高层梯队特征与决策绩效等组织结果的关系，通过优化高层梯队特征结构来提升组织绩效，然而研究结果却模棱两可，可见特征对绩效影响背后有更复杂的过程需要探究。本书的研究结果证实了这一想法，从研究结果可以看出，特征与决策绩效之间的关系并不存在单一的关系，而是通过对团队决策过程的多重作用影响决策绩效。引入团队过程是一种重要思路的转变，将过去"特征—绩效"的静态管理转变为"特征—过程—绩效"的动态管理。从研究结果可以看出，高层梯队决策过程的好坏直接决定决策绩效的高低，而要管理好过程，必须全面考虑特征的各种构成对过程可能产生的微妙影响。结构优化固然重要，但关键是考虑结构影响下的团队过程管理。

　　同时，单纯的结构优化还会遭遇实际情况的掣肘。人为形成的团队与自然形成的团队存在差别。以特征断层为例，人为形成的团队由于未能完全符合各式因素的分类特点而可能产生团队的断层。反过来说，团队之所以不可能完全是自然选择下"达尔文进化论式"的团队，是因为团队是根据特定目标而组成的群体，在团队成员选择受限的情况下，团队可能会为了更大的目标而付出特征断层带来负面效应的代价。因此，此时团队管理的目标重点不再是结构优化，而是过程管理，通过过程的优化管理来消除断层的缺点从而吸收断层所带来的优点。下面就如何消除决策中情感冲突（不良冲突）的负面影响进行探讨，并提出转变不良决策冲突为良性决策过程的方法。

　　在当今组织多元化的时代，冲突几乎是每个组织、每个团队都会遇到的问题。就高层梯队决策而言，由于团队成员需要、利益、价值观的差异，对决策方案的认知、看法的不同，以及资源和权力的稀缺等，成员间的冲突已成为高层梯队决策过程中的"家常便饭"。冲突是一把双刃剑，良性的争论和追求真理的挑战性质问有利于提升高层梯队决策的绩效和效能，但不良冲突强大的破坏力经常在不经意间把这些好处一扫而光，而且还使团队出现"暗箭伤人、个性损毁、愤怒言语、拒不认账、风言风语和不理不睬"等现象。值得注意的是，良性冲突如果不加以正确地引导，很容易成为滋生不良冲突的温床。例如，在高层梯队决策中，经常会有团队成员持有不同的观点，如果放任这些观点对立而不加以化解，那么观点的对立很快就会转变为人的对立，从而引发不良冲突。所以，不良冲突的化解关键在于萌芽状态的化解，只有在它对组织造成伤害前解决才能事半功倍。

1. 高层梯队决策中的不良冲突

在高层梯队决策中，低水平的冲突往往是良性的。良性的冲突可以将问题暴露出来，迫使团队寻求新的解决办法。但是，当冲突引起人际关系紧张时，良性冲突将快速转化为不良冲突，最初的效益也将随着不良冲突的加剧而降低。决策的信息论给出了解释——良性的冲突激发信息处理，而当冲突转化为不良冲突时，信息处理遇到障碍，干扰了认知的弹性和创造性思维，于是影响了团队的决策效能。

不良冲突一般体现为人际之间的矛盾，包括互相不喜欢对方、人身攻击等，且伴随挫折、愤怒、烦恼等情绪，即上文所指的"情感冲突"，一般也被称为"关系冲突"。不良冲突使团队成员感到威胁和焦虑，促使其更多地将情感和注意力资源转移到管理和减少这种不良的心理体验上，从而降低了团队成员处理信息的能力，搁置了和任务相关的问题。当不良冲突充斥于高层梯队决策中时，团队成员还会启动限制公开讨论观点的防御行为和寻事挑衅的攻击行为，对团队效能产生消极影响。

研究证实，不良冲突不仅严重地限制了团队和个体层次的创造性，而且还不利于团队心智模式的形成，导致决策质量的下降。因而，及时化解高层梯队决策中的不良冲突，是提升决策绩效和团队效能的关键。

2. 解不良冲突的基本策略模型

在高层梯队决策中，最普遍的冲突类型是"改变 vs 不改变"的决策，其他决策均可以通过适当的变形转化为这种类型或相近的类型。例如，关于投资额度的决策，无论有多少种观点，总可以根据其激进性分为"激进型投资"和"保守型投资"。为了方便论述，本书专门就"改变 vs 不改变"型决策进行探讨。

之所以高层梯队成员之间往往有不同的看法，是因为他们都首先着眼于自身的学识、经验、角色、地位和利害关系，然后结合自己的性格、行为习惯而提出看法。极端一点来看，即使决策本身对其影响很小，但个体总会找到与其有利害关系的因素，并使自己提出的决策有利于这些因素。也就是说，每个决策意见背后都有相应的原因。那么，这些原因是否存在共通的地方？我们认为存在。实际上，这是高层梯队成员决策目标的交点，也是化解高层梯队决策不良冲突的关键之一。因此，我们得到高层梯队决策的一般模型，如图 7-1 所示。

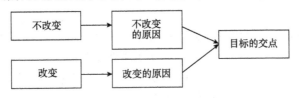

图 7-1 高层梯队决策冲突的一般模型

面对是否要改变的决策，一些人选择"不改变"，因为他们认为，为了保持企业绩效增长等目标，需要确保安全，因此最好不要改变目前的状况；一些人选择"改变"，因为他们认为，企业绩效增长等目标，需要不断迎接新挑战，因此，最好还是做出改变。选择"不改变"的高管认为安全最重要，追求安全是人类的本质要求；选择"改变"的高管认为挑战成功后会体会到巨大的喜悦和成就感，即使就挑战本身而言也充满刺激性，挑战是自我实现的必要条件。根据马斯洛的需求层次理论，"确保安全"和"追求挑战、自我实现"都是不可或缺的人类本性，并行地为了共同的目标"企业绩效增长"，如图 7-2 右边虚框所示。

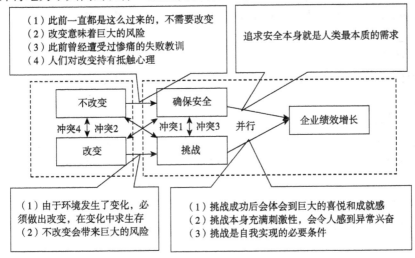

图 7-2 高层梯队决策冲突双方的原因表述

"为了确保安全最好不改变"的高管认为，此前一直这样过来没发生什么问题，即使不进行改变也能继续维持现状。改变意味着巨大的风险，放弃稳定而选择风险是不明智的。此外，选择改变，遭遇失败的后果很严重，难以承受；"挑战就意味着改变"的高管认为市场竞争激烈，不提前做出改变就容易被别人赶超。

"逆水行舟，不进则退"，必须学会在变化中生存。不变化，失败的风险会更大。

图 7-2 总结了冲突一般模型各个环节中的关键原因，可以看出，提出每类决策的人们都认为有充分的理由，这就是高层梯队决策常常容易陷入僵持或冲突的缘故。

为了化解高层梯队决策的冲突，必须先把冲突找出来。由图 7-2 可以看出，真正存在冲突关系的只有四个箭头（图 7-2 中四个双向箭头）。化解这些冲突的关键在于找出这四对冲突背后存在的错误假设，重新审视这些假设的不合理之处，便可找到化解冲突的策略，具体做法如下。

1）不改变 vs 挑战

为什么认为"不改变"，就不能"挑战"？难道没有方法既实现"不改变"又实现"挑战"？事实上可能存在某种方法，可以在不改变的条件下，达到挑战的效果。在高层梯队决策发生冲突时，认为要"挑战"的一方往往只是把思路放在"改变 vs 挑战"的环节上，坚持自己固有的偏见。化解冲突很重要的一步就是要认识到这一点，并思考对方的措施（不改变）是否可以在某种程度上与自己的目标（挑战）兼容。CEO 作为团队管理者在此环节上的角色就显得非常重要，管理者要引导改变思维方向。此前一直都是"不改变"走过来的，一切都运转有序，这其中必然有某种深刻的原因。CEO 只需要调动大家的积极性，一起对这一原因进行分析，就可以发现挑战过程中无论如何也不可改变的要素。也就是说，只有满足了这些不可改变的要素后，才能发现合理进行挑战的方法。

2）改变 vs 确保安全

同样，可以遵循上面的思维路径：为什么"改变"就不能"确保安全"？难道没有方法实现两者兼容？其实"改变"本身并不一定会威胁到"安全"。通过改变可以带来超出预期的良好效果，有时甚至会促进安全。对方真正的关注点在于"确保安全"，之所以冲突是因为一方坚持认为只有"不改变"才能"确保安全"，只要引导"不改变"的一方进行思考，就会更容易理解"改变"一方面的立场，冲突就容易化解。

3）确保安全 vs 挑战

在现实的高层梯队决策中，各方观点背后的原因可能很多，但始终都可以找到"交点"，即共同的目标。在本例中，"确保安全"和"挑战"都是为了一个共同目标"企业绩效增长"。CEO 要始终强调高层梯队成员所共同认可的"目标"，但注意不一定是高层梯队的初始目标（高层梯队初始目标如果与此共同目标相冲突，那必须先处理好这两个目标的冲突）。明确了此共同目标后，再按照上面的方法进行思考，找出既可以"确保安全"又可以实现"挑战"的方法。

4）不改变 vs 改变

在前三个冲突处理的基础上，岸良裕司（2010）提出"时地制宜法"来进行处理。因为无论是改变还是不改变，都是在一定的时间或场景下进行的，所以是否改变，要因时因地制宜。冲突双方应当就适合的时间或地点进行商讨，制定一个规则，规定在某种条件下，可以进行"改变"或者"不改变"，以此实现两者的平衡，而不必执拗于绝对的变与不变。

上述基本化解策略的核心在于两点：一是挖掘决策冲突背后错误的观念与认识；二是对这些认识进行质疑，找到解决办法。

3. 化解不良冲突的扩展策略

1）多方案法

高层梯队经常会遭遇"蛋糕式谬误"的困境。就高层梯队决策而言，所谓"蛋糕论谬误"是指高管把决策看做分蛋糕，一方占便宜另一方就要受到损害，各方的利益是不相容的。研究发现，团队经常出现"蛋糕论谬误"，如汤普森（2007）发现 50%的团队成员没有意识到自己的利益和其他人的利益是相容的。正如"改变"与"不改变"两种决策选择，当选择"不改变"时，支持"改变"的一方就会不服气。应对这些冲突，除了按照上述基本化解策略外，还可以采用"多方案法"。

"多方案法"是指结合基本化解策略，同时提出多个建议。如在处理"改变 vs 确保安全"的冲突时，支持"改变"的一方要把各种改变的方案都列出来，让支持"不改变"一方可以寻找既"改变"又可以"确保安全"的方案。这种方案的好处在于其心理优势：当人们感觉自己有许多选择时，他们更愿意合作。

2）风险合同法

由图 7-2 的冲突双方的原因表述可以看出，高层梯队成员对各种决策方案的风险偏好是不一样的，这使得他们在如何看待未来的观点上存在很大的分歧，这些不同的期望使团队讨论举步维艰。冲突化解的基本策略虽然可以把对立冲突转化为建设性讨论，但如果决策各方的风险偏好相差较大时，基本策略很难迅速解决决策冲突。但如果使用风险合同法，不仅可以迅速解决问题，而且还可以充分利用观点的不同来改善全体一致的可能性。例如，在高层梯队中，如果销售总监对产品销售前景很乐观（改变）而生产总监缺乏信心（不改变），那么就可以签一份风险合同，规定生产部门生产更多的产品，但是如果销售不出去的话，销售部门就承担所有的生产成本。对风险看法的冲突通过风险合同的交易机制，实现了双赢。同样，除了风险看法的冲突，还有风险承担能力的冲突、时间成本的不一致等都可以通过风险合同实现"各取所需"。但值得注意的是，在利用风险合同时，高层梯队成员在不同的可能结果上下赌注，风险合同要实现有效性，要易于评估和解释,提前规定条件和测量技巧。

从上文的决策过程优化可以看出,由特征结构所引起的不良决策过程,其解决办法除了可以采用特征结构优化,还可以对决策过程本身进行处理。由上述处理可以看出,不良冲突与良性冲突是一个过程的两个向面,当高层梯队在进行信息收集和处理的团队互动过程中,容易产生意见的不一,在特征差异性等相关因素刺激下,十分容易滑向情感冲突的一端。此时,运用决策过程优化方法有利于将不良冲突扼杀于萌芽状态或者说将不良冲突转化为良性冲突,从而提升高层梯队的决策绩效。

7.2.3　注重高层梯队特征内部动态演进过程中对企业绩效的影响

首先,震荡期与规范期的高管团队传记性特征从显性角度影响着企业绩效,而高管团队价值观和高管团队的隐性能力从隐性层面影响着企业绩效,并且影响效果不容忽视。隐性能力越强的高管领导者,其协调管理能力越强,越能有效地提高企业生产运营效率,有助于提高企业绩效,并且只有隐性能力强的高管团队才能做到有效沟通,充分利用资源,完成企业目标。反之,隐性能力低的高管团队,由于高管成员的管理能力弱,素质偏低,管理效率低下,许多资源都无法得到妥当利用,企业运营问题不断,企业绩效也会相应偏低[1]。另外,高管团队价值观在一定程度上也影响着高管团队隐性能力的作用的发挥,而它们均会受到高管团队传记性特征的影响。

其次,在震荡期和规范期高管团队传记性特征、隐性特征均对企业绩效有显著的影响,但是高管团队在震荡期,隐性特征的作用并不如显性特征的影响来的大,而到了规范期,隐性特征的作用日益凸显,甚至超过了显性特征的作用。这也就说明了隐性特征的作用并不是一成不变的,而是一个动态的演进过程,在团队周期的不同时期显现出不同程度的作用。

综上所述,在高管团队的演进过程中,特别是震荡期与规范期,高管团队隐性特征与企业绩效的关系不容忽视。在团队发展过程中,我们需要在关注高管团队传记性特征的同时,密切注意潜在的隐性特征的作用,不断提高团队成员的凝聚力、责任感、诚信精神、合作精神,培养领导者的管理能力、决策能力、学习能力、创新能力和沟通能力,这样才能从整体上发挥高管团队的作用,提高企业绩效。

7.2.4　注重高层梯队冲突中团队自反性的影响

第一，高层梯队情感自反性对认知冲突与情感冲突之间关系具有显著的调节作用。高情感自反性可以影响信息解释的方式，从而干预认知冲突向情感冲突转化的可能。情感自反性高的团队能够提供了一种安全的氛围，使得团队成员更愿意发表自己的想法，公开交流，而不惧怕造成人际关系紧张。相反地，在情感自反性程度低的团队中，团队成员缺乏坦诚，人际关系复杂，极易产生情感冲突，团队成员也因此不敢用公开发表真实的意见。在管理实践中，除加强成员间的情感投资和人际关系以及向心力的培养，同时应积极处理成员间的情感冲突问题。通过增强成员属于群体身份的认同和成员间有效沟通，从而形成成员的归属感和成员对组织的承诺。

第二，高层梯队认知自反性对认知冲突与决策绩效之间关系具有正向加强的作用。认知自反性程度高的团队鼓励不同的观点和不同的声音，有利于团队实现最优的"信息加工"。此外，认知自反性程度高的团队足够重视对外部动态复杂环境的审视，开展公开反思，能够对团队目标、策略和工作方法做出调整，从而增强战略决策与环境复杂性和不确定性的匹配程度。在管理实践中，首先，高层梯队应对企业自身的优势和劣势有明确的认识，充分运用团队成员的专业知识和技能，以提高决策绩效。其次，高层梯队应重视不同意见，鼓励建设性争论，通过多方激荡和质疑去除思考死角，并通过加强团队目标和环境的审视，找到最佳决策方案。此外，高层梯队还应鼓励团队成员加强交流和合作，积极地从团队工作结果和以往经验中获得养分。

第三，高层梯队认知自反性与工作任务相关，而高层梯队情感自反性与情感相联系。高层梯队认知自反性对增强认知冲突与决策绩效之间的正向影响关系具有积极作用，而高层梯队情感自反性可削减高层梯队认知冲突向情感冲突转变的可能性。因此，只有同时具备高程度的认知、情感自反性的团队才能够有效激发高层梯队认知冲突的功能性作用，同时消除其非功能性作用，为获得高水平的企业战略决策绩效保驾护航。在管理实践中，团队领导人应该同时注意团队认知自反性与情感自反性的培养，两者缺一不可。

第四，高层梯队成员教育水平、任期异质性和职业背景异质性对认知自反性产生显著的正向影响作用，而高层梯队成员年龄异质性对认知自反性产生显著的负向影响作用。高层梯队成员教育水平影响到团队成员组织、分享、创造和吸收知识的能力，又影响到团队对过往决策绩效的评价与思考，以及采取行动措施以适应环境的能力，且团队成员教育水平确实可提高关键性争论和复杂问题的解决能力。高层梯队成员任期异质性可以为团队增加各种各样的信息，可以以不同的以社会经验和组织经验为基础从而形成多样化观点，这将有利于创造新知识，从而有利于团队认知自反性。高层梯队成员在职业背景方面越是具有异质性，就越会产生多样化的信息，因而具有良好的团队效能，越有利于对过往绩效、组织内外部环境展开评估与思考，并有利于团队成员展开争论，提供多样化的信息，对认知相关信息进行思考与甄别。高层梯队成员年龄异质性对认知自反性产生显著的负向影响作用，处于同一年龄段的高层管理者往往具有相似的经历和相近的价值观与信仰，他们之间的关系更趋融合，交流更为频繁有效，合作也将更为顺利，年龄差异性大的高层管理者之间更容易产生非功能性冲突，难以达成一致性意见和有效沟通。因此，研究结果给出的管理启示如下：对于企业高层梯队构成特征可能给团队认知自反性带来的负面效应，高层梯队成员应该意识到这种消极影响，并通过团队成员间的有效沟通和配合工作以提高认知自反性水平，进而提高团队效能。

第五，信任管理对于提高团队效能具有核心地位。基于高层梯队信任而产生的心理安全可增加团队成员对过往错误展开评审与思考，而且高层梯队团队成员对彼此间的能力、情感以及团队制度上的信任可以导致团队成员勇于对错误和败绩展开讨论，并对其进行调整与修正。在管理实践中，应培育高层梯队制度信任和成员间的情感信任与认知信任。

第六，通过高层梯队冲突管理加强情感自反性。合作型冲突管理方式以合作性为目标，促使矛盾双方互相交换信息，敞开心扉地讨论，从而做出一定的让步，达到双方利益最大化的目的，这一个过程也改善了矛盾双方的人际关系，从而有利于提高团队情感自反性。竞争型冲突管理方式导致矛盾双方的一方获利，而另一方失势。这种冲突管理方式导致人际关系进一步地紧张，失势的一方情绪低落，不再发表不同意见，也不愿意沟通，甚至出现离职的可能，因此削弱了团队情感自反性。中国属于集体主义文化，鼓励合作，这是有利于提高团队成员间情感自反性的有利因素。但是，中国文化对于和谐的重视，讲求"面子"工程，当出现人际冲突时，更倾向于回避，这种回避的冲突管理方式并没有实质性地解决问题，反而增加了矛盾双方人际关系的紧张程度，从而削减了团队情感自反性。因此，规范高层梯队冲突管理程序，提高冲突管理的能力，会有助于提高团队情感自反性。

第七，团队自反性行为是团队主动信息加工方式，影响着人们的判断与选择。增加团队自反性行为有助于决策群体对内外部动态复杂环境审视，有利于展开公开反思，做出行动调整，以及增强知识的共享和交流，引领成员对复杂事物的理解力和创造力。因此，在高层梯队实践中，应注重团队自反性行为对决策绩效的影响机制，开发合理的团队自反性行为决策程序，以期提高团队的决策绩效水平。

7.3　研究局限与展望

7.3.1　研究局限

第一，有关问卷的设计，本书针对董事会与高管团队截面互动、高层梯队特征断层、高层梯队隐性特征的内部动态演进过程、高层梯队冲突中团队自反性四个部分的研究，设计调查问卷有三套，由于各个部分是分散研究的，没有用统一的调查问卷，另外，有些问卷的设计主观性评价的具体测量指标的制定存在一定的随意性。例如，董事会与高管团队截面互动和高层梯队断层的问卷中隐性特征只是考虑了个性心理特征；基于团队生命周期的高层梯队隐性特征的内部演进过程只是考虑了震荡期和规范期，而有关形成期和执行期的测量题项并没有涉及。

第二，尽管研究采用匿名问卷并确保被测者资料的机密性，但不可避免地存在社会称许性偏见效应，另外，采取自我报告数据的方法容易导致同源误差问题。同源误差问题导致变量间协方差数据不能体现客观规律，从而无法反应变量间的真实关系。但有研究认为，企业高层管理人员具有丰富知识和管理经验能够做出良好的判断，因此同源方差问题并不严重。

第三，本书的数据主要来自上海、浙江、江苏、安徽等地区，尽管具有代表性，但还是有可能受到地域文化的影响，因此，研究结论不一定具有广泛的适用性。

7.3.2　研究展望

第一，高层梯队特征对董事会与高管团队截面互动的影响有待进一步的研究，尤其是高层梯队隐性特征对高层梯队团队过程及决策绩效的关系还有进一步研究的空间，如高层梯队的认知、价值观、动机对团队过程、企业行为及企业结果的影响。另外，基于团队生命周期的高层梯队隐性特征演进过程中对决策绩效及企业绩效也有进一步研究的空间，如在形成期、执行期高层梯队的特征对决策绩效及企业绩效的影响。

第二，未来的研究有必要考察高层梯队冲突、团队自反性阶段演化对战略决策绩效的影响，加深对因果关系的理解。高层梯队认知冲突与情感冲突之间因果关系需要进一步研究，尽管认为认知冲突可导致情感冲突，但同样道理，情感冲突也极易促使团队成员产生动机去对别人的意见和观点展开批评，从而导致认知冲突。未来的研究应该注意认知冲突与情感冲突之间的潜在转化关系，从而可进一步考察高层梯队认知冲突、情感冲突、团队自反性对企业战略决策绩效的影响机制。

第三，CEO 在高层梯队中占据主导地位，对团队自反性行为可能产生重要的影响。未来研究应该关注 CEO 领导风格、权威和能力等因素对高层梯队冲突、团队自反性与企业战略决策间关系的影响作用。

参 考 文 献

岸良裕司. 2010. 高德拉特问题解决法. 包立志，董珍珍译. 北京：中国人民大学出版社.

毕鹏程，席酉民，王益谊. 2005. 群体发展过程中的群体思维演变研究. 预测，24（3）：1-7.

布雷姆 S，米勒 R，珀尔曼 D. 2005. 亲密关系. 郭辉，肖斌，刘煜译. 北京：人民邮电出版社.

陈灿，叶敏. 2006. 信任与战略决策绩效：对中国家族企业高层管理团队的一个实证研究[J]. 商业经济与管理，（8）：23-28.

陈传明，陈松涛. 2007. 高层管理团队战略调整能力研究——认知的视角. 江海学刊，50（1）：213-219.

陈军，刘莉. 2006. 上市公司董事会特征与公司业绩关系研究. 软科学，（11）：101-108.

陈璐. 2011. CEO家长式领导行为对高管团队决策效果的影响机制研究. 电子科技大学博士学位论文.

陈璐，杨百演，井润田，等. 2010. 家长式领导、冲突与高层管理团队战略决策效果的关系研究. 南开管理评论，13（5）：4-11.

陈云. 2008. 企业高层管理团队冲突研究. 武汉理工大学博士学位论文.

迪尔登 C，福斯特 M. 1998. 组织管理决策. 罗薇华，罗秋菊，译. 上海：上海远东出版社.

杜运周，陈忠卫. 2009. 高管冲突与团队决策绩效——基于控制模式的调节分析. 管理科学，22（4）：31-40.

段锦云. 2008. 基于认知惰性的创业风险决策框架效应双维认知机制研究. 浙江大学博士学位论文.

高静美，郭劲光. 2006. 高层管理团队（TMT）的人口特征学方法与社会认知方法的比较研究. 国外社会科学，（6）：39-46.

葛玉辉. 2009. 高管团队认知与组织绩效作用机制的研究拓展. 企业经济，（8）：5-8.

龚辉锋. 2011. 上市公司董事会特征与公司绩效的关系的实证研究. 商业研究，（10）：56-62.

古家军. 2010. 企业高管团队战略决策机制权变整合模型的构建. 科技进步与对策，27（20）：149-152.

古家军，胡蓓. 2008. 企业高层管理团队特征异质性对战略决策的影响——基于中国民营企业的实证研究. 管理工程学报，22（3）：30-35.

郭永正. 2006. 科学合作年龄结构的强度分布——我国控制理论案例研究. 科学学与科学技术管理，27（4）：127-131.

韩立丰，王重鸣，许智文. 2010. 群体多样性研究的理论述评——基于群体断层理论的反思. 心理科学进展，18（2）：374-384.

贺远琼，田志龙，陈昀. 2008. 环境不确定性、企业高层管理者社会资本与企业绩效关系的实证研究. 管理学报，5（3）：423.

赫尔雷格尔 D，斯洛克姆 JW，伍德曼 RM. 2000. 组织行为学. 俞文钊，丁彪等译. 第九版. 上海：华东师范大学出版社.

侯杰泰，温忠麟，成子娟. 2004. 结构方程模型及其应用. 北京：经济科学出版社.

黄芳铭. 2005. 结构方程模式：理论与应用. 北京：中国税务出版社.

江维琳，李琪琦，向锐. 2005. 董事会特征与公司盈余水平管理. 软科学，（5）：142-144.

焦长勇，项保华. 2003. 企业高层管理团队特性及构建研究. 自然辩证法通讯，25（2）：57-62.

柯江林，孙健敏，张必武. 2006. 我国上市公司高管团队成员的离职原区——基于人口特征差距的解释及经验研究. 经济管理，（23）：55-60.

郎淳刚，曹碹玮. 2007. 团队反思对创新项目团队绩效的作用研究. 科学学与科学技术管理，9（28）：189-211.

郎淳刚，席西民. 2007. 信任对管理团队决策过程和结果影响实证研究. 科学学与科学技术管理，28（8）：170-174.

李华晶，张玉利. 2006. 高管团队特征与企业创新关系的实证研究——以科技型中小企业为例. 商业经济与管理，（5）：9-13.

李金早，许晓明. 2008. 高阶管理理论及其完善与拓展. 外国经济与管理，30（10）：8-16.

李胜楠，牛建波. 2009. 家族企业董事会规模价值再研究. 经济管理，（2）：120-125.

刘胜强，刘星. 2010. 董事会规模对企业投资行为的影响研究. 科学管理研究，（6）：82-86.

柳洲. 2007. 后现代经济的本质：广义符号经济. 经济学家，（1）：17-24.

罗珉. 2004. 企业内部市场：理论，要素及变革趋势. 中国工业经济，（10）：59-68.

马骏，席西民，曾宪聚. 2007. 战略的选择：管理认知与经验搜索. 科学学与科学技术管理，（5）：114-119.

彭正龙，陶然. 2009. 基于团队认知能力的知识转移影响机制研究. 管理工程学报，23（3）：12-15.

秦辉，卢红旭. 2011. 高层管理团队冲突研究. 现代经济（现代物业中旬刊)，10（6）：89-90.

屈锡华. 2005. 管理社会学. 成都：电子科技大学出版社.

任平. 1992. 广义认识论原理. 南京：江苏人民出版社.

邵少敏，吴沧谰，林伟. 2004. 独立董事和董事会结构，股权结构研究：以浙江省上市公司为例. 世界经济，27（2）：66-78.

宋增基，卢溢洪，张宗益. 2009. 董事会规模、内生性与公司绩效研究. 管理学报，（2）：213-221.

孙海法，伍晓奕. 2003. 企业高层管理团队研究的进展. 管理科学学报，6（4）：82-89.

孙海法，刘海山. 2007. 高管团队价值观、团队氛围对冲突的影响. 商业经济与管理，（12）:32-38.

孙海法，姚振华，严茂胜. 2006. 高管团队人口统计特征对纺织和信息技术公司经营绩效的影响. 南开管理评论，9（6）：61-67.

汤普森 L L. 2007. 创建团队. 方海萍，等译. 北京：中国人民大学出版社.

唐宁玉，王重鸣. 2007. 虚拟团队学习效能研究：社会认知因素的影响. 心理科学，30（1）：227-231.

汪丁丁. 2001. 记住"未来"：经济学家的知识社会学. 北京：社会科学文献出版社.

王登峰，崔红. 2008. 领导干部的人格特点与工作绩效的关系：QZPS与NEOPI-R的比较. 心理学报，40（7）：828-838.

王凡俊，李国栋. 2011. 基于高阶梯队理论的董事会背景特征价值效应研究. 现代管理科学，（11）：49-51.

王国锋，李懋，井润田. 2007. 高管团队冲突、凝聚力与决策质量的实证研究. 南开管理评论，10（5）：89-93.

王敏，张志学. 2007. 谨防团队决策中的虚假共识. 北大商业评论，（2）：16-20.

王重鸣，刘学方. 2007. 高管团队内聚力对家族企业继承绩效影响实证研究. 管理世界，（10）：84-98.

魏立群，王智慧. 2002. 我国上市公司高管特征与企业绩效的实证研究. 南开管理评论，（4）：16-22.

肖久灵. 2006. 企业高层管理团队的组成特征对团队效能影响的实证研究. 财贸研究, (2): 112-117.

谢风华, 姚先国, 古家军. 2008. 高层管理团队异质性与企业技术创新绩效关系的实证研究. 科研管理, 29 (6): 65-73.

谢洪明. 2005. 市场导向、组织学习与组织绩效的关系研究. 科学学研究, (4): 517-524.

徐家良. 2009. 公共政策分析引论. 北京: 北京师范大学出版社.

杨卫忠, 葛玉辉. 2011. 团队自反性案例研究. 中国人力资源开发, (11): 65-68.

姚振华, 孙海法. 2011. 高管团队组成特征、沟通频率与组织绩效的关系. 软科学, 25 (6): 64-69.

于东智, 池国华. 2004. 董事会规模、稳定性与公司绩效: 理论与经验分析. 经济研究, (4): 70-79.

张龙, 刘洪. 2009. 高管团队中垂直对人口特征差异对高管离职的影响. 管理世界, (4): 108-118.

张平. 2005. 我国上市公司高层管理团队异质性与企业绩效的关系研究. 华南理工大学博士学位论文.

张平. 2007. 高层管理团队的异质性与企业绩效的实证研究. 管理学报, 4 (4): 501-508.

张文勤, 石金涛. 2009. 研发主管目标取向对创新气氛与创新行为影响的实证研究. 科学学研究, (3): 459-465.

张文勤, 刘云. 2011. 研发团队反思的结构检验及其对团队效能与效率的影响. 南开管理评论, 14 (3): 26-33.

朱振伟, 金占明. 2010. 战略决策过程中决策、决策团队与程序理性的实证研究. 南开管理评论, (1): 4-14, 29.

Aiken L S, West S G. 1991. Multiple Regression: Testing and Interpreting Interactions. Thousand Oaks: SAGE.

Alper S, Tjosvold D, Law K S. 2000. Conflict management, efficacy, and performance in organizational teams. Personnel Psychology, 53 (3): 625-642.

Amason A C. 1996. Distinguishing the effects of functional and dysfunctional conflict on strategic decision making: resolving a paradox for top management teams. Academy of Management Journal, 39 (1): 123-148.

Amason A C, Mooney A C. 1999. The effects of past performance on top management team conflict in strategic decision making. The International Journal of Conflict Management, 10 (4): 340-359.

Anderson D W, Melanson S J, Maly J. 2007. The evolution of corporate governance: power redistribution brings boards to life. Corporate Governance: An International Review, 15 (5): 780-797.

Ashby W R. 1958. Requisite variety and its implications for the control of complex systems. Cybernetica, 1 (2): 83-99.

Atuahene-Gima K, Li H. 2004. Strategic decision comprehensiveness and new product development outcomes in new technology ventures. The Academy of Management Journal, 47 (4): 583-597.

Auh S, Menguc B. 2005. Top management team diversity and innovativeness: the moderating role of interfunctional coordination. Industrial Marketing Management, 34 (3): 249-261.

Baliga B, Moyer R C, Rao R S. 1996. CEO duality and firm performance: what's the fuss? Strategic Management Journal, 17 (1): 41-53.

Bantel K A. 1994. Strategic planning openness: the role of top team demography. Group & Organization Management, 19 (4): 406-424.

Bantel K A, Jackson S E. 1989. Top management and innovations in banking: does the composition of the top team make a difference? Strategic Management Journal, 10 (S1): 107-124.

Barkema H G, Shvyrkov O. 2007. Does top management team diversity promote or hamper foreign expansion? Strategic Management Journal, 28 (7): 663-680.

Barnard C I. 1938. The Functions of the Executive. Cambridge: Harvard University.

Barney J. 1991. Firm resources and sustained competitive advantage. Journal of Management, 17 (1): 99.

Baron R A. 1989. Personality and organizational conflict: effects of the type a behavior pattern and self-monitoring. Organizational Behavior and Human Decision Processes, 44 (2): 281-296.

Barrick M R, Mount M K. 1991. The big 5 personality dimensions and job-Performance: a meta-analysis. Personnel Psychology, 44 (1): 1-26.

Barroso C, de La Concha M D, Gravel J D V, et al. 2009. Does the team leverage the board's decision? Corporate Governance: An International Review, 17 (6): 744-761.

Barry B, Stewart G L. 1997. Composition, process, and performance in self-managed groups: the role of personality. Journal of Applied Psychology, 82 (1): 62-78.

Berger, Luckmann H. 1989. Social Construction of Reality. 3rd ed.Paris: de Minuit.

Bezrukova K, Jehn K A, Zanutto E L, et al. 2009. Do workgroup faultlines help or hurt? A moderated model of faultlines, team identification, and group performance. Organization Science, 20(1): 35-50.

Billups J O. 1987. Interprofessional team process. Theory Into Practice, 26 (2): 146-152.

Blau P M. 1977. Inequality and Heterogeneity. New York: Free Press.

Blumer H. 1986. Symbolic Interactionism: Perspective and Method. University of California Press.

Bollen K A, Hoyle R H. 1990. Perceived cohesion: a conceptual and empirical examination. Social Forces, 2 (69): 479-504.

Bossidy L, Charan R, Burck C. 2011. Execution: The Discipline of Getting Things Done. Random House Business Books.

Botwin M D, Buss D M, Shackelford T K. 1997. Personality and mate preferences: five factors in mate selection and marital satisfaction. Journal of Personality, 65 (1): 107-136.

Bowers C A, Pharmer J A, Salas E. 2000. When member homogeneity is needed in work teams. Small Group Research, 31 (3): 305.

Bradach J L, Eccles R E. 1989. Price, authority and trust :from ideal types to plural forms. Annual Review of Sociology, 15: 97-118.

Brammer S, Millington A, Pavelin S. 2007. Gender and ethnic diversity among UK corporate boards. Corporate Governance: An International Review, 15 (2): 393-403.

Brandstater E, Gigerenzer G, Hertwig R. 2006. The priority heuristic: making choices without trade-offs. Psychological Review, 113 (2): 409-432.

Brew F P, Cairns D R. 2004. Styles of managing interpersonal workplace conflict in relation to status and face concerns: a study with Anglos and Chinese. The International Journal of Conflict Management, 15 (1): 27.

Brush C G, Manolova T S, Edelman L F. 2008. Properties of emerging organizations: an empirical test. Journal of Business Venturing, 23 (5): 547-566.

Burgers J H, Jansen J, van Den Bosch F, et al. 2009. Structural differentiation and corporate venturing: the moderating role of formal and informal integration mechanisms. Journal of Business Venturing, 24 (3): 206-220.

Buyl T, Boone C, Hendriks W, et al. 2011. Top management team functional diversity and firm performance: the moderating role of CEO characteristics. Journal of Management Studies, 48(1): 151-177.

Byrne D, Clore G L. 1970. A reinforcement model of evaluative processes. Personality: An

International Journal, 1: 103-128.

Cable D M, Judge T A. 1997. Interviewers' perceptions of person-organization fit and organizational selection decisions. Journal of Applied Psychology, 82（4）: 546.

Callon M. 1980. Struggles and negotiations to define what is problematic and what is not: the socio-logic of translation. The Social Process of Scientific Investigation, 4: 197-219.

Camelo-Ordaz C, Hernandez-Lara A B, Valle-Cabrera R. 2005. The relationship between top management teams and innovative capacity in companies. Journal of Management Development, 24（8）, 683- 705.

Cannella A A, Holcomb T R. 2005. A multilevel analysis of the upper-echelons model. Research in multilevel issues, Dansereau A, Yammarino F J, Oxford: 4, 197-237.

Cannella A A, Park J H, Lee H U. 2008. Top management team functional background diversity and firm performance: examining the roles of team member colocation and environmental uncertainty. Academy of Management Journal, 51（4）: 768-784.

Cappelli P, Sherer P D. 1991. The missing role of context in Ob: the need for a meso-level approach. Research in Organizational Behavior, 13: 55-110.

Carmeli A, Tishler A, Edmondson A C. 2012. CEO relational leadership and strategic decision quality in top management teams: the role of team trust and learning form failure. Strategic Organization, 10（1）: 31-54.

Carpenter M A, Fredrickson J W. 2001. Top management teams, global strategic posture, and the moderating role of uncertainty. Academy of Management Journal, 44（3）: 533-545.

Carpenter M A, Geletkanycz M A, Sanders W G. 2004. Upper echelons research revisited: antecedents, elements, and consequences of top management team composition. Journal of Management, 30（6）: 749-778.

Carter S, West M A. 1998. Reflexivity, effectiveness, and mental health in BBC-TV production teams. Small Group Research, 29（5）: 583-601.

Castro C B, de La Concha M D, Gravel J V, et al. 2009. Does the team leverage the board's decisions? Corporate Governance: An International Review, 17（6）: 744-761.

Chen H L. 2011. Does board independence influence the top management team? Evidence from strategic decisions toward internationalization. Corporate Governance: An International Review, 19（4）: 334-350.

Chi N W, Huang Y M, Lin S C. 2009. A double-edged sword? Exploring the curvilinear relationship between organizational tenure diversity and team innovation: the moderating role of team-oriented Hr practices. Group & Organization Management, 34（6）: 698-726.

Chiang M H, Lin J H. 2007. The relationship between corporate governance and firm productivity: evidence from Taiwan's manufacturing firms. Corporate Governance: An International Review, （5）: 768-779.

Child J. 1972. Organizational structure, environment and performance: the role of strategic choice. Sociology, 6（1）: 1.

Child J. 1974. Managerial and organizational factors associated with company performance Part I. Journal of Management Studies, 11（3）: 175-189.

Chowdhury S. 2005. Demographic diversity for building an effective entrepreneurial team: is it important? Journal of Business Venturing, 20（6）: 727-746.

Clegg C, Unsworth K, Epitropaki O. 2002. Implicating rust in the innovation process. Journal of Occupational and Organizational Psychology, 75（4）: 409-422.

Cleveland J N, Shore L M. 1992. Self-and supervisory perspectives on age and work attitudes and performance. Journal of Applied Psychology, 77（4）: 469.

Cohen W M, Levinthal D A. 1990. Absorptive capacity: a new perspective on learning and innovation. Administrative Science Quarterly: 128-152.

Coles D, Daniel N, Naveen L. 2008. Boards: does one size fit all? Journal of Financial Economics, (1): 329-356.

Combs J G, Ketchen D J, Perryman A A, et al. 2007. The moderating effect of CEO power on the board composition-firm performance relationship. Journal of Management Studies, 44 (8): 1299-1323.

Condon J W, Crano W D. 1988. Inferred evaluation and the relation between attitude similarity and interpersonal attraction. Journal of Personality and Social Psychology, 54 (5): 789-797.

Coser L A. 1956. The Functions of Social Conflict. New York: Free Press.

Costa P T, McCrae R R. 1992. Revised Neo Personality Inventory(NEO-PI-R)and NEO Five-Factor Inventory (NEO-FFI). Psychological Assessment Resources.

Crossland C, Hambrick D C. 2007. How national systems differ in their constraints on corporate executives: a study of CEO effects in three countries. Strategic Management Journal, 28 (8): 767-789.

Cruz J G, Costa-Silva S. 2004. Trust: theoretical framework and underlying disciplines, conceptualization, antecedents and consequences. St Andrews, Scotland: EURAM - European Academy of Management.

Cyert R M, March J G. 1963. A Behavioural Theory of the Firm. Englewood Cliffs: Prentice-Hall.

Daft C M W, Briggs G A D, O' Brien W D J. 1988. Frequency dependence of tissue attenuation measured by a coustic microscopy. IEEE Ultrasonics Symposium, 85 (5): 971-974.

Daily C M, Johnson J L, Dalton D R. 1999. On the measurements of board composition: poor consistency and a serious mismatch of theory and operationalization. Decision Sciences, 30(1): 83-106.

Dalton D R, Daily C M, Johnson J L, et al. 1999. Number of directors and financial performance: a meta-analysis. Academy of Management Journal, 42 (6): 674-686.

Dalton D R, Daily C M, Certo S T, et al. 2003. Meta-analyses of financial performance and equity: fusion or confusion? Academy of Management Journal, 46 (1): 13-26.

Dane E, Pratt M G. 2007. Exploring intuition and its role in managerial decision making. The Academy of Management Review Archive, 32 (1): 33-54.

de Dreu C K W. 2002. Team innovation and team effectiveness: the importance of minority dissent and reflexivity. European Journal of Work and Organizational Psychology, 11 (3): 285-298.

de Dreu C K W. 2007. Cooperative outcome interdependence, task reflexivity, and team effectiveness: a motivated information processing perspective. Journal of Applied Psychology, 92 (3): 628-638.

de Dreu C K W, van Vianen A E M. 2001. Managing relationship conflict and the effectiveness of organizational teams. Journal of Organizational Behavior, 22 (3), 309-328.

de Dreu C K W, Weingart L. 2003. Task versus relationship conflict, team performance, and team member satisfaction: a meta-analysis. Journal of Applied Psychology, 88 (4): 741-749.

Dess G G, Lumpkin G T, Taylor M L. 2004. Strategic Management: Text and Cases. New York: McGraw Hill, Irwin.

DiMaggio P. 1979. DiMaggio review essay on Pierre Bourdieu. American Journal of Sociology, 84: 1460-1474.

Dimitratos P, Petrou A, Plakoyiannaki E, et al. 2011. Strategic decision-making processes in internationalization: does national culture of the focal firm matter? Journal of World Business, 46 (2): 194-204.

Dooley R S, Fryxell G E. 1999. Attaining decision quality and commitment from dissent: the moderating effects of loyalty and competence in strategic decision-making teams. Academy of Management Journal: 389-402.

Dryer D C, Horowitz L M. 1997. When do opposites attract? Interpersonal complementarity versus similarity. Journal of Personality and Social Psychology, 72 (3): 592.

Eisenhardt K M. 1989. Building theories from case study research. Academy of Management Review, 14 (4): 532-550.

Eisenhardt K M, Bourgeois Iii L J. 1988. Politics of strategic decision making in high-velocity environments: toward a midrange theory. Academy of Management Journal, 31 (4): 737-770.

Eisenhardt K M, Kahwajy J L, Bourgeois L J. 1997. Conflict and strategic choice: how top management teams disagree. California Management Review, 39: 42-62.

Ensley M D, Pearson A W, Amason A C. 2002. Understanding the dynamics of new venture top management teams: cohesion, conflict, and new venture performance. Journal of Business Venturing, 17 (4): 365-386.

Facchin S, Tschan F. 2007. The reflective group: group reflexivity enhances team performance sometimes. Zurich: 10th Congress of the Swiss Society of Psychology.

Fama E F. 1980. Agency problems and the theory of the firm. The Journal of Political Economy, 88(2): 288-307.

Farh J L, Tsui A S, Xin K, et al. 1998. The influence of relational demography and guanxi: the chinese case. Organization Science, 9 (4): 471-488.

Farrell J, Flood P, Mac Curtain S, et al. 2004. CEO leadership, top team trust and the combination and exchange of information. Irish Journal of Management, 26 (1): 22-40.

Finkelstein S. 1992. Power in top management teams: dimensions, measurement, and validation. The Academy of Management Journal, 35 (3): 505-538.

Finkelstein S, Hambrick D C. 1990. Top-management-team tenure and organizational outcomes-the moderating role of managerial discretion. Administrative Science Quarterly, 35 (3): 484-503.

Finkelstein S, Hambrick D C. 1996. Strategic Leadership: Top Executives and Their Effects on Organizations. St. Paul. West Publishing Company.

Flache A, Mäs M. 2008. How to get the timing right. a computational model of the effects of the timing of contacts on team cohesion in demographically diverse teams. Computational and Mathematical Organization Theory, 14 (1): 23-51.

Follett M P. 1940. Constructive conflict// Metcalf H C, Urwick L. Dynamic Administration: The Collected Papers of Mary Parker Foller. New York: Harper & Row: 30-39.

Francoeur C, Labelle R, Sinclair-Desgagne B. 2008. Gender diversity in corporate governance and top management. Journal of Business Ethics, 81 (1): 83-95.

Fredrickson J W. 1984. The comprehensiveness of strategic decision processes: extension, observations, future directions. Academy of Management Journal: 445-466.

Gaertner S L, Dovidio J F. 2000. Reducing intergroup bias: the common ingroup identity model. psychology project.

Ge Y H, Yang W Z. 2011. A review on the top management team reflexivity influencing strategic decision outcomes. African Journal of Business Management, 5 (35): 13442-13448.

Gibcus P, Vermeulen P A M, Radulova E. 2008. The decision-making entrepreneur: a literature review. //Vermeulen P A M, Curşeu P L .Entrepreneurial Strategic Decision-Making: A Cognitive Perspective.

Ginkel W V, Tindale R S, Knippenberg D V. 2009. Team reflexivity, development of shared task representations, and the use of distributed information in group decision making. Group Dynamics: Theory, Research, and Practice, 13 (4): 265-280.

Goldberg C B, Riordan C, Schaffer B S. 2010. Does social identity theory underlie relational demography? a test of the moderating effects of uncertainty reduction and status enhancement on similarity effects. Human Relations, 63（7）：903.

Golden B R, Zajac E J. 2001. When will boards influence strategy? Inclination×power= strategic change. Strategic Management Journal, 22（12）：1087-1111.

Goll I, Johnson N B, Rasheed A A. 2008. Top management team demographic characteristics, business strategy, and firm performance in the Us airline industry-the role of managerial discretion. Management Decision, 46（1~2）：201-222.

Gully S M, Incalaterra K A, Joshi A, et al. 2002. A meta-analysis of team-efficacy, potency, and performance：interdependence and level of analysis as moderators of observed relationships. Journal of Applied Psychology, 87（5）：819.

Haleblian J, Finkelstein S. 1993. Top management team size, ceo dominance, and firm performance-the moderating roles of environmental turbulence and discretion. Academy of Management Journal, 36（4）：844-863.

Hambrick D C. 1994. Top management groups：a conceptual integration and reconsideration of the team label// Staw B M, Cummings L L. Organizational.Greenwich：JAI Press：171-214.

Hambrick D C. 1995. Fragmentation and the other problems CEOs have with their top management teams. California Management Review, 37（3）：110-127.

Hambrick D C, Mason P A. 1984. Upper echelons：the organization as a reflection of its top managers. The Academy of Management Review, 9（2）：193-206.

Hambrick D C, Finkelstein S. 1987. Managerial discretion：A bridge between polar views of organizational Outcomes. Research in Organizational Behavior.

Hambrick D C, D' Aveni R. 1992. Top team deterioration as part of the downward spiral of large corporate bankruptcies. Management Science, 38（10）：1445-1466.

Hambrick D C, Cho T S, Chen M J. 1996. The influence of top management team heterogeneity on firms' competitive moves. Administrative Science Quarterly, 41（4）：659-684.

Hammedi W, van Riel Allard C R, Sasovova Z. 2007. Reflexivity in the screening stage of the innovation process. Vienna：23rd EGOS Colloquium.

Harrison D A, Price K H, Bell M P. 1998. Beyond relational demography：time and the effects of surface-and deep-level diversity on work group cohesion. Academy of Management Journal, 41（1）：96-107.

Harrison D A, Price K H, Gavin J H, et al. 2002. Time, teams, and task performance：changing effects of surface-and deep-level diversity on group functioning. Academy of Management Journal：1029-1045.

Haunschild P R, Miner A S. 1997. Modes of interorganizational imitation：the effects of outcome salience and uncertainty. Administrative Science Quarterly, 42：472-500.

Hendry K, Kiel G C. 2004. The role of the board in firm strategy：integrating agency and organisational control perspectives. Corporate Governance：An International Review, 12（4）：500-520.

Herzog V L. 2001. Trust building on corporate collaborative teams. Project Management Journal, 32（1）：38-37.

Hillman A J,Cannella A A,Paetzold R L. 2000. The resource dependence role of corporate directors：strategic adaptation of board composition in response to environmental change. Journal of Management Studies, 37（2）：235-256.

Hillman A J, Shropshire C, Cannella A A. 2007. Organizational predictors of women on corporate boards. The Academy of Management Journal Archive, 50（4）：941-952.

Hirst G, Mann L. 2004. A model of r & d leadership and team communication: the relationship with project performance. R & D Management, 34 (2): 147-160.

Hitt M A, Tyler B B. 1991. Strategic decision models: integrating different perspectives. Strategic Management Journal, 12 (5): 327-351.

Hmieleski K M, Ensley M D. 2007. A contextual examination of new venture performance: entrepreneur leadership behavior, top management team heterogeneity, and environmental dynamism. Journal of Organizational Behavior, 28 (7): 865-889.

Hoegl M, Parboteeah K P. 2006. Team reflexivity in innovative projects. Research & Development Management, 36 (2): 113-125.

Hofstede G. 1994. Management scientists are human. Management Science: 4-13.

Hofstein S. 1964. The nature of process: its implications for social work. Journal of Social Work Process, 14: 13-53.

Hogg M A. 2006. Social identity theory. Contemporary Social Psychological Theories: 111-136.

Hogg M A. 2008. Personality, individuality, and social identity. Personality and Social Behavior: 177-196.

Hogg M A, Terry D J. 2000. Social identity and self-categorization processes in organizational contexts. Academy of Management Review, 25 (1): 121-140.

Holland J L. 1973. Making Vocational Choices: A Theory of Careers. Prentice-Hall Englewood Cliffs.

Huang J C. 2010. Unbundling task conflict and relationship conflict: the moderating role of team goal orientation and conflict management. International Journal of Conflict Management, 21 (3): 334-355.

Humblet J. 1971. An essays On "Cadres". International Studies of Management & Organization, 1(1): 8-25.

Ilgen D R, Hollenbeck J R, Johnson M, et al. 2005. Teams in organizations: from input-process-output models to Imoi Models. Annual Review of Psychology, 56 (1): 517-543.

Jackson S E. 1992. Consequences of group composition for the interpersonal dynamics of strategic issue processing. Advances in Strategic Management, 8 (3): 345-382.

Jackson S E, May K E, Whitney K. 1995. Understanding the dynamics of diversity in decision-making teams. Team Effectiveness and Decision Making in Organizations, 204: 261.

Janssen O, van de Vliert E, Veenstra C. 1999. How task and person conflict shape the role of positive interdependence in management teams. Journal of Management, 25 (2): 117.

Jehn K A. 1994. Enhancing effectiveness. An investigation of advantages and disadvantages of value-based intragroup conflict. International Journal of Conflict Management, 5(3): 223-238.

Jehn K A. 1995. A multimethod examination of the benefits and detriments of intragroup conflict. Administrative Science Quarterly, 40 (2): 256-282.

Jehn K, Mannix E. 2001. The dynamic nature of conflict: a longitudinal study of intragroup conflict and group performance. Academy of Management Journal, 44 (2): 238-251.

Jehn K A, Northcraft G B, Neale M A. 1999. Why differences make a difference: a field study of diversity, conflict, and performance in workgroups. Administrative Science Quarterly, 44(4): 741-763.

Jensen M C, Meckling W H. 1976. Theory of the firm: managerial behavior, agency costs and ownership structure. Journal of Financial Economics, 3 (4): 305-360.

John O P. 1990. The "Big Five" Factor Taxonomy: Dimensions of Personality in the Natural Language and in Questionaires//Pervin L. Handbook of Personality. New York: Theory and Research. Guilford Press.

Johns G. 2006. The essential impact of context on organizational behavior. The Academy of Management Review Archive, 31（2）：386-408.

Johnson J L, Daily C M, Ellstrand A E. 1996. Boards of directors: a review and research agenda. Journal of Management, 22（3）：409-438.

Joshi A, Roh H. 2009. The role of context in work team diversity research: a meta-analytic review. Academy of Management Journal, 52：599-628.

Kang H, Cheng M, Gray S J. 2007. Corporate governance and board composition: diversity and independence of australian boards. Journal of Corporate Governance: An International Review, 15（2）：194-207.

Katz R. 1982. The effects of group longevity of project commitment and Performance. Administrative Science Quarterly, 27（1）, 81-104.

Kauer D, Waldeck T, Schaffer U. 2007. Effects of top management team characteristics on strategic decision making-shifting attention to team member personalities and mediating processes. Management Decision, 45（6）：942-967.

Keck S L. 1997. Top management team structure: differential effects by environmental context. Organization Science, 8（2）：143-156.

Knight D, Pearce C L, Smith K G, et al. 1999. Top management team diversity, group process, and strategic consensus. Strategic Management Journal, 20（5）：445-465.

Kor Y Y. 2003. Experience-based top management team competence and sustained growth. Organization Science, 14（6）：707-719.

Korgaard M A, Roberson L. 1995. Procedual justice in performance evaluation: the role of instrumental and non-instumental voice in performance appraisal discussions. Journal of Management, 21（4）：657-669.

Kozlowski S W J, Gully S M, Nason E R, et al. 1999. Developing adaptive teams: a theory of compilation and performance across levels and time. The Changing Nature of Performance: Implications for Staffing, Motivation, and Development: 240-292.

Krishnan H A, Park D. 2005. A few good women——on top management teams. Journal of Business Research, 58（12）：1712-1720.

Lau D C, Murnighan J K. 1998. Demographic diversity and faultlines: the compositional dynamics of organizational groups. Academy of Management Review, 23（2）：325-340.

Lau D C, Murnighan J K. 2005. Interactions within groups and subgroups: the effects of demographic faultlines. Academy of Management Journal, 48（4）：645-659.

Lawrence B S. 1997. The black box of organizational demography. Organization Science, 8（1）：1-22.

Lee P, Gillespie N, Mann L. 2010. Leadership and trust: their effect on knowledge sharing and team performance. Management Learning, 1（4）：473-491.

Lepine J A, Hanson M A, Borman W C, et al. 2000. Contextual Performance and Teamwork: Implications for Staffing.

Lepine J A, Hollenbeck J R, Ilgen D R, et al. 1997. Effects of individual differences on the performance of hierarchical decision-making teams: much more than G. Journal of Applied Psychology, 82（5）：803-811.

Lester R H, Certo S T, Dalton C M, et al. 2006. Initial public offering investor valuations: an examination of top management team prestige and environmental uncertainty. Journal of Small Business Management, 44（1）：1-26.

Letza S, Sun X, Kirkbride J. 2004. Shareholding versus stakeholding: a critical review of corporate governance. Corporate Governance: An International Review, 12（3）：242-262.

Li H Y, Li J. 2009. Top management team conflict and entrepreneurial strategy making in China. Asia Pacific Journal of Management, 26（2）: 263-283.

Li J T, Hambrick D C. 2005. Factional groups: a new vantage on demographic faultlines, conflict, and disintegration in work teams. Academy of Management Journal, 48（5）: 794.

Li J T, Tang Y. 2010. CEO Hubris and firm risk taking in china: the moderating role of managerial discretion. Academy of Management Journal, 53（1）: 45-68.

Li L, NaughtonT. 2007. Going public with good governance: evidence from china. Corporate Governance, （6）: 1190-1202.

Liang X, Priem R, Shaffer M. 2013. Top management team trust, behavioral integration and the performance of international joint ventures. Journal of Asia Business Studies, 7（2）: 99-122.

Ling Y, Kellermanns F W. 2010. The effects of family firm specific sources of TMT diversity: the moderating role of information exchange frequency. Journal of Management Studies, 47（2）: 322-344.

Ling Y, Simsek Z, Lubatkin M H, et al. 2008. Transformational leadership's role in promoting corporate entrepreneurship: examining the ceo-TMT interface. The Academy of Management Journal（Amj）, 51（3）: 557-576.

Loehlin J C. 2013. Latent Variable Models: An Introduction To Factor, Path, and Structural Equation Analysis. Psychology Press.

Lovelace K, Shapiro D L, Weingart L R. 2001. Maximizing cross-functional new product teams' innovativeness and constraint adherence: a conflict communications perspective. Academy of Management Journal: 779-793.

Luthans F, Luthans K W, Lutans B C. 2004. Positive psychological capital: beyond human and social capital. Business Horizone, 47: 45-50.

Lyon D W, Ferrier W J. 2002. Enhancing performance with product-market innovation: the influence of the top management team. Journal of Managerial Issues, 14（4）, 452-470.

MacCurtain S, Flood P C, Ramamoorthy N, et al. 2010. The top management team reflexivity, knowledge sharing and new product performance: a study of the Irish software industry. Creativity and Innovation Management, 19（3）: 219-232.

Macus M. 2008. Board capability: an interactions perspective on boards of directors and firm performance. International Studies of Management and Organization, 38（3）: 98-116.

Madhavan R, Grover R. 1998. From embedded knowledge to embodied knowledge: new product development as knowledge management. Journal of Marketing, 62（4）: 1-12.

Mainiero L A. 1994. Getting anointed for advancement: the case of executive women. Academic Management Execution, 8（2）: 53-67.

March J G, Simon H A. 1958. Organizations with the Collaboration of Harold Gustskow. New York: Wiley illus.

Mayer R C, Davis J H, Schoorman D F. 1995. An integrative model of organizational trust. Academy of Management Review, 20（3）: 709-734.

Mead G H. 1934. Mind. Chicago: University of Chicago Press.

Mechanic D. 1962. Sources of power of lower participants in complex organizations. Administrative Science Quarterly, 7: 349-364.

Michalisin M D, Karau S J, Tangpong C. 2004. The effects of performance and team cohesion on attribution: a longitudinal simulation. Journal of Business Research, 57（10）: 1108-1115.

Michel J G, Hambrick D C. 1992. Diversification posture and top management team characteristics. Academy of Management Journal, 35（1）: 9-37.

Miller C C, Burke L M, Glick W H. 1998. Cognitive diversity among upper echelon executives:

implications for strategic decision processes. Strategic Management Journal, 19: 39-58.

Milliken F J, Martins L L. 1996. Searching for common threads: understanding the multiple effects of diversity in organizational groups. Academy of Management Review, 21 (2): 402-433.

Mohammed S, Angell L C. 2003. Personality heterogeneity in teams. Small Group Research, 34(6): 651-678.

Murray A I. 1989. Top management group heterogeneity and firm performance. Strategic Management Journal, 10 (S1): 125-141.

Myaskovsky L, Unikel E, Dew M A. 2005. Effects of gender diversity on performance and interpersonal behavior in small work groups. Sex Roles, 52 (9): 645-657.

Neuman G A, Wright J. 1999. Team effectiveness: beyond skills and cognitive ability. Journal of Applied Psychology, 84 (3): 376.

Neuman G A, Wagner S H, Christiansen N D. 1999. The relationship between work-team personality composition and the job performance of teams. Group & Organization Management, 24 (1): 28-45.

Newburry W, Yakova N. 2006. Standardization preferences: a function of national culture, work interdependence and local embeddedness. Journal of International Business Studies, 37 (1): 44-60.

Niederle M, Vesterlund L. 2005. Do women shy away from competition? NBER Working Paper.

Nielsen S. 2010. Top management team diversity: a review of theories and methodologies. International Journal of Management Reviews, 12 (3): 301-316.

Norburn D, Birley S. 1988. The top management team and corporate performance. Strategic Management Journal, 9 (3): 225-237.

Ocasio W. 1994. Political dynamics and the circulation of power: ceo succession in us industrial corporations, 1960-1990. Administrative Science Quarterly: 285-312.

Ocasio W. 1997. Towards an attention-based view of the firm. Strategic Management Journal, 18(S1): 187-206.

O' Higgins E. 2002. Nonexecutive directors on boards in ireland: cooption, characteristics and contributions. Corporate Governance, (1): 19-28.

Olson B J, Parayitam S, Twigg N W. 2006. Mediating role of strategic choice between top management team diversity and firm performance: upper echelons theory revisited. Journal of Business & Management, 12 (2): 111-126.

O' Reilly C A, Flatt S F. 1989. Executive team demography, organizational innovation and team performance. Washington: the Academy of Management Conference.

O' Reilly C, Chatman J, Anderson J. 1987. Message flow and decision making// Jablin F, et al Handbook of Organizational Communication: An Interdisciplinary Perspective. Newbury Park: Sage Publication, Inc. : 600-623.

O' Reilly C A, Caldwell D F, Barnett W P. 1989. Work group demography, social integration, and turnover. Administrative Science Quarterly, 34 (1), 21- 37.

O' Reilly C, Snyder R, Boothe J. 1993. Effects of executive team demography on organizational change//Huber G, Glick W. Organizational change and redesign. New York: Oxford University: 147-175.

O' Reilly C A, Williams K Y, Barsade S. 1998. Group demography and innovation: does diversity help. Research On Managing Groups and Teams, 1: 183-207.

Palanski M E, Kahai S S, Yammarino F J. 2011. Team virtues and performance: an examination of transparency, behavioral integrity, and trust. Journal of Business Ethics, 99 (2): 201-216.

Parayitam S, Dooley R S. 2007. The relationship between conflict and decision outcomes: moderating effects of cognitive- and affect-based trust in strategic decision-making teams. International Journal of Conflict Management, 18（1）: 42-73.

Patzelt H. 2010. CEO human capital, top management teams, and the acquisition of venture capital in new technology ventures: an empirical analysis. Journal of Engineering and Technology Management, 27（3~4）: 131-147.

Patzelt H, Zu K D, Fischer H T. 2009. Upper echelons and portfolio strategies of venture capital Firms. Journal of Business Venturing, 24（6）: 558-572.

Pelled L H, Eisenhardt K M, Xin K R. 1999. Exploring the black box: an analysis of work group diversity, conflict, and performance. Administrative Science Quarterly, 44（1）: 1-28.

Pennings J M, Wezel F C. 2010. Faraway, Yet so close: organizations in demographic flux. Organization Science, 21（2）: 451-468.

Peterson R S, Smith D B, Martorana P V, et al. 2003. The impact of chief executive officer personality on top management team dynamics: one mechanism by which leadership affects organizational performance. Journal of Applied Psychology, 88（5）: 795-808.

Pettigrew A M. 1992. On studying managerial elites. Strategic Management Journal, 13（SI）: 163-182.

Pfeffer J. 1983. Organizational Demography. Cummings L L, Staw B M //Research in Organizational Behavior.Greenwich: JAI Press: 299-357.

Pfeffer J, Salancik G R. 1978. The External Control of Organizations. New York, 263.

Piña M I D, Mart í nez A M R, Martinez L G. 2008. Teams in organizations: a review on team effectiveness. Team Performance Management. 14（1~2）: 7-21.

Pitcher P, Smith A D. 2001. Top management team heterogeneity: personality, power, and proxies. Organization Science12（1）: 1-18.

Priem R L, Lyon D W, Dess G G. 1999. Inherent limitations of demographic proxies in top management team heterogeneity research. Journal of Management, 25（6）: 935-953.

Rahim M A. 2002. Toward a theory of managing organizational conflict. The International Journal of Conflict Management, 13（2）: 206-235.

Ramos-Garza C. 2009. TMT strategic consensus in mexican companies. Journal of Business Research, 62（9）: 854-860.

Reagans R, Zuckerman E, Mcevily B. 2004. How to make the team: social networks vs. demography as criteria for designing effective teams. Administrative Science Quarterly: 101-133.

Reger R K. 1997. Strategic leadership: top executives and their effects on organizations. JSTOR, 22: 802-805.

Reid S A, Hogg M A. 2005. Uncertainty reduction, self-enhancement, and ingroup identification. Personality and Social Psychology Bulletin, 31（6）: 804.

Richard L S, Wakefield J A. 1990. Similarity of personality variables as predictors of marital satisfaction: a minnesota multiphasic personality inventory（mmpi）item analysis. Personality and Individual Differences, 11（1）: 39-43.

Riordan C M, Shore L M. 1997. Demographic diversity and employee attitudes: an empirical examination of relational demography within work units. Journal of Applied Psychology, 82（3）: 342-358.

Rivas J L. 2011. Diversity & internationalization: the case of boards and TMT's. International Business Review: in press.

Rogelberg S G, Rumery S M. 1996. Gender diversity, team decision quality, time on task, and interpersonal cohesion. Small Group Research, 27（1）: 79.

Rolstadås A. 1998. Enterprise performance measurement. International Journal of Operations &

Production Management, 18（9）: 989-999.

Rost K, Osterloh M. 2010. Opening the black box of upper echelons: drivers of poor information processing during the financial crisis. Corporate Governance: An International Review, 18(3): 212-233.

Rousseau D M. 2001. Schema, promise and mutuality: The building blocks of the psychological contract. Journal of Occupational and Organizational Psychology, 74（4）: 511-541.

Rousseau D M, Sitkin S B, Burt R S, et al. 1998. Not so different after all: a cross-discipline view of trust. Academy of Management Review, 23（3）: 393-404.

Ruderman M N, Ohlott P J, Panzer K, et al. 2002. Benefits of multiple roles for managerial women. Academic Management Journal, 45（2）: 369-386.

Ruppel C P, Harrington S J. 2000. The relationship of communication, ethical work climate, and trust to commitment and innovations.Journal of Business Ethics, 25（4）: 313-328.

Sailesh Tanna, Fotios Pasiouras, Matthias Nnadi. 2011. The Effect of Board Size and Composition on the Efficiency of UK Banks. International Journal of the Economics of Business, 18（3）: 441-462.

Salamon D S, Robinson S L. 2008. Trust that binds: the impact of collective felt trust on organizational performance. Journal of Applied Psychology, 93（3）: 593-601.

Schachter S, Ellertson N, Mcbride D, et al. 1951. An experimental study of cohesiveness and productivity. Human Relation, 4（12）: 229-238.

Schaubroeck J, Lam S S K, Peng A C. 2011. Cognition-based and affect-based trust as mediators of leader behavior influence on team performance. Journal of Applied Psychology, 96(6): 863-871.

Scherre P S. 2003. Directors' responsibilities and participation in the strategic decision making process. Corporate Governance, （1）: 86-90.

Schippers M C, Homan A C. 2009. Breaking the negative performance spiral: the role of team reflexivity and team learning. Chicago, Illinois, U.S.A: Proceeding of the Sixty-Ninth Annual Meeting of the Academy of Management.

Schippers M C, den Hartog D N, Koopman P L, et al. 2003. Diversity and team outcomes: the moderating effects of outcome interdependence and group longevity and the mediating effect of reflexivity. Journal of Organizational Behavior, 24（6）: 779-802.

Schippers M C, Hartong D N D, Koopman P L. 2007. Reflexivity in teams: a measure and correlates. Applied Psychology: An International Review, 56（2）: 189-211.

Schoorman F D, Mayer R C, Davis J H. 2007. An integrative model of organizational trust: past, present and future. Academy of Management Review, 32（2）: 344-354.

Schwenk C R. 1984. Cognitive simplification processes in strategic decision-making. Strategic Management Journal, 5（2）: 111-128.

Shaw M E. 1981. Group Dynamics: The Psychology of Small Group Behavior. New York: McGraw-Hill.

Shea G P, Guzzo R A. 1987. Group effectiveness: what really matters. Sloan Management Review, 28（3）: 25-31.

Shore L M, Cleveland J N, Goldberg C B. 2003. Work attitudes and decisions as a function of manager age and employee ege. Journal of Applied Psychology, 88（3）: 529.

Shrader C B, Blackburn V B, Iles P. 1997. Women in management and firm financial performance: an exploratory study. Journal of Managerial Issues, 9（3）: 355-372.

Simon H A. 1973. The structure of ill structured problems. Artificial Intelligence, 4(3~4): 181-201.

Simons T, Peterson R. 2000. Task conflict and relationship conflict in top management teams: the pivotal role of intragroup trust. Journal of Applied Psychology, 85（1）: 102-111.

Simons T, Pelled L H, Smith K A. 1999. Making use of difference: diversity, debate, and decision comprehensiveness in top management teams. Academy of Management Journal, 42 (6): 662-673.

Simsek Z, Veiga J F, Lubatkin M H, et al. 2005. Modeling the multilevel determinants of top management team behavioral integration. Academy of Management Journal, 48 (1): 69-84.

Smith E R, Seger C R, Mackie D M. 2007. Can emotions be truly group level? evidence regarding four conceptual criteria. Journal of Personality and Social Psychology, 93 (3): 431.

Smith K G, Smith K A, Olian J D, et al. 1994. Top management team demography and process: the role of social integration and communication. Administrative Science Quarterly, 39 (3): 412-438.

Smith K G, Collins C, Clark K D. 2005. Existing knowledge, knowledge creation capability, and the rate of new product introduction in high-technology firms. Academy of Management Journal, 48 (2), 346-357.

Smith N, Smith V, Verner M. 2006. Do women in top management affect firm performance? a panel study of 2, 500 Danish Firms. International Journal of Productivity and Performance Management, 55 (7): 569-593.

Snyder R C, Boothe J. 1993. Effects of executive team demography on organizational change. Organizational Change and Redesign: Ideas and Insights for Improving Performance, 147: 175.

Somech A. 2006. The effects of leadership style and team process on performance and innovation in functionally heterogeneous team. Journal of Management, 32 (1): 132-157.

Stam W, Elfring T. 2008. Entrepreneurial orientation and new venture performance: the moderating role of intra-and extra-industry social capital. Academy of Management Journal, 51: 97-111.

Steele C M. 1997. A threat in the air: how stereotypes shape intellectual identity and performance. American Psychologist, 52(6): 613-629.

Sutcliffe K M. 1994. What executives notice: accurate perceptions in top management teams. Academy Management Journal, 37 (5): 1360-1378.

Swift T A, West M A. 1998. Reflexivity and group process: research and practice. Sheffield: The ESRC Center for Organization and Innovation.

Tajfel H. 1982. Social psychology of intergroup relations. Annual Review of Psychology, 33 (1): 1-39.

Talaulicar T, Grundei J, von Werder A. 2005. Strategic decision making in start-ups: the effect of top management team organization and processes on speed and comprehensiveness. Journal of Business Venturing, 20 (4): 519-541.

Tanna S, Pasiouras F, Nnadi M. 2011. The effect of board size and composition on the efficiency of uk banks. International Journal of the Economics of Business, (3): 441-462.

Tekleab A, Quigley N R, Tesluk P E. 2009. A longitudinal study of team conflict, conflict management, cohesion, and team effectiveness. Group Organization Management, 34 (2): 2170-2205.

Tesser A, Beach S R H, Mendolia M, et al. 1998. Similarity and uniqueness focus: a paper tiger and a surprise. Personality and Social Psychology Bulletin, 24 (11): 1190.

Thatcher S, Jehn K A, Zanutto E. 2003. Cracks in diversity research: the effects of diversity faultlines on conflict and performance. Group Decision and Negotiation, 12 (3): 217-241.

Thomas J B, Clark S M, Gioia D A. 1993. Strategic sense making and organizational performance: linkages among scanning, interpretation, action, and outcomes. Academy of Management Journal, 36 (2): 239-270.

Tjosvold D, Tang M M L, West M. 2004. Reflexivity for team innovation in China: the contribution of goal interdependence. Group & Organization Management, 29（5）：540-559.

Trimmer K J, Domino M A, Blanton J E. 2002. The impact of personality diversity on conflict in Isd teams. Journal of Computer Information Systems, 42（4）：7-14.

Tsui A S, O' Reilly C A. 1989. Beyond simple demographic effects：the importance of relational demography in superior-subordinate dyads. Academy of Management Journal, 32：402-423.

Tsui A S, Gutek B A. 1999. Demographic Differences in Organizations：Current Research and Future Directions. Lexington Books.

Tsui A S, Egan T D, O' Reilly Iii C A. 1992. Being different：relational demography and organizational attachment. Administrative Science Quarterly, 37（4）：549-579.

Tushman M L, Rosenkopf L, 1996. Executive succession strategic reorientation, and performance growth. Management Science, 42：939-953.

van Dalen H P. 1999 . The golden age of nobel economists. American Economists, 43（3）：19-35.

van der Vegt G S, Bunderson J S. 2005. Learning and performance in multidisciplinary teams：the importance of collective team identification. Academy of Management Journal, 48（3）:532-547.

van Knippenberg D, Schippers M C. 2007. Work group diversity. Annual Review of Psychology, 58：515-541.

Vinding A L, kristensen P S. 2000. Exchange of employees, prototypes and use of electronic media in product development collaboration——rusults from a Danish study.

Vodosek M. 2007. Intragroup conflict as a mediator between cultural diversity and work group outcomes. International Journal of Conflict Management, 18（3~4）：345-375.

Wageman R. 1995. Interdependence and group effectiveness. Administrative Science Quarterly, 40：145-180.

Ward J K, McCreery, Anand G. 2007a. Business strategy and manufacturing decision . International Journal of Operations and Production Management, 27（9）：951-973.

Ward M J, Lankau A C, Amason J A, et al. 2007b. Improving the performance of the top management teams . Sloan Management Review, 48（3）：85-90.

Watson W E, Johnson L, Merritt D. 1998. Team orientation, self-orientation, and diversity in task groups. Group & Organization Management, 23（2）：161.

Waung M, Brice T S. 1998. The effects of conscientiousness and opportunity to caucus on group performance. Small Group Research, 29（5）：624.

Wemerfelt B. 1984. A resource-based view of the firm. Strategic Management Journal, 5（2）：171-180.

West Jr. C T, Schwenk C R. 1996. Top management team strategic consensus, demographic homogeneity and firm performance：a report of resounding nonfindings. Strategic Management Journal, 17（7）：571-576.

West M A. 1996. Reflexivity and work group effectiveness：a conceptual integration //West M A .Handbook of Work Group Psychology. Chichester：Wiley：555-579.

West M A. 2000. Reflexivity, revolution and innovation in work teams//Beyerlein M M, Johnson D A, Beyerlein S T. Product Development Teams. Stamford：JAI Press.

West M A, Patterson M G, Dawson J. 1999. A path to profit? Teamwork at the top. Centre Piece：the Magazine of Economic Performance, 4（3）：7-11.

Wiersema M F, Bantel K A. 1992. Top management team demography and corporate strategic change. Academy of Management Journal, 35(1)：91-121.

Wiersema M F, Bantel K A. 1993. Top management team turnover as an adaptation mechanism：the role of the environment. Strategic Management Journal, 14（7）：485-504.

Williams K Y, O'Reilly C A. 1998. Demography and diversity in organizations: a review of 40 years of research. Research in Organizational Behavior, 20: 77-140.

Wong A, Tjosvold S F. 2007. Social face for innovation in strategic alliances in China: the mediating roles of resource exchange and reflexivity. Journal of Organizational Behavior, 28(8): 961-978.

Wu Y, Wei Z, Liang Q. 2011. Top management team diversity and strategic change: the moderating effects of pay imparity and organization slack. Journal of Organizational Change Management, 24 (3) : 267-281.

Yermack D. 1996. Higher market valuation of companies with a small board of directors. Journal of Financial Economics, (2) : 185-211.

Yammeesri J, Herath S K. 2010. Board characteristics and corporate value: evidence from Thailand. Corporate Governance, (3) : 279-292.

Zajac E J, Golden B R, Shortell S M. 1991. New organizational forms for enhancing innovation: the case of internal corporate joint ventures. Management Science, 37 (2) : 170-184.

Zenger T R, Lawrence B S. 1989. Organizational demography: the differential effects of age and tenure distributions on technical communication. Academy of Management Journal, 32 (2) : 353-376.

附录 1 调查问卷 1

尊敬的先生/女士：

您好！非常感谢您在百忙之中抽空完成此次问卷调查。

我们是××大学管理学院国家社会科学基金项目（编号：11BGL014）课题组成员，目前正在开展一项与高层梯队特征与决策绩效和企业绩效有关的问卷调查，致力于寻找优化企业高管团队特征结构、治理机制及战略决策过程的规律和途径，您的认真填写对本书的研究很重要。

在填答问卷的过程中，您无须做过多的思考，只要按您的第一想法进行填写即可。您填上您的真实想法，便是对我们的莫大帮助。我们郑重向您承诺：本问卷不记名，您所填写的一切信息将严格保密，一切数据只供本人整体统计分析之用。

如果您需要本次研究的分析结果，请留下您的 E-mail:＿＿＿＿＿＿＿＿。

再次衷心感谢您！祝您工作顺利！万事如意！

第一部分：请根据您的情况在相应的选项上打"√"，或使用改变字体颜色、加底色、**加粗**等明显标识进行回答，填空处填写您的信息。

1. 在您所学的专业中，影响最大的是？

A. 科学工程类（理学、工学、农学、医学等）

B. 经济管理类

C. 文学艺术类（哲学、文学、历史学、教育学等）

D. 法律

E. 其他（如军事学、体育学等）

2. 对您影响最大的工作经历是？

A. 生产制造 B. 研发 C. 金融财会 D. 市场营销 E. 法律 F. 行政管理（包括党务、共青团、工会等） G. 政府职员

3. 贵公司所在省份是＿＿＿？。

4. 贵公司的性质是＿＿＿？

A. 国有企业 B. 民营企业 C. 外资企业 D. 中外合资

5. 贵公司主营业务所属行业是?

A. 传统制造业　B. 建筑业　C. 金融业　D. 高科技　E. 商业服务业　F. 其他

6. 公司员工总数:

A. 100人以下　B. 101~300人　C. 301~500人　D. 501~1 000人　E. 1 001人以上

7. 贵公司竞争对手数量:

A. 3家以下　B. 3~6家　C. 7~10家　D. 11~20家　E. 20家以上

8. 公司成立年数是____年。

9. 贵公司高管团队（参与公司战略决策）的人数____人。

10. 贵公司董事长是否兼任CEO?

A. 是　B. 否

第二部分：请您根据贵公司高管团队其他**核心**成员情况填写下列表格,其中,**性格**一栏的标准如下。

适应性强：安全的、镇静的、理性的、感觉迟钝的、无负罪感的

外向性强：确信的、社交性、热情的、乐观的、健谈的

开放性强：兴趣广泛的、好奇的、自由的、追求新奇的

利他性强：信任的、谦虚的、合作的、坦白的、不喜冲突的

责任感强：依附的、有组织的、有原则的、谨慎的、固执的

成员	职务	性别	是否董事会成员	在董事会任职年数	大致年龄	学历	专业	本公司任职年数	对其影响最大的经历生产制造、研发、金融财会、市场营销、法律、行政管理、政府职员	性格 以下按强弱程度评分,很强5分,中等3分,很弱1分,如此类推（标准可参照注释）				
										适应性	外向性	开放性	利他性	责任感
示例	CEO	男	是	5	40	本科	经济管理	10	生产制造	5	1	4	3	5
您							—							
高管1														
高管2														
高管3														
高管4														
高管5														
高管6														
高管7														
高管8														
高管9														
高管10														

第三部分：回忆您所在高管团队最近三个月以来的各类重要决策情况，下列描述是否符合这些情况，请您按如下标准在对应的选项上打钩或做标记。

A. 非常符合 B. 符合 C. 一般 D. 不太符合 E. 非常不符合

在团队商讨问题时，团队成员从多个角度审视手上遇到的问题	A	B	C	D	E
在团队商讨问题时，团队成员提出的解决方案覆盖面很广	A	B	C	D	E
在团队商讨问题时，团队成员评价解决方案的标准非常多样	A	B	C	D	E
在团队商讨问题时，团队成员所提的解决方案非常创新	A	B	C	D	E
在团队商讨问题时，团队成员的观点经常让我收获很大	A	B	C	D	E
在团队商讨问题时，我经常在与其他成员的交流中产生许多新的想法	A	B	C	D	E
经过团队成员的讨论，我均能理解其他所有人的观点	A	B	C	D	E
在团队商讨问题时，团队成员个人间摩擦的程度很大	A	B	C	D	E
在团队商讨问题时，团队内成员间出现情感上的不快很多	A	B	C	D	E
在团队商讨问题时，经常出现因为情绪原因而导致的紧张关系	A	B	C	D	E
在团队商讨问题时，因为个人性格差异引起的矛盾程度很大	A	B	C	D	E
在团队商讨问题时，团队内成员间存在的情绪上的冲突很大	A	B	C	D	E
感觉与本高管团队有难以割舍的情感联系	A	B	C	D	E
强烈感觉到自己属于本高管团队	A	B	C	D	E
感觉本高管团队的事情就是自己的事情	A	B	C	D	E
感觉自己是本高管团队的家庭成员之一	A	B	C	D	E
团队最终的决策方案远优于个人最初提出的决策方案	A	B	C	D	E
团队最终的决策方案通常反映了团队所能采取的最好选择	A	B	C	D	E
我非常满意团队最终的决策方案	A	B	C	D	E
团队最终的决策方案均得到了很好的实施	A	B	C	D	E
团队最终的决策方案对本企业的绩效有非常积极的影响	A	B	C	D	E

第四部分：与同行竞争对手相比，您对贵公司最近一年来绩效表现满意度如何，请您按如下标准在对应的选项上打钩或做标记。

A. 非常满意 B. 比较满意 C. 一般 D. 不满意 E. 非常不满意

公司的销售额	A	B	C	D	E
公司的销售增长率	A	B	C	D	E
公司的销售利润率	A	B	C	D	E
公司的市场份额	A	B	C	D	E
公司的投资回报	A	B	C	D	E
顾客的反馈与评价	A	B	C	D	E
公司的新业务拓展	A	B	C	D	E
公司的创新能力	A	B	C	D	E

附录 2　调查问卷 2

尊敬的先生/女士：

您好！非常感谢您在百忙中抽空完成此次问卷调查。

我们是××大学管理学院国家社会科学基金项目（编号：11BGL014）课题组成员，目前正在开展一项与高层梯队特征内部动态过程与决策绩效有关的问卷调查，致力于寻找优化企业高管团队特征结构、治理机制及战略决策过程的规律和途径，您的认真填写对本书的研究很重要。

在填答问卷的过程中，您无须做过多的思考，只要按您的第一想法进行填写即可。您填上您的真实想法，便是对我们的莫大帮助。我们郑重向您承诺：本问卷不记名，您所填写的一切信息将严格保密，一切数据只供本人整体统计分析之用。

如果您需要本次研究的分析结果，请留下您的 E-mail：

再次衷心感谢您！祝您工作顺利！万事如意！

第一部分：基本资料

1. 公司名称：

2. 您所在单位的性质：

□国有企业（含股份制）　□民营企业（含股份制）　□外资或合资企业

3. 您所在单位领导群体处于：

□震荡期　□规范期　□其他

（震荡期：内部冲突突出，成员接受了团队的存在，但仍然抵制团队的束缚力，并且对于团队内部成员的角色还存在模糊性。规范期：团队内部成员之间开始形成亲密的关系，具有一定的凝聚力，对于什么是正确的成员行为开始达成共识。其他：团队的目的、结构、领导都不确定或者已经非常稳定）

4. 您的年龄：

□30 岁以下　□31~35 岁　□36~40 岁　□41~45 岁　□45 岁以上

5. 您的性别：

□男　□女

6. 您的教育程度：

□高中（中专）及以下　　□大专　　□本科　　□硕士　　□博士及以上

7. 您的专业背景及技能是否满足当前职位需要：

□非常不满足　　□不满足　　□比较满足　　□满足　　□非常满足

8. 您当前的职务是（　　）；您在当前职务上工作时间：

□0~2 年　　□2~4 年　　□4~6 年　　□6~8 年　　□8 年以上

9. 您对您工作经验的评价：

□非常不丰富　　□不够丰富　　□比较丰富　　□丰富　　□非常丰富

第二部分：震荡期与规范期高管团队隐性特征对企业绩效的影响因素调查（请您在表格中填上符合的选项）1=非常不同意，2=不同意，3=一般，4=同意，5=非常同意

提问项目	非常不同意	不同意	一般	同意	非常同意
凝聚力 1. 高管团队成员拥有丰富的人脉 2. 高管团队成员能够很容易的获得别人的帮助 3. 高管团队成员在企业管理中具有感召力	1	2	3	4	5
责任感 1. 高管团队成员会认真负责地完成自己的任务 2. 高管团队成员的行为绝对以团队目标为导向 3. 高管团队成员以团队成败摆在工作的第一位	1	2	3	4	5
诚信精神 1. 企业有完善的企业规章制度、政策法规、保密等的规定 2. 企业内部劳动纪律良好 3. 高管团队成员在工作过程中讲究诚信待人	1	2	3	4	5
合作精神 1. 高管团队成员之间经常相互提供有关任务进展情况的反馈信息 2. 高管团队成员之间经常通过相互讨论求同存异，寻找共同目标 3. 高管团队成员愿意承诺相互合作	1	2	3	4	5
管理能力 1. 高管团队成员能全面而准确地制定效率的标准 2. 高管团队成员对目前工作水平与标准之间差距具有敏锐的洞察力 3. 高管团队成员具有纠正以上偏差的能力	1	2	3	4	5
决策能力 1. 高管团队成员能够准确和迅速地提炼出解决问题的各种方案 2. 高管团队成员预测问题准确 3. 高管团队成员决断结果准确	1	2	3	4	5

续表

提问项目	非常不同意	不同意	一般	同意	非常同意
学习能力 1. 高管团队成员会积极组织团队成员学习新信息新技能 2. 高管团队成员的学习积极性很高涨 3. 高管团队成员会根据自己的不足制订学习计划	1	2	3	4	5
创新能力 1. 高管团队成员工作当中出现问题会以非常规的方式解决 2. 高管团队成员热爱有新意的想法 3. 高管团队成员在会议上发表的是自己独立思考的观点	1	2	3	4	5
沟通能力 1. 高管团队成员能够通过沟通获取所需信息 2. 高管团队成员的沟通简单高效 3. 高管团队成员之间有不一致的意见时,会立即通过有效的沟通一起解决这些问题	1	2	3	4	5
企业决策效率 企业能够就环境的变化快速做出反应 企业决策准确有效	1	2	3	4	5
企业发展 企业发展前景看好 企业财务绩效逐年增长	1	2	3	4	5

本次调查结束，感谢您的合作！

附录3 调查问卷3

尊敬的先生/女士，您好！

这是一份学术性问卷，以企业高层管理梯队认知冲突中的团队自反性问题为研究主题，旨在探究高层梯队认知冲突中团队自反性的维度结构及其关系，自反性对认知冲突、情感冲突和企业战略决策绩效之间关系的影响作用，以及高层梯队认知冲突中团队自反性的前因研究。问卷的调查对象是指具有高层头衔或身处企业高层位置，或虽然是企业内部下属单位的主管但能够对企业重大经营活动有决策权的高层管理者。本书组郑重承诺，本次调研所获得的全部资料只用于学术研究，而且问卷中尽量避免了企业和个人隐私，请您放心填写。

衷心感谢您的无私协助，并祝您工作顺利、万事胜意！

填写说明：

1. 单击灰色区域____可在其中填写文字；单击灰色方框可选择相应选项，再次单击可取消选择。

2. 由于数据分析和科学研究的需要，请就您所知，尽量给予最完整和真实的回答。

注意：①认知冲突是由团队成员在关系到认知方面的认知和理解的不一致（如团队的目标是什么、如何达成等）所引起的。②情感冲突是由团队成员间因情感和心理的不支持导致的矛盾或敌对状态。③认知自反性是指团队成员共同地对团队目标、战略决策和沟通过程，以及所处组织和环境进行开放性的自反性和讨论，并根据所的实际情况，相应地进行适应性调整的程度。④情感自反性是指团队成员处理情感冲突的能力，彼此互相关爱、关注成员个人成长以及成员幸福感的程度。

第一部分：企业基本情况

1. 贵公司所属行业类别（　　　）。

A. 信息传输、软件和信息技术服务业

B. 科学研究和技术服务业化工业

C. 制药业机械制造业

D. 批发和零售业

E. 金融业

F. 其他 ____

2. 贵公司性质（　　　）。

A. 国有控股或集体企业　B. 私营企业　C. 外商独资企业　D. 合资企业

E. 其他 ____

3. 贵公司员工人数大约为（　　　）。

A. 100 人以下　B. 101~500 人　C. 501~2 000 人　D. 2 001~5 000 人

E. 5 000 人以上

4. 贵公司成立时间为（　　　）。

A. 1 年以下　B. 1~5 年　C. 6~10 年　D. 11~15 年　E. 16~20 年　F. 20~25 年

G. 25 年以上

5. 您认为贵公司所处的发展阶段是（　　　）。

A. 初创阶段，企业新成立或刚完成转制，效益还不稳定

B. 成长阶段，企业生产进入正轨，产品和服务内容相对稳定，效益快速增加

C. 成熟阶段，企业生产正规有序，产品和服务内容十分稳定，效益稳定获有
所下降

D. 转型阶段，企业产品和市场份额正在缩减，效益下滑，正寻求新的定位

第二部分：个人基本情况

1. 您的性别（　　　）。

A. 男　B. 女

2. 您的年龄（　　　）。

A. 20 岁以下　B. 21~30 岁　C. 31~40 岁　D. 41~50 岁　E. 51~60 岁

F. 60 岁以上

3. 您的教育程度（　　　）。

A. 小学　B. 初中　C. 高中　D. 中专　E. 大专　F. 本科

G. 硕士（含 MBA/EMBA）　H. 博士　I. 其他

4. 您的专业背景（　　　），学历（　　　）。

A. 文科　B. 理工科　C. 经济管理　D. 医学　E. 法学　F. 农学　G. 其他

H. 大专　I. 本科　J. 硕士　K. 博士

5. 您在贵公司担任高层领导的时间（　　　）。

A. 1 年以下　B. 1~3 年　C. 3~5 年　D. 5~10 年　E. 10 年以上

6. 您在整个职业生涯中，在下列哪个职能领域工作的时间最长（　　　）。

A. 市场、销售或客服部门　B. IT 部门　C. 生产、采购部门　D. 研发部门

E. 运营管理部门　F. 人力资源部门　G. 财务部门　H. 其他部门＿＿＿＿

第三部分：请根据贵公司领导班子最近一次商讨决策的情况答复以下问题
（1）认知冲突（7级评分，请选择最合适的分值，单选题）。

编号	题项	强烈不同意	基本不同意	略不同意	不能判断	略为同意	基本同意	强烈同意
		1	2	3	4	5	6	7
CC1	贵公司领导班子在商讨工作中，观点不一致极易导致意见冲突							
CC2	对于观点不一致的想法，贵公司领导班子出现很大程度的意见冲突							
CC3	贵公司领导班子在须通过的有关决策内容方面存在很大意见差异							

（2）情感冲突（7级评分，请选择最合适的分值，单选题）。

编号	题项	强烈不同意	基本不同意	略不同意	不能判断	略为同意	基本同意	强烈同意
		1	2	3	4	5	6	7
AC1	贵公司领导班子商讨决策时，成员间出现情感上不快							
AC2	贵公司领导班子做决策时，存在个人间的摩擦							
AC3	贵公司领导班子商讨问题时，因为个人性格差异引起很大的矛盾							
AC4	贵公司领导班子商讨问题时，因为意见不一致导致关系紧张							

（3）决策质量（7级评分，请选择最合适的分值，单选题）。

编号	题项	强烈不同意	基本不同意	略不同意	不能判断	略为同意	基本同意	强烈同意
		1	2	3	4	5	6	7
DQ1	您觉得这项决策的质量非常高							
DQ2	您觉得这项决策的质量远超过原始预期							
DQ3	您觉得这项决策非常有利于提高公司绩效							

（4）决策承诺（7 级评分，请选择最合适的分值，单选题）。

编号	题项	强烈不同意	基本不同意	略不同意	不能判断	略为同意	基本同意	强烈同意
		1	2	3	4	5	6	7
DC1	您非常愿意看到这个决策被实施							
DC2	您会因为这个决策而更加能力工作							
DC3	相对其他决策方案，您对这项决策满意程度最大							

（5）决策理解（对这次商讨决策对贵公司以下六个方面的相对重要程度进行比较，选择 1 表示最不重要，选择 10 表示最重要）。

编号	题项	1	2	3	4	5	6	7	8	9	10
DU1	成本和效率										
DU2	新产品开发										
DU3	合作与控制										
DU4	人力资源开发										
DU5	顾客与市场开发										
DU6	其他方面										

第三部分：请根据贵公司及领导班子的实际情况，回答以下问题（7 级评分，请选择最合适的分值，单选题）。

（1）组织冗余（7 级评分，请选择最合适的分值，单选题）。

编号	题项	强烈不同意	基本不同意	略不同意	不能判断	略为同意	基本同意	强烈同意
		1	2	3	4	5	6	7
OS1	贵公司内部各个部门的资源共享程度很高							
OS2	贵公司常常能发现现有资源的新用途							
OS3	贵公司常常能从内部发现一些新的资源或资源组合							

（2）情感自反性（7级评分，请选择最合适的分值，单选题）。

编号	题项	强烈不同意	基本不同意	略不同意	不能判断	略为同意	基本同意	强烈同意
		1	2	3	4	5	6	7
AR1	贵公司领导班子成员遇到困难时，其他成员愿意提供帮助							
AR2	商讨工作中，出现情感上的不快时，领导班子倾向于不支持							
AR3	贵公司领导班子成员出现人际关系冲突时，领导班子能够有效化解							
AR4	贵公司领导班子成员间出现情感上的不快时，能够不影响工作配合							
AR5	当遇到工作中的难题时，贵公司领导班子能够共同面对							

（3）认知自反性（7级评分，请选择最合适的分值，单选题）。

编号	题项	强烈不同意	基本不同意	略不同意	不能判断	略为同意	基本同意	强烈同意
		1	2	3	4	5	6	7
CR1	贵公司领导班子经常在一起就团队目标进行审视							
CR2	贵公司领导班子定期商讨如何能够有效合作							
CR3	贵公司领导班子经常在一起讨论完成工作的方法							
CR4	贵公司领导班子能够共同就环境的变化而适时调整目标							
CR5	贵公司领导班子能够就有效沟通问题而公开讨论							
CR6	贵公司领导班子能够对以往的经验和教训进行集体自反性和讨论							

（4）情感信任（7级评分，请选择最合适的分值，单选题）。

编号	题项	强烈不同意	基本不同意	略不同意	不能判断	略为同意	基本同意	强烈同意
		1	2	3	4	5	6	7
AT1	贵公司领导班子能够自由分享想法、情感和期望，从而创造了一种良好的分享氛围							
AT2	贵公司领导班子成员能够自由谈论工作中的困难，且其他成员愿意倾听							
AT3	如果有成员调离，贵公司领导班子成员会出现失落感							
AT4	贵公司领导班子成员能够与其他成员分享工作和生活中的困难，而他们能够给予关心和建设性意见							
AT5	贵公司领导班子成员为建立良好的工作关系，而努力地进行情感方面的投资							

（5）认知信任（7级评分，请选择最合适的分值，单选题）。

编号	题项	强烈不同意	基本不同意	略不同意	不能判断	略为同意	基本同意	强烈同意
		1	2	3	4	5	6	7
TT1	贵公司领导班子成员具有很高的专业水平和敬业精神							
TT2	贵公司领导班子成员以往不好的工作业绩不会造成其他成员对其工作能力和努力水平的怀疑							
TT4	贵公司领导班子成员即使不是朋友关系也能够做到彼此信任和互相尊重							
TT5	贵公司领导班子成员认为彼此值得信任而能够做到真诚互动							
TT6	贵公司领导班子成员在工作认知中是认真负责，值得依赖的							

（6）制度信任（7级评分，请选择最合适的分值，单选题）。

编号	题项	强烈不同意	基本不同意	略不同意	不能判断	略为同意	基本同意	强烈同意
		1	2	3	4	5	6	7
IT1	贵公司领导班子能够公平公正地对待每个成员的观点							
IT2	贵公司领导班子不仅考虑团队的利益，更多以企公司的整体利益为重…							
IT3	贵公司领导班子的工作方针是非常有利于领导整个企业							
IT4	贵公司领导班子能够做到言行一致							
IT5	贵公司领导班子有足够能力做出最优决策							
IT6	贵公司领导班子有公平公正的工作程序							

（7）合作型冲突管理模式（7级评分，请选择最合适的分值，单选题）。

编号	题项	强烈不同意	基本不同意	略不同意	不能判断	略为同意	基本同意	强烈同意
		1	2	3	4	5	6	7
COO1	贵公司领导班子对待成员间的冲突采取"我们是一个整体"的态度							
COO2	贵公司领导班子面对成员间的冲突时，寻求对群体最为有利的解决方法							
COO3	贵公司领导班子认为成员间的冲突是双方所造成，需共同面对							
COO4	贵公司领导班子认为工作的目的是要做到各方都满意							
COO5	贵公司领导班子认为应综合各方立场，以期做出有效的决策							

（8）竞争型冲突管理模式（7级评分，请选择最合适的分值，单选题）。

编号	题项	强烈不同意	基本不同意	略不同意	不能判断	略为同意	基本同意	强烈同意
		1	2	3	4	5	6	7
COM1	贵公司领导班子成员都要求其他成员同意其立场							
COM2	贵公司领导班子成员都想其他成员做出妥协，而他们自己却不想让步							
COM3	贵公司领导班子成员把彼此间的冲突视为一方赢而另一方输的竞赛							
COM4	贵公司领导班子成员都为一己私欲而过分强调自己的立场							

（9）回避型冲突管理模式（7级评分，请选择最合适的分值，单选题）。

		强烈不同意	基本不同意	略不同意	不能判断	略为同意	基本同意	强烈同意
编号	题项	1	2	3	4	5	6	7
AVO1	贵公司领导班子倾向于采取回避的方法来消除彼此间的分歧							
AVO2	贵公司领导班子为寻求内部和谐而避免公开讨论问题的症结							
AVO3	贵公司领导班子经常回避讨论内部有分歧的问题							

问卷至此结束，再次衷心感谢！